商务礼仪实训教程

（第二版）

杨再春 陈方丽 主　编
朱洪静 王似保 副主编

清华大学出版社
北京

内 容 简 介

本书定位为可以独立使用的实训教材，着力体现高职高专的教育特色，遵循商务礼仪规范，从创新性、实用性、互动性和趣味性入手，突出商务礼仪的操作与演练，注重实际岗位能力的培养。通过商务礼仪的操作与演练，使学生掌握在不同商务情景下不同的礼仪规范和技巧。

依据商务礼仪的使用场合和岗位特点，全书分为商务形象礼仪实训、商务会面礼仪实训、商务沟通礼仪实训、商务办公礼仪实训、商务活动礼仪实训、商务住行礼仪实训、商务用餐礼仪实训、涉外商务礼仪实训、商务礼仪综合实训9个项目。每个项目分为实训目标、任务描述、任务步骤、知识点拨4个模块，项目末设置的项目体验考核检查学生对所学知识的掌握情况。

本书可以作为高职高专院校市场营销专业及经济管理类相关专业的实训教材，也可以作为相关从业人员的业务参考用书。

本书封面贴有清华大学出版社防伪标签，无标签者不得销售。

版权所有，侵权必究。举报：010-62782989，beiqinquan@tup.tsinghua.edu.cn。

图书在版编目（CIP）数据

商务礼仪实训教程/杨再春，陈方丽主编.--2版.--北京：清华大学出版社，2016（2023.7重印）
高职高专市场营销专业工学结合规划教材
ISBN 978-7-302-42537-3

Ⅰ.①商…　Ⅱ.①杨…②陈…　Ⅲ.①商务–礼仪–高等职业教育–教材　Ⅳ.① F718

中国版本图书馆 CIP 数据核字（2016）第 000836 号

责任编辑：左卫霞
封面设计：傅瑞学
责任校对：刘　静
责任印制：刘海龙

出版发行：清华大学出版社
　　网　　址：http://www.tup.com.cn，http://www.wqbook.com
　　地　　址：北京清华大学学研大厦 A 座
　　邮　　编：100084
　　社　总　机：010-83470000
　　邮　　购：010-62786544
　　投稿与读者服务：010-62776969，c-service@tup.tsinghua.edu.cn
　　质量反馈：010-62772015，zhiliang@tup.tsinghua.edu.cn
印 装 者：三河市龙大印装有限公司
经　　销：全国新华书店
开　　本：185mm×260mm　印　张：13　字　数：311 千字
版　　次：2010 年 9 月第 1 版　2016 年 2 月第 2 版　印　次：2023 年 7 月第 9 次印刷
定　　价：38.00 元

产品编号：064788-02

高职高专市场营销专业工学结合规划教材编委会名单

主 任：

胡德华（丽水职业技术学院）

编委会成员（按姓氏音序排列）：

李　隽（连云港职业技术学院）
李祖武（安徽工商职业学院）
庞岳红（湖州职业技术学院）
阮红伟（青岛大学高等职业技术学院）
王培才（丽水职业技术学院）
徐汉文（无锡商业职业技术学院）
杨再春（温州科技职业学院）
于翠华（齐齐哈尔大学应用技术学院）
赵　轶（山西省财政税务专科学校）
钟立群（唐山职业技术学院）

策划编辑：

左卫霞（zuoer_2002@163.com）

丛书序

我们正面临的是一个快速变化的新营销时代，今天的成功经验还没来得及总结，可能已成为明天进步的障碍。"微利时代"给企业营销提出了新的挑战。

几乎所有的营销者都希望能像阿里巴巴一样，站在一个宝库的门前，念一句"芝麻开门"，就能不费吹灰之力得到里面的"真金白银"。为此，他们也确实下了不少苦功去寻找和学习这种本领，然而，无论学习的是菲利普·科特勒和阿尔·里斯的"咒语"，还是大卫·艾克的"法术"，最后大多数人都以失败而告终。因为无论那些"咒语"和"法术"如何精妙灵验，如果没有与企业自身的营销实践相结合，没有运用科学的营销方法与策略，也无法显示其威力。

因此，所有的营销者都不应忘记，市场上的宝藏有很多，但是在使用那些灵验的"咒语"之前，先要找到适合自己和企业的营销理论、方法与策略。只有这样，行走在营销大道上的营销者才能穿越无数可能使他们迷失方向的迷雾与陷阱，最终在市场营销的秘密处所，运用自己学到的"咒语"和"法术"，打开成功的大门。

随着我国社会经济的发展，社会对市场营销人才的需求日益扩大，与此同时，企业在市场上的营销竞争也越加激烈。因此，培养出高素质和高技能、能够充分适应和满足企业市场营销需要的营销专业人才，已成为当前我国高职高专院校和市场营销业界的重要任务。

要培养出一支高素质、高技能的市场营销队伍，前提就是要编写出一套体系科学、内容新颖、切合实际、操作性极强的市场营销专业教材。正是基于这样的需要，我们在广泛征求全国高职高专院校市场营销专业的教授、专家、学者、学生，以及企业营销业界专业人士对市场营销专业教材建设的意见与建议的基础上，成立了高职高专市场营销专业工学结合规划教材编写委员会，组建了一支由直接从事市场营销专业一线教学和科研工作，既具有丰富的市场营销教学科研经验，又拥有丰富的企业营销实践技能的专家、教授、学者和"双师型"教师的编写队伍。

高职高专市场营销专业工学结合规划教材的编写原则与特色如下。

1. 与时俱进，工学结合

本系列教材在充分贯彻和落实《国务院关于加快发展现代职业教育的决定》（国发〔2014〕19号）文件精神的基础上，注重市场营销新理论、新方法和新技巧的运用，充分体现了前沿性、新颖性、丰富性等特点。同时又根据高职高专市场营销专业学生毕业后就业岗位的实际需要来调整和安排教学内容，充分体现了"做中学、学中做"，方便"工学结合"，满足学生毕业与就业的"零过渡"。

2. 注重技能，兼顾考证

本系列教材根据营销专业的岗位知识、能力要求来选择内容，注重理论的应用，不强调理论的系统性和完整性。既细化关键营销职业能力和课程实训，又兼顾营销职业资格的考证，并通过大量案例体现书本知识与实际业务之间的"零距离"，实现高职高专以培养高技术应用型人才为根本任务和以就业为导向的办学宗旨。

3. 风格清新，形式多样

本系列教材在贯彻知识、能力、技术三位一体教育原则的基础上，力求在编写风格和表达形式方面有所突破，充分体现"项目导向、任务驱动"和"边做边学、先做后学"。在此基础上，运用图表、实例、实训等形式，降低学习难度，增加学习兴趣，强化学生的素质和技能，提高学生的实际操作能力。同时，力求改善教材的视觉效果，用新的体例形式衬托教材的创新，便于师生互动，从而达到优化学习效果的目的。

由于编者的经验有限，高职高专市场营销专业工学结合规划教材对我们来说还是首次探索，书中难免存在不妥之处，敬请营销业界的同行、专家、学者和广大读者批评与指正，以便我们能够紧跟时代步伐，及时修订和出版更新、更优的教材。

高职高专市场营销专业工学结合规划教材

编写委员会

第二版前言

礼仪是人生的必修课，商务礼仪是现代职业人成功之路的通行证。

本书自 2010 年 9 月出版以来，受到广大同行和读者的欢迎，重印多次，销量近两万册。能以本书为媒与如此众多同人和读者分享商务礼仪理论、实务与技能方面的知识，我们备感欣慰。几年来，从全国数以万计用户使用情况看，本书除供高职高专院校、中等职业学校学生使用外，还被作为经理人员、商务人员、营销人员、管理人员岗位培训的基本教材和参考书。

鉴于当今社会发展和读者的特点，以及近年来商务礼仪领域出现的新情况，在征求广大同人的建议后，结合高职院校教学实际，在第一版的基础上，作了以下方面修订。

（1）在保持第一版教材特色和框架的基础上，对知识点进行适当增删，对部分案例进行更新，删除了一些不合时宜的内容，使教材更加严谨、实用。

（2）插入大量与内容相关的图片，使教材更加生动活泼，教师易教，学生易学。

（3）进一步强化学生技能的训练，增加了"实操窗"栏目，突出商务礼仪技能的训练。

（4）规范了项目体验内容，教师通过情境模拟、角色扮演等训练方式，使学生在做中学、学中做、学做结合，深化对商务礼仪知识、能力和技能的理解和掌握，真正实现课程的教学目标。

（5）更加贴近职业院校各专业学生即将所从事工作、生活实际等内容。增加了"知识窗""贴士窗"栏目，便于学生开阔视野，进一步加深对相关商务礼仪知识的了解和掌握。

本次修订由温州科技职业学院杨再春、陈方丽任主编，丽水职业技术学院朱洪静和安庆职业技术学院王似保任副主编。具体编写分工为：朱洪静编写项目 1，杨再春编写项目 2、项目 7，陈方丽编写项目 3~项目 5，王似保编写项目 6、项目 8，项目 9 综合实训部分由以上编写人员共同编写。杨再春对全书进行了修改、总纂和定稿，丽水职业技术学院王培才教授任主审，并对全书提出了许多建设性的指导意见。

本书在修订过程中，参考了大量的国内外专家学者的研究成果及相关文献，并得到清华大学出版社的大力支持，在此一并表示感谢！

由于作者水平有限，书中难免存在不足或欠妥之处，敬请各位专家、同人和广大读者不吝赐教。

编　者
2015 年 11 月

第一版前言

荀子说:"人无礼而不生,事无礼而不成,国无礼而不宁。"礼仪修养和礼仪规范是个人立身处世,企业生存发展,国家和谐安宁的重要基石。改革开放三十多年来,我国经济迅猛发展,商务活动日益频繁,这对从事商务及相关行业的工作人员提出了更高要求,因此学礼、用礼就成了当务之急。

商务礼仪是一门实践性非常强的应用型学科,因此,在商务礼仪教学中,学生不仅需要加强商务礼仪理论知识的学习,更重要的是要加强商务礼仪技能的训练。基于以上考虑,我们编写了《商务礼仪实训教程》,目的是通过模拟商务活动的各种情景对学生进行系统和强化训练,让学生在完成具体任务的过程中学会商务礼仪知识,掌握商务人员职业岗位要求的礼仪技能和能力,从而培养学生重礼、知礼、学礼、用礼,以提高今后从事商务工作的礼仪意识和综合岗位能力。

本教材具有以下特点。

(1)体例新颖。本教材打破了传统教材以理论为线索的章节模式,依据商务礼仪的使用场合和岗位特点,分9个项目进行了介绍和实训。每个项目由多个任务支撑,而每个任务均以仿真、模拟或真实的工作环境为背景,设计了实训目标、任务描述、任务步骤、知识点拨模块,以明确以工作任务为导向,引导和帮助学生演练任务内容,从而锻炼和提高学生的礼仪操作能力和综合岗位能力。

(2)实用性和实践性强。本教材以学生为主体,设计相关实训内容;按照工作过程导向,通过模拟商务活动的各种情景,使学生在学习时如同置身于企业商务活动礼仪的"现场"。这种"做中学、学中做、边做边学、边学边做"的实战训练,有助于学生"消化"教材上的理论知识,迅速掌握基本技能。在课堂教学中,师生都以"做"为中心,在"做"中完成教与学的任务,实现了"教学做合一"。

(3)注重知识性、趣味性和互动性的有机结合。本教材定位于可以独立使用的"实训教材",在知识点拨部分,以"实用、够用"为原则,为具体训练提供理论上的支持;学和做的内容基本上都是商务活动的情景再现,有一定的故事情节。一个团队不仅要完成自身的实训任务,还要与其他团队展开竞争并观摩点评,师生、生生和队队积极互动,知识性、趣味性和互动性较强,特别是"练一练""赛一赛"等项目体验板块,有利于检测学生的掌握和运用程度,增强学生的学习兴趣,充分调动学生学习的积极性和主动性。

(4)重视学生综合素质的养成。商务礼仪既是一门市场营销专业的专业课,又是一门素质教育课,在每个任务中,要求把全班分成若干个团队,每位学生在团队里有明确的角色和任务,在完成具体任务的过程中,注重把专业的学习与素质训练融为一体,着力培养学生的合作意识、团队精神、竞争能力和良好的工作学习态度。

本教材由浙江省温州科技职业学院杨再春、陈方丽编著,安徽省安庆职业技术学院王似保和浙江省丽水职业技术学院朱洪静任副主编。杨再春副教授对全书进行了统稿，浙江省丽水职业技术学院财贸管理学院院长王培才副教授任主审，并对全书提出许多建设性的指导意见。具体编写分工为：朱洪静讲师编写项目1、杨再春副教授编写项目2和项目7、陈方丽讲师编写项目3至项目5、经济师王似保编写项目6和项目8，项目9综合实训部分由以上编写人员共同编写。

在教材编写过程中，我们参考了大量国内外专家学者的研究成果及相关文献，并得到清华大学出版社职业教育分社的大力支持，编辑不仅为本书的策划、出版做了大量细致的专业工作，而且提出了许多建设性的宝贵意见，在此一并表示衷心感谢！

由于作者水平有限，编写方式又是一次新的尝试，书中难免存在不足或欠妥之处，敬请各位专家、同人和广大读者不吝赐教。

编　者

2010 年 7 月

目 录

项目1　商务形象礼仪实训 **001**
　　任务1.1　仪容礼仪实训 001
　　任务1.2　仪态礼仪实训 009
　　任务1.3　服饰礼仪实训 020
　　项目体验 028

项目2　商务会面礼仪实训 **032**
　　任务2.1　称谓礼仪实训 032
　　任务2.2　介绍礼仪实训 034
　　任务2.3　握手礼仪实训 038
　　任务2.4　名片礼仪实训 042
　　项目体验 046

项目3　商务沟通礼仪实训 **050**
　　任务3.1　探望慰问礼仪实训 050
　　任务3.2　拜访礼仪实训 053
　　任务3.3　交谈礼仪实训 058
　　任务3.4　馈赠礼仪实训 062
　　项目体验 067

项目4　商务办公礼仪实训 **071**
　　任务4.1　办公环境礼仪实训 071
　　任务4.2　迎送接待礼仪实训 075
　　任务4.3　电话礼仪实训 080
　　任务4.4　文书礼仪实训 084
　　项目体验 089

项目5　商务活动礼仪实训 **093**
　　任务5.1　工作会议礼仪实训 093
　　任务5.2　展览会礼仪实训 098
　　任务5.3　新闻发布会礼仪实训 102
　　任务5.4　茶话会礼仪实训 105
　　任务5.5　商务谈判礼仪实训 109
　　任务5.6　庆典活动礼仪实训 113

项目体验 117

项目6　商务住行礼仪实训 121
　　任务6.1　入住宾馆礼仪实训 121
　　任务6.2　商务出行礼仪实训 125
　　项目体验 137

项目7　商务用餐礼仪实训 141
　　任务7.1　中餐礼仪实训 141
　　任务7.2　西餐礼仪实训 148
　　任务7.3　自助餐礼仪实训 155
　　项目体验 160

项目8　涉外商务礼仪实训 164
　　任务8.1　涉外迎送礼仪实训 164
　　任务8.2　涉外会见会谈礼仪实训 168
　　任务8.3　涉外参观游览礼仪实训 172
　　任务8.4　涉外签字礼仪实训 175
　　任务8.5　商务人员出国访问礼仪实训 179
　　项目体验 185

项目9　商务礼仪综合实训 189

参考文献 195

项目1 商务形象礼仪实训

人的一切都应该是美丽的，美的仪表、美的服装、美的心灵……

——契诃夫

商务人士在商务交往中要想给他人留下好的第一印象，必须注重自己的仪表形象。一个人的个人形象的形成涉及的方面很广，容貌、化妆、仪态、服饰、语言等，都是个人形象的重要组成部分。

任务1.1 仪容礼仪实训

通过实训，使学生明确商务人员仪容礼仪必须遵循干净、整洁的基本原则，培养学生良好的仪容礼仪和观念，掌握发型选择及容貌修饰的方法。

假设你要代表公司参加一次商务谈判活动，请你为自己选择合适的发型，并进行仪容的修饰化妆。具体要求如下：

（1）教师简要介绍本任务实训的内容。

（2）每位同学先分别为自己进行发型设计，梳理出该发型，并进行适当的化妆修饰。

（3）把全班同学分成3人一组。以小组为单位，小组成员间互评打分。参照小组成员的打分和建议，考虑如何改进自己的仪容。

任务步骤

（1）教师示范讲解发型的选择，容貌修饰的方法及注意事项。

（2）观看有关形象设计的录像资料。

（3）学生进行个人仪容修饰、发型设计。

（4）展示互评。

（5）教师考核。考核评分标准如表1-1所示。

表1-1 仪容礼仪考核评分标准

姓名：_____　　　　　　　　　　　　　　　　时间：_____

评价项目与内容		应得分	扣分	实得分
整体修饰	整洁，干练	10		
发型	头发清洁，长度适宜	10		
	选择适合自己的发型	10		
面部修饰	清洁干净，肤色健康	10		
	化妆自然，符合情景	10		
手部修饰	指甲长度合适、干净	10		
	手部不戴过多饰品	10		
个人卫生	眼、耳、鼻、颈部清洁，口无异味	10		
实训报告	按规定时间上交	5		
	字迹清楚、填写规范、内容详尽完整	5		
	实训分析总结正确	5		
	能提出合理化建议和创新见解	5		
合　　计		100		

考评教师（签名）：

 知识点拨

容貌是指人体不需要着装的部位，主要是指面容及其他暴露在外的肢体部分，广义上还包括头发、手部以及穿着某些服装而暴露出的腿部。在人际交往中，每个人的容貌都会引起交往对象的特别关注，并将影响到对方对自己的整体评价。在个人的仪表问题中，容貌是重点之中的重点。

容貌美的基本要素是貌美、发美、肌肤美，主要要求整洁干净。美好的仪容一定能让人感觉到其五官构成彼此和谐并富于表情；发质、发型使其英俊潇洒、容光焕发；肌肤健美使其充满生命的活力，给人以健康自然、鲜明和谐、富有个性的深刻印象。但每个人的仪容是天生的，长相如何不是至关重要的，关键是心灵的问题。从心理学上讲，每一个人都应该接纳自己，接纳别人。

1. 面部修饰

商务人员仪容的修饰是为了给交往对象以美感，留下良好的印象。修饰面部不是要求人们去变更自己先天的容貌，而是要求人们"秀于外"与"慧于中"并举，使自己显得端庄大方。商务人员在出席公共场合时，对面部可以进行适当修饰。商务人员化妆一方面突出脸部最美部分，使其美丽动人；另一方面要掩盖或矫正缺陷或不足部分。

知识窗

面部"三庭五眼"

"三庭"指脸部的纵向距离：上庭，从上发际线到眉底线；中庭，从眉底线到鼻底线；下庭，从鼻底线到颌底线。这三庭的长度相等，各占1/3，为标准的三庭。"五眼"指从正面看，脸部横向距离正好等于自己五只眼的宽度。一个人的脸形如果符合这个比例，就会产生匀称感，如果不符，就要在化妆时运用一定的技术进行调整和弥补，如图1-1所示。

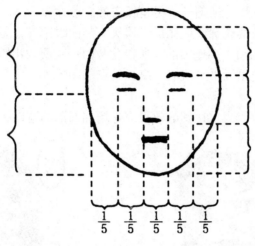

图1-1 "三庭五眼"比例图

商务人员化妆总的原则是少而精，强调和突出自身的自然美，一般宜淡妆。所谓"浓妆淡抹总相宜""妆成却有无"等皆指化妆的自然真实。商务人员化妆应遵循以下规则。

1）化妆的原则

化妆要遵循与时间、季节、场合、脸形相适应的原则。

（1）化妆应根据一天的时间变化而有所区别。白天自然光强烈，化妆不宜过浓，应着重在眼周、脸颊、唇部化妆，粉底应淡薄透明，妆色明朗。夜晚光线暗淡，不易显露化妆痕迹，各色灯光也会使妆色发生一些变化，因此化妆应考虑灯光下的效果，化妆的色彩也可以稍浓一些。

（2）化妆应根据季节的转变而有所区别。一年四季的转变，自然界的色彩也会随之变化，化妆应与自然界的色彩相协调。夏季出汗多，多穿着淡色服装，宜淡妆。冬季万物凋零，人们通常着深色服装，化妆色彩可选择稍深一些。春、秋季着柔色服装，妆容应介于淡妆和亮丽之间，以柔和为宜。

（3）化妆应根据不同场合、环境而有所区别。商务人员在工作岗位上应该化淡妆，妆容要求清丽、素雅、简约，要有鲜明的立体感，既要给人以深刻的印象，又不允许脂粉气十足。浓妆只有在夜晚参加晚宴等一些社交性活动时才可以化，夜色朦胧，光线幽暗，晚宴妆要亮丽。在外出旅游或参加户外运动时，女士不要化浓妆，这时的妆面要明朗自然。

（4）化妆应根据不同脸形而有所区别。脸部化妆一方面要突出面部五官最美的部分，使其更加美丽,另一方面要掩饰或矫正缺陷或不足的部分。经过化妆品修饰的美有两种:一种是趋于自然的美,另一种是艳丽的美。前者是通过恰当的淡妆来实现的,它给人以大方、悦目、清新的感觉,最适合在家或平时上班时使用;后者是通过浓妆来实现的,它给人以庄重高贵的印象,可出现在晚宴、观看演出等特殊的社交场合。

① 椭圆形脸化妆

椭圆形脸可谓公认的理想脸形,化妆时宜注意保持其自然形状,突出其可爱之处,不必通过化妆去改变脸形,见图1-2。

涂胭脂:应涂在颊部颧骨的最高处,再向上向外揉化开去。

涂唇膏:除嘴唇、唇形有缺陷外,尽量按自然唇形涂抹。

修眉毛:可顺着眼睛的轮廓修成弧形,眉头应与内眼角齐,眉尾可稍长于外眼角。

正因为椭圆形脸是无须太多掩饰的,所以化妆时一定要找出脸部最动人、最美丽的部位,而后加以突出,以免给人平平淡淡、毫无特点的印象。

② 长形脸化妆

长形脸的人,在化妆时力求达到的效果应是增加面部的宽度,见图1-3。

图1-2 椭圆形脸

图1-3 长形脸

涂胭脂:应注意离鼻子稍远些,在视觉上拉宽面部,抹时可沿颧骨的最高处与太阳穴下方所构成的曲线部位,向外、向上抹开去。

施粉底:若双颊下陷或者额部窄小,应在双颊和额部涂以浅色调的粉底,造成光影,使之变得丰满一些。

修眉毛:应令其呈弧形,切不可有棱角。眉毛的位置不宜太高,眉毛尾部切忌高翘。

③ 圆形脸化妆

圆形脸给人可爱、玲珑之感,若要修正为椭圆形并不十分困难,见图1-4。

涂胭脂:可从颧骨起始涂至下颌部,注意不能简单地在颧骨突出部位涂成圆形。

涂唇膏:可在上嘴唇涂成浅浅的弓形,不能涂成圆形的小嘴状,以免有圆上加圆之感。

施粉底:可用来在两颊造成阴影,使圆形脸显得瘦一点;选用暗色调粉底,沿额头靠近发际处起向下窄窄地涂抹,至颧骨部下可加宽涂抹的面积,造成脸部亮度自颧骨以下逐步集中于鼻子、嘴唇、下巴附近部位。

修眉毛:可修成自然的弧形,少许弯曲,不可太平直或有棱角,也不可过于弯曲。

④ 方形脸化妆

方形脸的人以双颊骨突出为特点,因而在化妆时,要设法加以掩蔽,增加柔和感,见

图1-5。

涂胭脂:宜涂抹得与眼部平行,切忌涂在颧骨最突出处,可抹在颧骨稍下处并往外揉开。

施粉底:可用暗色调在颧骨最宽处造成阴影,令其方正感减弱。下颚部宜用大面积的暗色调粉底造阴影,以改变面部轮廓。

涂唇膏:可涂丰满一些,强调柔和感。

修眉毛:应修得稍宽一些,眉形可稍带弯曲,不宜有角。

⑤ 三角形脸化妆

三角形脸的特点是额部较窄而两腮较阔,整个脸部呈上小下宽状。化妆时应将下部宽角"削"去,把脸形变为椭圆状。

涂胭脂:可由外眼角处起始,向下涂抹,令脸部上半部分拉宽一些。

施粉底:可用较深色调的粉底在两腮部位涂抹、掩饰。

修眉毛:宜保持自然状态,不可太平直或太弯曲。

⑥ 倒三角形脸化妆

倒三角形脸的特点是额部较宽大而两腮较窄小,呈上阔下窄状。人们常说的"瓜子脸""心形脸",即指这种脸形。化妆时,掌握的诀窍与三角形脸相似,需要修饰的部分则正好相反,见图1-6。

图1-4 圆形脸

图1-5 方形脸

图1-6 倒三角形脸

涂胭脂:应涂在颧骨最突出处,尔后向上、向外揉开。

施粉底:可用较深色调的粉底涂在过宽的额头两侧,而用较浅的粉底涂抹在两腮及下巴处,造成掩饰上部、突出下部的效果。

涂唇膏:宜用稍亮些的唇膏以加强柔和感,唇形宜稍宽厚些。

修眉毛:应顺着眼部轮廓修成自然的眉形,眉尾不可上翘,描时从眉心到眉尾宜由深渐浅。

2)化妆的注意事项

避免过量地使用芳香型化妆品。商界人士在工作岗位上使用任何化妆品都不能过量,对芳香型的化妆品更应该铭记这一点。化妆与为人处世一样,都要含蓄一些,才有魅力,才有味道。

在商务交往中,有许多地方空气流通不畅,如写字间、会议室、会客室、电梯间、轿车里。过量地使用香水,不但有可能使人觉得你表现欲望过于强烈,而且还有可能因此"摧残"他人的嗅觉，并引起对方的反感或不快。通常认为，与他人相处时，自己身上的香味在1米以内能被对方闻到，不算是过量。如果在3米之外，自己身上的香味依旧能被对方闻到，则肯定是过量使用香水。

3）化妆的禁忌

（1）不要当众化妆或补妆。商务人员对自己的化妆应当认真对待、一丝不苟，但不允许商务人员当众进行化妆或补妆。

（2）不要非议他人的化妆。有不少商务人士尤其女性，对化妆颇有兴趣，但在工作岗位上，不允许随便切磋化妆术。特别是不允许谈论、评价他人的化妆得失，每个人的审美未必一样，没有必要为他人在这方面"忧心忡忡"。

（3）不要使自己的妆面出现残缺。在工作岗位上假如自己适当地化了彩妆，那么就要做到有始有终，努力维护妆面的完整性。如果一旦出现妆面的残缺，则要及时进行补妆或重新化妆。

（4）不要借用他人的化妆品。化妆品是与人体皮肤直接接触的物品，可能成为疾病传染的媒介，因此，不能乱用他人的化妆品，也不要把自己的化妆品借给他人。

💡 实操窗

女士全套化妆的大体步骤

要求：女生课后根据下列步骤完成全套化妆。

第一步，沐浴。沐浴时使用浴液，浴后使用润肤品保养、护理全身肌肤，并注意保护手部。

第二步，做头发。在沐浴时，使用香波洗头。浴后吹干头发，冷烫定型，或使用发胶、摩丝，做出满意的发型。

第三步，洁面。用洗面奶去除油污、汗渍与灰尘，使面部彻底清洁。随后，在脸上扑打化妆水，为面部化妆做好准备。

第四步，涂敷粉底。先用少量的护肤霜，以保护皮肤免受其他化妆品的刺激。此外，它还有助于使涂敷粉底打底色的工作进行得更容易。接下来，在面部的不同区域使用深浅不同的粉底，使妆面产生立体感。完成之后，即可使用少许定妆粉来固定粉底。

第五步，描眉画眼。首先，修眉、拔眉、画眉；其次，沿着眉毛的根部，画好眼线；再次，运用睫毛膏、睫毛器，对眼睫毛进行"加工"、造型；最后，通过涂眼影为眼部着色，加强眼睛的立体感。

第六步，美化鼻部，即画鼻侧影，以改变鼻形的缺陷。

第七步，打腮红。使用胭脂扑打腮红是为了修饰美化面颊，使人看上去容光焕发。涂好腮红之后，应再次用定妆粉定妆。

第八步，修饰唇形。先用唇笔描出口形，然后填入色彩适宜的唇膏，使红唇生色。

第九步，喷涂香水。美化身体的整体"大环境"。

第十步，修正补妆。检查化妆的效果，进行必要的调整、补充、修饰和矫正。

至此，一次化妆彻底完成。

2. 发型选择

常言道:"远看头,近看脚",头发位于人体的"制高点",它往往最先吸引别人的注意力,在商务人员仪容中占有举足轻重的作用。因此,修饰仪容,头发不可忽视。商务人员发型、发式统一的标准就是干净整洁,并且要经常地注意修饰、修理,头发不应该过长。

一般认为,男士前部的头发不要遮住自己的眉毛,侧部的头发不要盖住自己的耳朵,同时不要留过厚或者过长的鬓角,男士后部的头发,应该不要长过自己西装衬衫领子的上部,这是对男士发型的统一要求。

女士在发型、发式方面需要注意,发型、发式应该简约、美观、大方,需要特别注意的一点是,在选择发卡、发带时,它的式样应该庄重大方。

具体来说,发型的选择要遵循以下原则。

(1)选择发型要与脸形相符合

① 鹅蛋脸(又称椭圆形脸):鹅蛋脸属标准型,可以做任何发型。但一般而言,将头发散下来可显得丰润些(见图1-7)。

② 圆形脸:可将头发安排在头顶,用前刘海盖住双耳及一部分脸颊,即可减少脸的圆度(见图1-8)。

图1-7 鹅蛋脸发型

图1-8 圆形脸发型

③ 方形脸:类似于圆形脸,其发式应遮住额头,并将头发梳向两边及下方,并可以烫发,造成脸部窄而柔顺的效果(见图1-9)。

④ 梨形脸:要保持头发覆盖丰满且高耸,分出一些带波浪的头发遮住额头,头发以半卷或微波状盖住发际线,造成宽额头的效果(见图1-10)。

图1-9 方形脸发型

图1-10 梨形脸发型

⑤ 长形脸：可适当用刘海掩盖前额，一定不可将发帘上梳，头缝不可中分，尽量加重脸形横向感，使脸形看上去圆一些。

（2）选择发型要与性别相符合

商务男士应尽可能避免留长发或者某些时髦新潮的奇特发型，最好也不要留光头，不要把头发染成过分鲜艳刺眼的颜色。

女士的发型虽然并不拘泥于短发和直发，但也应注意要相对保守一些，不能过分张扬和花哨。

（3）选择发型要与年龄相符合

年长者要求简朴、端庄、成熟、稳重，因此，比较适宜大花型的短发或盘发，给人以温和可亲的感觉。

而年轻人则要注重整洁健康、美丽大方、新颖别致，比较适宜扎辫子、短发、长发等。

（4）选择发型要与性格和气质相符合

① 性格内向、羞于言谈的人，选择自然翻式的发型。

② 性格开朗、潇洒的人，则要选择长发波流式的发型。

③ 性格活泼、天真的人，选择长发童花式的发型。

④ 性格温柔、文静的人，选择曲直长发式的发型。

⑤ 性格豪爽、具有男子气概的女性，适宜选择短发型。

（5）选择发型要与身材相符合

总的原则是简洁、明快、线条流畅。

① 个子矮小的人发型应以秀气、精致为主，避免粗犷、蓬松，可利用盘发增加身体高度。

② 高瘦身材的人发型要求生动饱满，避免将头发梳得紧贴头皮，或将头发搞得过分蓬松，显得头重脚轻。一般来说，高瘦身材的人比较适宜于留长发、直发。

③ 身体矮胖的人整体发式要向上，譬如选择运动式发型，此外可选择有层次的短发、前额翻翘式等发型。

④ 高大身材的人发型一般以留简单的直短发为好，或者是大波浪卷发；对直长发、长波浪、束发、盘发、中短发式也可酌情运用。注意切忌发型花样繁复、造作，头发不要太蓬松。

（6）选择发型要与职业相符合

① 戴工作帽职业者的发型既要简洁，又要美观，一般以中长发和短发为宜，戴帽时头发不外露，脱帽后又能保持优美的发型。

② 文艺工作者的发型要求新颖多样，突出个性，富有艺术气息。

③ 教师、机关人员的发型要求线条简单、波纹平淡自然，发型优美大方、朴实端庄。

④ 商务人员的发型应以整洁美观为主，富有时代气息，给人以健康明朗、文明礼貌的良好印象。

贴士窗

《镜箴》——容止格言

面必净，发必理，衣必整，纽必结。头容正，肩容平，胸容宽，背容直，气象：勿傲、勿暴、勿怠；颜色：宜和、宜静、宜庄。

南开中学各教学楼门口有一面镜子，上面写着引人注目的《镜箴》。这段著名的"容止格言"每天都提醒着南开学子要时时保持端庄得体的仪表及神态，处处注意自己的容貌举止。

3. 手部修饰

手可以说是商务人员的"第二张名片"。不论是握手寒暄、交换名片、递送文件、献茶敬酒，还是垂手而立、置于桌上，它都处于耀眼醒目之处。一双保养良好、干干净净的手，会给人以美感；而一双"年久失修"、肮脏不堪的手，则会使人大倒胃口，甚至会因之而影响到其主人所获得的总体评价。

商务人士的双手应当以干净卫生、雅观为其"要旨"。具体要求共有五条。

（1）双手要勤洗。与洗脸相比，双手洗得要更勤些。

（2）双手要保洁。手部不只是需要勤洗，而且需要精心照料，别让手部红肿、粗糙、长疮、生癣或"积劳成疾"。

（3）不留长指甲。商务人士应养成平日坚持定期修剪指甲的良好习惯，一般要三天修剪一次。

（4）工作时指甲不宜涂抹彩色指甲油，这主要是针对女士来说的。若是十指涂满有色指甲油，甚至十指十色、一指多色，把自己搞得鲜艳夺目，实在有失自己的身份。无色指甲油，适量地使用，对保护手指甲是有益的。

（5）腋毛在正式场合不宜为外人所觉察。一般认为，女士在正式场合穿着衣衫应以不暴露腋窝为宜，对于背带裙、背心、无袖装及袖口宽松肥大的上衣等都不宜穿着，否则会影响美观。

4. 脚部修饰

中国人看人的习惯是"远看头，近看脚，不远不近看中腰"。脚部主要注意的是脚部保养和脚趾甲的修饰。脚部的保养要害是清除脚臭、处理脚部多余汗毛、治疗脚底茧。尤其是男士应养成良好的卫生习惯，每日勤换鞋袜，选择棉质或丝质袜子。清洁脚趾后，擦上爽身粉，注意饮食结构，可以消除脚臭。女士腿毛过重，夏季着裙装时须作处理，以免尴尬。

任务 1.2 仪态礼仪实训

通过实训，使学生掌握仪态美的基本动作要领，练就符合礼仪规范的站姿、走姿、坐姿。

正确站姿、走姿、坐姿的训练。

要求：

学生在教师指导下通过个人练习、集体练习等方式掌握正确的站姿、走姿、坐姿。

任务步骤

（1）准备一间形体实训室，要求至少有一面墙设置大镜子，镜子下及地面、上能照出每个人的头部。另准备音乐播放器材、音乐歌曲CD、多媒体设备等。

（2）教师示范讲解。

（3）观看视频资料。

（4）站姿练习。练习方法如下。

① 按照站姿的基本要求练习，进行自我调整，尽量用心去感觉动作要领。训练时可放些优雅、欢快的音乐，调整心境，微笑要自然。每次训练20分钟左右。

② 贴墙站立。要求后脚跟、小腿、臀、双肩、后脑勺都紧贴墙。这种训练是让学生感受到身体上下处于一个平面。

③ 背对背站立。要求两人一组，背对背站立，双人的小腿、臀部、双肩、后脑勺都贴紧。两人的小腿之间夹一张小纸片，不能让其掉下。每次训练20分钟左右。

④ 在头顶放一本书，使其保持水平，促使人把颈部挺直，下巴向内收，上身挺直。每次训练20分钟左右。

⑤ 站姿训练可结合微笑进行，强调微笑的准确、自然、始终如一，可配上悠扬、欢快的音乐以调整学生的心境。

（5）走姿练习。练习方法如下。

① 走直线。在地上画一条直线，行走时手部叉腰，上身正直，行走时双脚内侧稍稍碰到这条线，即证明走路时两只脚几乎是平行的。配上节奏明快的音乐，训练行走时的节奏感。强调眼睛平视，不能往地上看，收腹、挺胸、面带微笑，充满自信和友善。

② 顶书而行。这是为了纠正走路时摆头晃脑的毛病，而保持在行走时头正、颈直的训练。

③ 进行原地摆臂训练。站立，两脚不动，原地晃动双臂，前后自然摆动，手腕进行配合，掌心要朝内，以肩带臂，以臂带腕，以腕带手，纠正双臂横摆、同向摆动、单臂摆动、双臂摆幅不等的现象。

④ 练习背小包，拿文件夹、公文包，穿旗袍时的行走。

⑤ 训练可结合微笑进行，配上悠扬、欢快的音乐，以调整学生的心境，减少疲劳感。女生可穿3~5厘米的高跟鞋进行训练，以强化训练效果。

（6）坐姿练习。练习方法如下。

① 练习入座起立。入座时，教师说"请坐"，学生说"谢谢"，女生双手捋一下裙子，按规范动作坐下。起立时，速度适中，既轻又稳。

② 练习坐姿。按规范的坐姿坐下，放上音乐。练习在高低不同的椅子、沙发，不同交谈气氛下的各种坐姿。训练时，重点强调上身挺直，双膝不能分开，用一张小纸片夹在双膝间，从始至终不能掉下来。

（7）教师考核。考核评分标准如表1-2和表1-3所示。

表1-2　女士仪态礼仪考核评分标准

姓名：_____　　　　　　　　　　　　时间：_____

	评价项目与内容	应得分	扣分	实得分
站姿	基本站姿	10		
	服务员式站姿	10		
	体前单屈臂式站姿	5		
	丁字步站姿	5		
走姿	标准走姿：稳健从容，步速适中，手臂摆动自然，腿部不僵硬，落脚呈直线	15		
坐姿	正襟危坐式坐姿	10		
	大腿叠放式坐姿	5		
	双脚交叉式坐姿	5		
	前伸后屈式坐姿	5		
	双腿斜放式坐姿	5		
	双腿叠放式坐姿	5		
实训报告	按规定时间上交	5		
	字迹清楚、填写规范、内容详尽完整	5		
	实训分析总结正确	5		
	能提出合理化建议和创新见解	5		
合　　计		100		

考评教师（签名）：

表1-3　男士仪态礼仪考核评分标准

姓名：_____　　　　　　　　　　　　时间：_____

	评价项目与内容	应得分	扣分	实得分
站姿	基本站姿	10		
	前搭手式站姿	10		
	体前单屈臂式站姿	5		
	双手背后式站姿	5		
走姿	标准走姿：稳健从容，步速适中，手臂摆动自然，腿部不僵硬，落脚呈直线	15		
坐姿	正襟危坐式坐姿	10		
	大腿叠放式坐姿	10		
	双脚交叉式坐姿	5		
	前伸后屈式坐姿	10		
实训报告	按规定时间上交	5		
	字迹清楚、填写规范、内容详尽完整	5		
	实训分析总结正确	5		
	能提出合理化建议和创新见解	5		
合　　计		100		

考评教师（签名）：

知识点拨

1. 站姿

站姿是指人的双腿在直立静止状态下所呈现出的姿势。站姿是走姿和坐姿的基础，一个人想要表现出得体雅致的姿态，首先要从规范站姿开始。

（1）得体站姿的基本要点

双腿基本并拢，双脚呈 45°～60° 夹角，身体直立，抬头，挺胸，收腹，平视。

所谓"站如松"是指人的站立姿势要像松树一样直立挺拔，双腿均匀用力。得体的站姿给人以健康向上的感觉，不好的站姿，如低头含胸、双肩歪斜、倚靠墙壁、腿脚抖动等会给人以萎靡不振的感觉。

（2）站姿的种类

工作场合可以根据自身条件选择以下站姿。

① 基本站姿：如图 1-11 所示。

图1-11　基本站姿

- 两脚跟相靠，脚尖展开 45°～60°，身体重心主要支撑于脚掌、脚弓之上。
- 两腿并拢直立，腿部肌肉收紧，大腿内侧夹紧，髋部上提。
- 腹肌、臀大肌微收缩并上提，臀、腹部前后相夹，髋部两侧略向中间用力。
- 脊柱、后背挺直，胸略向前上方提起。
- 两肩放松下沉，气沉于胸腹之间，自然呼吸。
- 两手臂放松，自然下垂于体侧。
- 脖颈挺直，头向上顶。
- 下颌微收，双目平视前方。

② 前搭手式站姿：挺胸直立，平视前方，双腿适度并拢，双手在腹前交叉，右手握住左手的手指部分，双腿均匀用力，适用于女性，如图 1-12 所示。

③ 双手背后式站姿：挺胸收腹，两手在身后交叉，右手搭在左手腕部，两手心向上收。这种站姿通常用于男性，如图 1-13 所示。

④ 丁字步站姿：挺胸收腹，平视前方，右手握左手并轻搭小腹前，一脚在另一脚弓处呈 90° 形成丁字形。站立时间长时左右脚可以互换以减轻疲劳感。此种站姿仅限女性，

如图 1-14 所示。

图1-12　前搭手式站姿　　　　图1-13　双手背后式站姿　　　　图1-14　丁字步站姿

站姿可以随着时间、地点、身份的不同而变化，但一定要自然大方，并且适合自己的外在和内在特点。

实操窗

站姿实践操作

1. 靠墙站立练习

要求脚跟、小腿、臀、双肩、后脑勺都紧贴墙，每次坚持15~20分钟。站立者练习动作的持久性与挺拔感（见图1-15）。

2. 二人一组练习

要求背靠背，双方的髋部、肩部、后脑勺为接触点，练习站立动作的稳定性（见图1-16）。

3. 面对训练镜练习

要求在正确的站姿基础上，结合脸部表情练习（重点是微笑），使规范的站立姿态与热情的微笑相结合，完善站姿的整体形象（见图1-17）。

图1-15　靠墙练习　　　　图1-16　背靠背练习　　　　图1-17　对着镜子练习

2. 走姿

走姿是指一个人在行走过程中的姿势。它以人的站姿为基础，始终处于运动中。站姿体现的是一种静态的美，走姿体现的是一种动态的美。得体的走姿的最基本要点是：抬头挺胸，上身直立，双肩端平，两臂与双腿呈反相位自然交替甩动，手指自然弯曲，身体中心略微前倾，如图1-18所示。

所谓"行如风"是指行走动作连贯，从容稳健。步幅、步速要以出行目的、环境和身份等因素而定。协调和韵律感是步态的最基本要求。

女士在较正式的场合中的行路轨迹是一条线，即行走时两脚内侧在一条直线上，两膝内侧相碰，收腰提臀，挺胸收腹，肩外展，头正颈直收下颌。

男士在较正式的场合中的行路轨迹是两条线，即行走时两脚的内侧应是在两条直线上。

不雅的步态会给人留下不好的印象，如：左右摇晃、弯腰驼背、左顾右盼、鞋底蹭地、八字脚、碎步等。此外，不可把手插进衣袋里，多人行走时，不能横排并走，更不能勾肩搭背。

图1-18 走姿图

贴士窗

优雅走姿四口诀

以胸领动肩轴摆，提髋提膝小步迈，跟落掌接趾推送，双眼平视背放松。

实操窗

走姿训练

（1）双臂摆动训练。身体直立，双臂以肩关节为轴，按摆动幅度的要求前后自然摆动。这样可以纠正双肩僵硬、双臂左右摆动的毛病，使双臂摆动优美自然。

（2）行走训练。头顶一本厚书，先缓步行走，待协调后再加快脚步。这样可以克服走路时摇头晃脑的毛病，保持行走时头正、颈直、目视前方的姿态。

（3）步态综合训练。训练行走时各部位动作的协调一致。行走时配上节奏感较强的音乐，掌握好行走时的节奏速度。

3. 坐姿

坐姿是指人在就座以后身体所保持的一种姿势。

（1）得体的坐姿的基本要点

上身挺直，两肘或自然弯曲或靠在椅背上，双脚接触地面（跷脚时单脚接触地面），双腿适度并拢。

所谓"坐如钟"，是指坐姿要像钟一样端庄沉稳、镇定安详。

一般情况下，要求女性的双腿并拢，而男性双腿之间可适度留有间隙。双腿自然弯曲，两脚平落地面，不宜前伸。在日常交往场合，男性可以跷腿，但不可跷得过高或抖动。女性大腿并拢，小腿交叉，但不宜向前伸直。如女性着裙装，应养成习惯在就座前从后面抚顺一下再坐下。根据不同的场合和不同的座位，坐的位置可前可后，但上身一定要保持直立。

（2）坐姿的种类

工作场合可以根据自身条件选择以下坐姿。

① 正襟危坐式：上身与大腿，大腿与小腿，小腿与地面，都应当呈直角。双膝、双脚适度并拢。这是最传统意义上的坐姿，适用于大部分的场合尤其是正规场合，如图1-19所示。

图1-19　正襟危坐式坐姿

② 大腿叠放式：两条腿在大腿部分叠放在一起，位于下方的一条腿垂直于地面，脚掌着地，位于上方的另一条腿的小腿适当向内收，同时脚尖向下，如图1-20所示。女性着短裙不宜采用这种姿势。

③ 双脚交叉式：双脚在踝部交叉。交叉后的双脚可以内收，也可以斜放，但不宜向前方远远直伸出去，如图1-21所示。

图1-20　大腿叠放式坐姿

图1-21　双脚交叉式坐姿

④ 前伸后屈式：双腿适度并拢，左腿向前伸出，右腿向后收，两脚脚掌着地，如图1-22所示。

以上坐姿男女均可采用，以下为女士坐姿。

⑤ 双腿斜放式：双腿完全并拢，然后双脚或向左或向右斜放，斜放后的腿部与地面约呈45°夹角，如图1-23所示。

图1-22　前伸后屈式坐姿

图1-23　双腿斜放式坐姿

4. 蹲姿

在日常生活中,当人们拿取、捡拾低处物品、拍摄照片时,往往需要采用蹲姿。但是很多人却因不雅的蹲姿而破坏了个人形象,同时也令旁观者感到尴尬。

(1)常见的蹲姿

① 高低式

下蹲时,右脚在前,左脚稍后,两腿靠紧往下蹲。右脚全脚着地,小腿基本垂直于地面,左脚脚跟提起,脚掌着地。左膝低于右膝,左膝内侧靠于右小腿内侧,形成右膝高左膝低的姿势,臀部向下,基本上靠一只腿支撑身体。男士选用这种蹲姿时,两腿之间可有适当距离,如图1-24所示。

② 交叉式

下蹲时左脚在前,右脚在后,左小腿基本垂直于地面,全脚着地。右腿在后与左腿交叉重叠,右膝由后面伸向左侧,右脚跟抬起,脚掌着地。两腿前后靠紧,合力支撑身体。臀部向下,上身稍前倾。此姿势较适合于女性,如图1-25所示。

图1-24　高低式蹲姿

图1-25　交叉式蹲姿

（2）蹲姿的禁忌

①忌方位失当

如正对或背对客人蹲下，会让对方感到尴尬或不便。

②忌毫无遮掩

下蹲时，注意不要让背后的上衣自然上提，露出皮肤和内衣裤；女士无论采用哪种蹲姿，切忌两腿分开，既不雅观，更不礼貌，如图1-26所示。

图1-26　不雅的蹲姿

③其他禁忌

忌弓背撅臀、忌突然下蹲、忌离人过近、忌蹲着休息。

5. 手姿

手姿，又叫手势。手姿是通过手和手指活动传递信息，是一种可以用来传递信息的身体语言。手势可以是人的内心情感的自然流露，但因为不同的文化习俗背景，导致在实际交流中常常会引起误解。因此，在使用手势时要了解一些基本手势在不同文化下的含义。与不同文化背景的人交往时，最好少用手势，以免发生沟通中的误解，甚至触犯交往对象的习俗禁忌。即使是同一文化背景中的人，对于同一个手势，也可能会有不同的理解。

（1）指路或介绍时的手势

平时为客人指路时，或为其他人介绍时，不可如图1-27这样指示。指示时，应五指轻轻并拢，掌心朝上略倾斜，指向所需方向。正确的指示手势如图1-28所示。

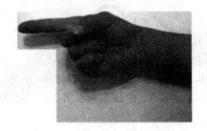 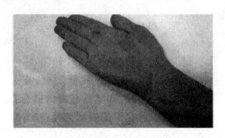

图1-27　错误的指示手势　　　　　　图1-28　正确的指示手势

（2）"OK"手势

"OK"手势（见图1-29）在中国可以表示"好""行""零""三"等不同含义。在美国、英国表示"赞同""顺利""了不起"的意思；在法国、阿根廷和大多数欧洲国家表示"零"的意思；在泰国表示"没问题""请便"；在日本、韩国表示金钱；在印度表示不错、正确；在印度尼西亚表示"一无所有""一事无成""什么也干不了"；在突尼斯表示"没用""傻瓜"；在巴西、巴拉圭等国家则表示侮辱男人、引诱女人。

（3）竖起大拇指的手势

竖起大拇指的手势（见图1-30）在中国表示"好""了不起"，有高度称赞之意；在英国、澳大利亚、新西兰等国家表示"好""不错"；在美国、法国、印度竖起大拇指手势表示搭车；在日本表示男人、父亲；在希腊表示"够了"；在伊朗表示无礼。

（4）"V"手势

"V"手势（见图1-31）在中国表示"2"或胜利。在世界上大部分地区都表示数字"2"。

英国首相丘吉尔曾用它表示Victory——胜利。要注意,在表示胜利时一定要掌心朝向对方。如果手背朝向对方则是侮辱人的意思。

（5）竖起食指的手势

竖起食指手势（见图1-32）在中国表示"1",在大多数国家均表示数字"1"。在新加坡表示"最重要";在法国表示"请求提问";在澳大利亚表示"请再来一杯啤酒"。

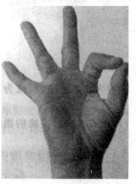   

图1-29 "OK"手势　　图1-30 竖起大拇指的手势　　图1-31 "V"手势　　图1-32 竖起食指的手势

（6）递送物品时的动作

在给他人递送物品时,不可使物品的尖端朝向他人。递送尖锐物品的正确方法如图1-33所示。

图1-33 递送尖锐物品的正确方法

（7）递送文件夹时的动作

工作人员在工作场合持文件夹时,不要随意将文件夹拿在手上,应当以正确站姿站好,左手握住文件夹右缘上1/3处,将文件夹自然横立于腰部的左侧,左臂微曲,右手自然下垂。持文件夹的正确方法如图1-34所示。

6. 鞠躬

鞠躬礼即弯身行礼,为中国、日本、朝鲜的传统礼仪,用来表示对别人的尊敬。

（1）鞠躬的规范

① 距离:行鞠躬礼时,施礼者通常需距离受礼人2米左右。

图1-34 持文件夹的正确方法

② 基本姿势：身体呈标准站姿，手放在腹前，身体上部向前弯腰呈一定程度，然后恢复原状。
③ 角度：15°~90°。
④ 表情：自然，并且要符合场合。
⑤ 眼神：正视对方或正视地面。

知识窗

鞠躬礼仪

（1）目光应向下看，表示一种谦恭的态度。
（2）鞠躬礼毕起身时，目光应有礼貌地注视对方。
（3）鞠躬后，视线落到对方脚尖部位。
（4）鞠躬时，脖颈挺直。
（5）鞠躬时，要脱帽。
（6）在我国，接待外宾时常用鞠躬礼。

（2）分类
① 一鞠躬：身体上部前倾一次，鞠躬的角度大约为15°~45°；
② 三鞠躬：身体上部前倾三次，鞠躬的角度大约为90°；
③ 鞠躬的深度：鞠躬的深度视受礼对象和场合而定，如图1-35~图1-37所示。

表示致意，用于一般的服务性问候。

图1-35 15°行礼

表示向对方敬礼，常用于重要活动、重要场合的问候。

图1-36 45°行礼

表示向对方深度敬礼或道歉，常用于中国传统的婚礼、追悼会等正式礼仪。

图1-37 90°行礼

任务 1.3　服饰礼仪实训

通过实训，使学生掌握服饰礼仪的基本要求，掌握西装的穿着规范、领带的系法及服饰的搭配。

假设你是某公司的业务经理，你要代表公司去面见一位重要客户，请你选择合适的服饰。

任务步骤

（1）教师介绍本次实训的内容及模拟情景。
（2）教师讲解服饰礼仪规范。
（3）小组同学间互相评议当天的着装是否规范及服饰搭配是否协调。
要求：
①要求有条件的男生穿西装、系领带，女生穿职业装。
②没有条件的要求穿一套自认为搭配最协调的服装。
③同学之间可调配服装。
④熟练掌握几种领带的打法。
⑤全班同学分成 5 人一组。
（4）教师考核。考核评分标准如表 1-4～表 1-6 所示。

表1-4　男士西装礼仪考核评分标准

组别：_____　　　姓名：_____　　　时间：_____

评价项目与内容		应得分	扣分	实得分
准备工作	模拟出场迅速	5		
	实训过程全组协调良好	5		
基本知识掌握	熟悉男士西装的穿着规范及搭配	10		
男士西装	西装干净、整洁，西裤烫出裤线	10		
	衬衫清洁，穿着符合要求	5		
	西装的扣子系法符合要求	10		
	西装口袋不装物品，衣袖、裤边不卷	10		
	领带形状规整、长短适中、打法正确	10		
	鞋袜干净、颜色搭配恰当	5		
观摩讨论	观摩认真	5		
	讨论积极	5		

续表

	评价项目与内容	应得分	扣分	实得分
实训报告	按规定时间上交	5		
	字迹清楚、填写规范、内容详尽完整	5		
	实训分析总结正确	5		
	能提出合理化建议和创新见解	5		
合　　计		100		

考评教师（签名）：

表1-5　女士职业装礼仪考核评分标准

组别：_____　　　姓名：_____　　　时间：_____

	评价项目与内容	应得分	扣分	实得分
准备工作	模拟出场迅速	5		
	实训过程全组协调良好	5		
基本知识掌握	熟悉女士职业装的穿着规范及搭配	10		
女士职业装	套装的款式、面料选择合理	10		
	衬衫以白色为主	5		
	内衣应柔软合理	10		
	衬裙选择合理	10		
	丝袜无破洞	10		
	鞋袜与套装相配	5		
观摩讨论	观摩认真	5		
	讨论积极	5		
实训报告	按规定时间上交	5		
	字迹清楚、填写规范、内容详尽完整	5		
	实训分析总结正确	5		
	能提出合理化建议和创新见解	5		
合　　计		100		

考评教师（签名）：

表1-6　便装礼仪考核评分标准

组别：_____　　　姓名：_____　　　时间：_____

	评价项目与内容	应得分	扣分	实得分
准备工作	模拟出场迅速	5		
	实训过程全组协调良好	5		
基本知识掌握	熟悉便装的穿着规范及搭配	10		
便装	着装整洁、合身	10		
	着装符合职业身份	10		
	内外衣搭配协调	10		
	色彩搭配协调	10		
	鞋袜与服装相配	10		

续表

	评价项目与内容	应得分	扣分	实得分
观摩讨论	观摩认真	5		
	讨论积极	5		
实训报告	按规定时间上交	5		
	字迹清楚、填写规范、内容详尽完整	5		
	实训分析总结正确	5		
	能提出合理化建议和创新见解	5		
合　　计		100		

考评教师（签名）：

 知识点拨

1. 着装原则

（1）协调原则

正如世间没有两片树叶是完全相同的，每个人都有自己的特点，人人都希望在社交场合中树立自己独特的个人形象。不同的人由于身材、年龄、性格、职业、文化等不同，会有不同的个性特点。服装的选择首先考虑自身特点，"量体裁衣"，扬长避短。只有当服装与个性协调时，才能更好地发挥其效应，塑造出自身的良好形象。穿着要和年龄、体形、职业、角色、环境相协调。

（2）交际原则

在社会交往中，应正确理解并充分利用服装的社会功能，在与他人交际过程中，选择合适的服装有助于缩短彼此间的距离、协调彼此间的关系，从而使对方接受自己，达到交际的目的。

（3）TPO原则。着装要得体、规范，要严格遵守TPO原则，即着装与时间、地点、场合相匹配的原则。

①时间（Time）原则。时间不仅指每天的早、中、晚，也包括每年春、夏、秋、冬四季，以及不同的时期、时代。比如冬要保暖、夏要凉爽，这是基本的常识要求，夏季的裙装再美如果在冬天穿着也会让人感到不合时宜。

通常早间人们在家中活动居多，不管是早起锻炼还是在家洗漱用餐，着装都应以方便、随意、舒适为主。日间工作时，着装要根据自己的工作性质选择，总体上以庄重大方为准则。宴会、舞会、音乐会等正式社交活动，则大多安排在晚间，着装应正式讲究一些，体现高雅大方，礼仪要求严格。

②地点（Place）原则。服饰应与特定的环境相适应，以获得视觉与心理上的和谐感。试想穿着花色艳丽的海南岛岛服出现在沙滩或旅游景点，会让人感觉心情爽朗，但一旦出现在谈判的会场上，则会让人感到诧异。

③场合（Occasion）原则。穿着服饰所蕴含的信息必须与特定场合的气氛相吻合。比如，一个人身着款式庄重的服装前去应聘或洽谈生意，说明他郑重其事，老成持重，让人

可信任。而刚出校园参加工作的青年如打扮太学生味，穿向阳花图案的T恤，穿凉鞋，戴玻璃手链，则会显得幼稚、脆弱、好想象，让人质疑你的工作能力。

（4）整洁原则

任何情况下，服装首先应该是干净整齐的。衣领和袖口尤其要注意不能污渍斑斑。衣服应该平整，扣子应齐全，不能有开线，更不能有破洞，衣服应勤换洗。尤其是西服衬衫，应非常洁净。皮鞋应保持鞋面光亮。

2. 服装色彩的搭配

服装的美是色彩、款式、面料的统一。在生活中色彩美是最先引人注目的，色彩对人的刺激最敏感、最快速，所以色彩是服饰的首要因素，服装穿着流行这样一句话"色彩要少，款式要雅"。在服装选择上要注意色彩的搭配，选择适合自己肤色的色彩，一次出现在身上的色彩不要过多，让人看着像个调色盘。

（1）色调

关于色彩的知识，首先要了解色调。色调通常分为暖色调，如红、橙、黄；冷色调，如绿、蓝、紫；中和色调，如黑、白、灰。那么色彩有很多，怎么判断是暖色调还是冷色调呢？人们有一个基本的判断是，大地的延伸色可以称为暖色调，大海的延伸色可以称为冷色调。而中和色调则可以称为安全色，因为它与冷暖色搭配都是和谐的，是一种百搭色，所以每个人的衣柜里都应该有最少一两件中和色调的衣服。

（2）色彩搭配的主要方式

① 对比色的搭配。对比色搭配是指两个相隔较远的颜色相配，如黄色与紫色，红色与青绿色，这种配色比较强烈。日常生活中，常看到的是黑、白、灰与其他颜色的搭配。黑、白、灰为无色系，所以，无论它们与哪种颜色搭配，都不会出现大的问题。一般来说，如果同一个色与白色搭配时，会显得明亮，与黑色搭配时就显得昏暗。因此在进行服饰色彩搭配时，应先衡量一下，是为了突出哪个部分的衣饰。不要把沉着色彩，例如，深褐色、深紫色与黑色搭配，这样会和黑色呈现"抢色"的后果，令整套服装没有重点，而且服装的整体表现也会显得很沉重、昏暗无色。黑色与黄色是最抢眼的搭配，红色和黑色的搭配，非常之隆重，但是却不失韵味。

② 补色配合。补色配合是指两个相对的颜色的配合，如红与绿、青与橙、黑与白等，补色相配能形成鲜明的对比，有时会收到较好的效果。黑白搭配是永远的经典。

③ 协调色的搭配。同类色搭配原则指深浅、明暗不同的两种同一类颜色相配，比如青配天蓝、墨绿配浅绿、咖啡配米色、深红配浅红等，同类色配合的服装显得柔和文雅。粉红色系的搭配，让整个人看上去柔和很多。

④ 近似色相配。近似色相配是指两个比较接近的颜色相配，如红色与橙红或紫红相配，黄色与草绿色或橙黄色相配等。职业女性穿着职业女装活动的场所是办公室，低彩度可使工作在其中的人专心致志，平心静气地处理各种问题，营造沉静的气氛。职业女装穿着的环境多在室内、有限的空间里，人们总希望获得更多的私人空间，穿着低纯度的色彩会增加人与人之间的距离，减少拥挤感。纯度低的颜色更容易与其他颜色相互协调，这使得人与人之间增加了和谐亲切之感，从而有助于形成协同合作的格局。另外，可以利用低纯度色彩易于搭配的特点，将有限的衣物搭配出丰富的组合。同时，低纯度给人以谦逊、宽容、成熟感，借用这种色彩语言，职业女性更易受到他人的重视和信赖。

知识窗

色彩的象征

看看你的服装与你的气质是否搭配得"表里如一"呢？

（1）红色：热情、勇敢、爱情、健康、喜庆、欢乐；
（2）橙色：富饶、充实、活跃、友爱、豪爽、积极；
（3）黄色：智慧、光荣、忠诚、希望、权威、光明；
（4）绿色：公平、安全、和平、温柔、文静、平安；
（5）蓝色：自信、开朗、高尚、秀丽、沉默、宁静；
（6）紫色：委婉、尊敬、高贵、优雅、信仰、孤独；
（7）黑色：神秘、寂寞、黑暗、压力、严肃、深沉；
（8）白色：神圣、纯洁、无私、朴素、冷酷、诚实。

3. 西装的着装规范

1）三个三原则

（1）第一个"三"，三色原则。三色原则规定，穿西装正装时，全身上下的颜色不能多于三种。当然休闲装没有这个问题，穿休闲西装比较随意，没必要打领带，也不受这一原则限制。正装西装的基本特点是单色的、深色的，一般是蓝色、灰色居多，有时候也有咖啡色和黑色，但是黑色西装一般是当作礼服穿着的。

（2）第二个"三"，三一定律。三一定律是告诉人们，男士在重要场合穿套装出来时，身上有三个要件应该是同一个颜色。这三个要件就是鞋子、腰带、公文包。它们应该是一个颜色，并且应该首选黑色。如果同时佩戴手表、眼镜，那么手表表带、眼镜镜框和皮带扣的颜色应该一样，这才协调。

（3）第三个"三"，三大禁忌。其一，袖子上的商标不能不拆。其二，非常重要的涉外商务交往中忌穿夹克时打领带。大体上来讲，穿夹克打领带，有两种情况是允许的：一是穿制服式夹克。所谓制服，就是制式服装，统一色彩、统一面料、统一设计、统一款式的服装，是企业形象的标志。这时可以穿夹克打领带。还有一种是行业领导或者单位领导。他们在自己行业之内参加内部活动时可以如此穿着。其三，忌袜子出现问题。穿西装时有两种袜子是不可以穿的。一是白袜子，袜子最好和皮鞋或裤子是一个颜色，浑然一体。二是尼龙丝袜，尼龙丝袜最大的问题是不吸湿、不透气，容易产生异味，会妨碍交际。

2）西装的搭配（如图1-38所示）

（1）衬衫。衬衫是西装的一个点缀，具有美化西服的作用，通常西服是深色的，则衬衫选择淡颜色，最常用的是白衬衫。从衣领上讲，正装衬衫的领形多为方领、短领和长领。具体进行选择时，须兼顾本人的脸形、脖长以及将打的领带结的大小，千万不要使它们相互之间反差过大。扣领的衬衫，有时亦可选用。此外，立领、翼领和异色领的衬衫，都不大适合与正装西装相配。从衣袖上讲，正装衬衫必须为

图1-38 西装搭配

长袖衬衫，短袖衬衫则具有休闲性质。

穿着正装衬衫与西装相配套，有下述四点注意事项。
- 一是衣扣要系上；
- 二是袖长要适度；
- 三是下摆要放好；
- 四是大小要合身。

（2）领带。领带可以说是商界男士穿西装时最重要的饰物。因此人们才说："男人的领带，总是不可缺少的一条。"在欧美各国，领带则与手表和装饰性袖扣并列，称为"成年男子的三大饰品"。

知识窗

领带的来历

古代西方人，特别是居住在深山老林中的日耳曼人，靠狩猎谋生，披兽皮取暖御寒，为不使兽皮从身上掉落，就用皮条、草绳将兽皮串结在脖子上，这是领带的原型。最原始的领带出现于17世纪的欧洲。当年一队克罗地亚骑兵队走在巴黎街头，士兵的脖子上都系着一条五颜六色的布带借以御寒。巴黎上层社会追逐时髦的纨绔子弟，觉得这种打扮新颖、帅气，争相效仿，一时在衬衣领上系带盛行，这便是领带的来历。

作为西装的灵魂，领带的选择讲究甚多。男士在挑选领带时，至少要注意以下几点。

① 色彩

领带有单色与多色之分。在商务活动中，蓝色、灰色、棕色、黑色、紫红色等单色领带都是十分理想的选择。商界男士在正式场合中，切勿使自己佩戴的领带多于三种颜色。同时，也尽量少打浅色或艳色领带。它们与由三种以上的色彩所制成的领带一样，仅适用于社交或休闲活动之中。

② 图案

适用于商务活动中佩戴的领带，主要是单色无图案的领带，或者是以条纹、圆点、方格等规则的几何形状为主要图案的领带。以人物、动物、植物、景观、徽记、文字或计算机绘画为主要图案的领带，则主要适用于社交或休闲活动。除此之外，如果是带企业标志的图案领带，在商务活动中是可以出现的。

③ 款式

领带的款式往往受到时尚的左右。在这个问题上，商界人士主要应注意以下四点：一是领带有箭头与平头之分。一般认为，下端为箭头的领带，显得比较传统、正规；下端为平头的领带，则显得时髦、随意一些。二是领带有宽窄之别。除了要尽量与流行保持同步以外，根据常规，领带的宽窄最好与本人胸围和西装上衣的衣领成正比。三是简易式的领带，如"一拉得"领带、"一挂得"领带，均不适合在正式的商务活动中使用。四是领结宜与礼服、翼领衬衫搭配，并且主要适用于社交场所。

（3）领带的系法。领带打得漂亮与否，关键在于领带结打得如何。打领带结的基本要求是，要领带挺括、端正，并且在外观上呈倒三角形。领带结的具体大小，最好与衬衫衣领的大小成正比。常见的领带系法有以下几种。

① 平结（Plain Knot）

平结为较多男士选用的领结打法之一，几乎适用于各种材质的领带。要诀：领结下方所形成的小酒窝需让两边均匀且对称，如图1-39所示。

图1-39 平结

② 交叉结（Cross Knot）

交叉结对于单色素雅质料且较薄领带适合选用的领结，对于喜欢展现流行感的男士不妨多使用"交叉结"，如图1-40所示。

图1-40 交叉结

③ 双环结（Double Knot）

一条质地细致的领带再搭配上双环结颇能营造时尚感，适合年轻的上班族选用。该领结完成的特色就是第一圈会稍露出于第二圈之外，可别刻意给盖住了，如图1-41所示。

图1-41 双环结

④ 温莎结（Windsor Knot）

温莎结适合用于宽领形的衬衫，该领结应多往横向发展。应避免材质过厚的领带，领结也勿打得过大，如图1-42所示。

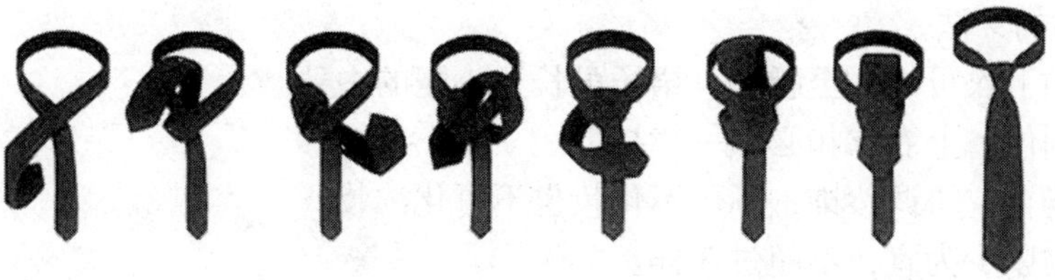

图1-42 温莎结

3）西装的穿法

西服穿着具有一定的程序，正常的程序是梳理头发—更换衬衫—更换西裤—穿上皮鞋—系领带—穿上装。这种穿西服的程序是一种规范，也是一种礼仪。西服的穿着应符合下述基本礼仪。

① 西装要干净、熨烫平整。

② 穿西装要正确系好纽扣。

③ 西装里不要乱穿内衣和毛衫。

④ 西装口袋要少装东西。

知识窗

西装的纽扣系法

双排扣西装：比较庄重，一般要把扣子系好，不宜敞开。

单排扣西装：一粒扣的，系上端庄，敞开潇洒；两粒扣的，只系上面一粒——正式，只系下面一粒——俗气，两粒都扣上——土气，都不系敞开——潇洒；三粒扣的，系上面两粒或只系中间一粒都合规范要求。

4. 女士职业套裙的着装礼仪

（1）套裙选择（如图1-43所示）

① 面料选择。面料选择抓两个词：质地上乘、纯天然。上衣、裙子和背心等必须是同种面料。要用不起皱、不起毛、不起球的，匀称平整，柔软丰厚，悬垂挺括，手感较好的面料。

② 色彩。色彩选择应当以冷色调为主，借以体现出着装者的典雅、端庄与稳重。还须使之与风行一时的各种"流行色"保持一定距离，以示自己的传统与持重。一套套裙的全部色彩不要超过两种，不然就会显得杂乱无章。

③ 尺寸。套裙在整体造型上的变化，主要表现在它的长短与宽窄两个方面。

商界女士的套裙曾被要求上衣不宜过长，下裙不宜过短。通常套裙之中的上衣最短可以齐腰，而裙子最长则可以达到小腿的中部。裙子下摆恰好抵达着装者小腿肚上的最丰满处，乃是最为标准、最为理想的裙长。

图1-43 套裙

（2）套裙的穿法

① 套裙的上衣可以短至腰部，裙子可长达小腿的中部。
② 穿着到位，上衣衣扣必须一律扣上。
③ 考虑场合，协调妆饰，不可不化妆也不可化浓妆。
④ 配饰物以少为宜，不超过3样。
⑤ 就座时，不可将双腿分开过大或跷二郎腿。
⑥ 内衣忌露，鞋袜得体。
⑦ 不穿黑色皮裙。

项目体验

体验一　考一考

1. 判断题

（1）一个稳重、沉着的人穿着一套上深下浅的西装而感觉别扭时，只需将其颜色改为上浅下深即可。（　　）

（2）容貌美的基本要素是貌美、发美、肌肤美。（　　）

（3）套裙上衣最短可以到身体的腰部，套裙裙子最长可以到身体的小腿中部。（　　）

（4）身材矮胖的人要穿横条纹的衣服。（　　）

（5）某女士在等待面试过程中，看到面试时间还没有到，于是拿出自己的化妆包开始修饰起来。（　　）

（6）选择服装时应考虑气候，出席的场合等因素。（　　）

（7）穿正装西装时可以搭配休闲鞋。（　　）

（8）某女士在出席商务场合时浓妆艳抹。（　　）

（9）在参加商务活动时一定要注重修饰，越时尚越好。（　　）

（10）一位小伙子刚从学校毕业去参加H公司面试，为显得正式一些穿上了深色西装，黑色鞋子，白色运动袜。（　　）

（11）容貌主要是指面容。（　　）

（12）面部"三庭五眼"中的"三庭"指脸部的横向距离。（　　）

（13）商务人员化妆总的原则是少而精，强调和突出自身的自然美，一般宜淡妆。（　　）

（14）方形脸是理想脸形，化妆时注意保持其自然形状，不必通过化妆改变脸形。（　　）

（15）与他人相处时，自己身上的香味在3米以内能被对方闻到，不算是过量。（　　）

（16）个子矮小的人发型应以秀气、精致为主，可利用盘发增加身体高度。（　　）

（17）得体站姿的基本要点是双腿基本并拢，双脚呈30°～60°夹角，身体直立，挺胸，

抬头，收腹，平视。　　　　　　　　　　　　　　　　　　（　　）
（18）双脚交叉式也是男性站姿。　　　　　　　　　　　　（　　）
（19）"OK"手势在中国可以表示"好""行""零""三"等不同含义。（　　）
（20）服装美的三个要素是色彩、款式、面料的统一。　　　（　　）

2. 选择题（1~10题单选，11~15题多选）

（1）能与西装相配的衬衫很多，最常见的是（　　）衬衫。
　　　A. 蓝色　　　　B. 白色　　　　C. 浅色　　　　D. 深色

（2）在正式场合，女士不化妆会被认为是不礼貌的，要是活动时间长了，应适当补妆，但应在（　　）补妆。
　　　A. 办公室　　　B. 洗手间　　　C. 公共场所

（3）在公共场所，女士着装时应注意（　　）不能外露，更不能外穿。
　　　A. 袜子　　　　B. 短裙　　　　C. 内衣

（4）一位女士拥有5枚戒指、3条手链、4条项链、2副耳环，则她应该（　　）。
　　　A. 全部佩戴　　　　　　　　　B. 各佩戴一件
　　　C. 佩戴某一类的全部　　　　　D. 佩戴总共不超过3件

（5）关于商务礼仪中着装的说明正确的是（　　）。
　　　A. 社交场合可着随意休闲舒适的服装
　　　B. 通常情况下，男士不用领带夹，但穿制服可使用
　　　C. 女性在商务交往场合不能穿裙子

（6）商务人员站着等候他人时的规范姿势应该是（　　）。
　　　A. 挺胸收腹，双肩平直，双手在身体两侧自然下垂
　　　B. 双手抱于胸前，若有所思
　　　C. 一只手插入裤子口袋，一只手抱着文件夹

（7）商务人员前额的头发无论男女，有一条同样的规定，是（　　）。
　　　A. 不可以染色
　　　B. 不可以盖住眼睛
　　　C. 不可以烫发

（8）领带打好后的最佳长度是（　　）。
　　　A. 领带长到皮带扣处
　　　B. 领带长到皮带扣以下很多
　　　C. 领带长到皮带扣以上很多

（9）男士着正装时的领带图案不可以是（　　）。
　　　A. 单色无图案　　　B. 有条纹图案　　　C. 大花图案

（10）一个商务人员坐在他人面前可用（　　）表示谦恭之意。
　　　A. 将双手夹在大腿之间
　　　B. 不坐满椅面
　　　C. 将双手放在桌子下面

（11）广义上的容貌还包括（　　）。
　　　A. 面容　　　　　　　　　　　　B. 头发
　　　C. 手部　　　　　　　　　　　　D. 其他暴露在外的肢体部分
（12）下列关于化妆的禁忌的描述正确的是（　　）。
　　　A. 不要当众化妆或补妆
　　　B. 不要非议他人的化妆
　　　C. 不要使自己的妆面出现残缺
　　　D. 不要借用他人的化妆品
（13）下列描述正确的是（　　）。
　　　A. 性格开朗、潇洒的人，要选择长发波流式的发型
　　　B. 性格活泼、天真的人，选用自然翻式的发型
　　　C. 性格温柔、文静的人，选择曲直长发式的发型
　　　D. 性格豪爽、具有男子气概的女性，适宜选择短发型
（14）常见的蹲姿有（　　）。
　　　A. 高低式　　　　B. 分开式　　　　C. 交叉式
（15）商界女士的套裙曾被要求（　　）。
　　　A. 上衣不宜过长　　　　　　　　B. 下裙不宜过短
　　　C. 上衣最短可以过腰　　　　　　D. 裙子最长可以达到小腿的中部

体验二　想一想

美丽为何得不到升职

　　美丽是某贸易公司的业务员，她外形靓丽，青春时尚，工作主动性非常强，工作业绩也不错，但到公司三年了，美丽却一直没有得到升迁机会，美丽不明白是什么原因。

　　美丽对于流行因素非常敏感，装扮时尚性感，发型每隔一段时间就会有新变化，颜色也在不断调整，金黄色、酒红色……总是让同事眼前一亮，脸上的妆面就如同经常翻新的服装，变化多端，有着一副好身材的她，紧身衣、透视装、露脐装、低腰裤轮流着换，各种小配饰不断更新，办公室的一些男士觉得美丽很养眼，经常跟她开玩笑，美丽从不恼怒。注重个人形象的她，喜欢照镜子，常在办公室补妆，若是看到哪位女同事的口红、眼影是自己没有的，她一定缠着别人借来试用一下，看看效果如何。热情开朗的她，与同事也好，与客户也好，交谈时喜欢靠得很近，眼睛一直注视着对方，手势语非常丰富。

　　美丽近年来发展了不少客户，与之同时进入公司的陈娟，虽然业绩不如美丽，却已经升任为主管了，美丽只是增加了薪酬，对于很希望在事业上有所发展的美丽而言，感到很困惑，难道我的工作能力不如陈娟，领导为什么不提拔自己呢？

　　思考练习：
　　（1）美丽为何没有得到升职的机会？
　　（2）请你分析一下美丽如何才能改变现在只加薪不升职的现状。
　　（3）你对美丽在职场工作有何建议？

体验三 练一练

模拟情景并表演

在一个阳光明媚的春天,××公司正在举行盛大的商务酒会,时间定在下午两点至五点,场地定在某私人花园内,请扮演与会人员,女士将如何穿戴入场?男士应注意哪些服装礼仪?

体验四 赛一赛

1. 项目

组织一次商务人员"个人形象"展示会。

2. 步骤

(1)布置任务。要求每个同学自己化妆,自己选择符合职业身份的服饰,进行仪态礼仪的展示,评比出优胜选手。

(2)展示会的准备。

(3)展示会开始,参赛选手走秀。

(4)评委打分,评比出优胜选手1名,最佳化妆奖1名,最佳服饰奖1名,最佳仪态奖1名,具体如表1-7所示。

表1-7 项目评分

项目 姓名	化妆			仪态			服饰			总体印象	总分
	眼妆	唇妆	腮红	走姿	坐姿	站姿	整洁	规范	搭配		
	10	10	10	10	10	10	10	10	10	10	100

项目2　商务会面礼仪实训

有朋自远方来，不亦乐乎。

——孔子

会面礼仪是人们进入交际状态实施的第一个礼节，是情感交流的开始，关系到他人对自己的第一印象，是交际活动能否成功的起点。

任务2.1　称谓礼仪实训

通过实训，使学生明确国内常用的称谓，理解使用称谓的注意事项，能够灵活、恰当地称呼他人。

杨先生是某公司新上任的营销经理，他将去参加某一产品研讨会，在会面时杨先生应该如何灵活、恰当地称呼他人？

要求：

（1）教师简要介绍本任务的活动场景及实训内容。

（2）把全班同学分成5人一组。

任务步骤

（1）教师介绍本次实训的内容和模拟实训情景。

（2）教师示范讲解国内常用的称谓及使用称谓的注意事项。

（3）根据模拟活动情景分组，把全班同学分成5人一组。

（4）确定模拟活动情景角色。

A. 杨先生

B. 年长的王先生

C. 年长的吴女士

D. 年轻的何小姐

E. 中年的李主持人

（5）全组讨论本角色对其他角色的恰当称谓。

（6）模拟称谓训练。

①抽签排序，一组一组进行。

②一组模拟时，其他组观摩并指出问题。

（7）教师考核。考核评分标准如表2-1所示。

表2-1 称谓礼仪考核评分标准

组别：_____   姓名：_____   时间：_____

评价项目与内容		应得分	扣分	实得分
准备工作	角色定位及时，模拟出场迅速	5		
	实训过程全组协调良好	5		
基本知识掌握	熟悉称谓基本知识及要求	10		
神态、举止	声音大小	5		
	热情展示	5		
	面带微笑	5		
	服装得体	5		
	站姿、走姿	5		
称谓	语言表达流利	10		
	称谓亲切、自然、准确、恰当	15		
观摩讨论	观摩认真	5		
	讨论积极	5		
实训报告	按规定时间上交	5		
	字迹清楚、填写规范、内容详尽完整	5		
	实训分析总结正确	5		
	能提出合理化建议和创新见解	5		
合　　计		100		

考评教师（签名）：

（8）师生点评。

知识点拨

称呼是人们在日常交往应酬中，所采用的彼此之间的称谓语。它表示人与人之间的关系，显示出一个人的修养，在某种程度上也反映了社会的风尚。

称谓总的要求是称谓得体、有礼有序、入乡随俗，并且要符合身份。

1. 国内常用的称谓

（1）按职业称呼

直接以对方所从事的职业来称呼对方，如老师、医生、律师、会计等。也可以在职业前加上姓氏、姓名，如李老师、张会计、吴医生等。

（2）按职务称呼

按对方所担任的行政职务称呼对方，如部长、院长、主任等。也可以在职务前面加上姓氏、姓名，如杨部长、方主任、李副院长等。

（3）按学位、职称称呼

按照对方所拥有的学位或职称称呼对方，如博士、教授等。也可以在学位、职称前面加上姓氏、姓名，如周博士、方扬教授等。

（4）按性别称呼

这是一种泛尊称。一般情况下，男性可尊称为"先生"，女性可尊称为"女士"。也可在前面加上姓氏、姓名，例如王先生、李女士等。已婚女士可称"夫人"，未婚女士可称"小姐"，成年女士在不明确其婚姻状况时一律称"女士"。

（5）按年龄、辈分称呼

将对方年龄与自己年龄作比较之后，按照大致辈分关系称呼对方为大爷、大妈、叔叔、阿姨、大姐、大哥、小朋友等。也可在称呼前加姓氏、姓名，如王叔叔、赵大爷、张大姐、李飞小朋友等。需要注意的是，按年龄称呼对方时，会有一定的亲切感，但不够正式，所以在工作场合，常用此种方法称呼服务对象，但不宜用来称呼同事、上级等。

（6）按姓名称呼

只以对方的姓氏或姓名称呼对方，一般只限于同事、熟人之间。有下面三种情况。

① 只呼其姓，但在姓之前加上"老、大、小"等前缀。

② 直呼其名，例如，直接称呼对方李小鹏、张明等。

③ 只呼其名，通常限于同性别之间，或上级称呼下级、长辈称呼晚辈，常用于亲友、同学、邻里之间。例如，称呼李小鹏为"小鹏"。此种称呼，也常将单字之名重叠使用，或在名前加"小"等前缀。例如，称呼张明为"明明"或"小明"。

2. 使用称谓的注意事项

（1）以绰号相称：在任何情况下，当面以绰号称呼他人都是不尊重对方的表现。

（2）地域性称谓：有些称谓具有地域性特征，如"师傅""小鬼"等，不宜不分对象地滥用。

（3）简化不当的称谓：在正式场合，有不少称谓不宜随意简化。例如，把"范局长"称为"范局"就显得不伦不类。

（4）以生理特征相称：在工作中，特别在职场交往时，如果以生理特征相称是不尊重对方的表现，如"胖子""瘦子""瘸子""四眼"等。

（5）称兄道弟：青年人称呼他人要慎用或不用"哥们儿""姐们儿"之类的称谓，以免给人以"团伙"之嫌。

总之，称谓的选择应根据不同的对象、不同的场合，以文明礼貌为原则。

任务2.2　介绍礼仪实训

通过实训，使学生了解介绍的形式，掌握介绍的礼仪要求，并能够灵活运用。

任务描述

×××是某公司新上任的营销经理,他将去参加某一产品研讨会,在会面时×××应该如何灵活、恰当地向他人介绍自己?

任务步骤

(1)教师介绍本次实训的内容和模拟实训情景。
(2)根据模拟活动情景分组,把全班同学分成5人一组。
(3)确定模拟活动情景角色。
   A. ×××——某公司新上任的营销经理
   B. 年长的男先生——某公司的副总经理
   C. 年长的女士——某公司的总经理
   D. 年轻的小姐——某公司的业务员
   E. 研讨会主持人——某大型公司的董事长
(4)任抽一组模拟表演。
(5)其他组指出表演中存在的问题(教师不做任何评论)。
(6)教师示范讲解介绍的形式及注意事项。
(7)模拟称谓训练。
①用两种方式进行介绍。
- 自我介绍。自报姓名和身份,可用名片来辅助。
- 他人介绍。请主持人E为大家介绍,内容是姓名、单位、职务。
②分组讨论各角色介绍的顺序和形式。
③模拟场景中的姓名是扮演者本人,单位自拟。
④学生分组进行反复训练。
(8)教师分别对每组进行考核。考核评分标准如表2-2所示。
(9)观摩的学生分别讨论模拟中存在的问题。
(10)教师最后集中点评。

表2-2 介绍礼仪考核评分标准

组别:_____ 姓名:_____ 时间:_____

评价项目与内容		应得分	扣分	实得分
准备工作	角色定位及时,模拟出场迅速	5		
	实训过程全组协调良好	5		
基本知识掌握	基本了解介绍的方式及注意事项	10		
神态、举止	举止庄重大方	5		
	表情坦然亲切	5		
	眼睛看着对方或大家	5		
	服装得体	5		
	站姿、走姿	5		

续表

	评价项目与内容	应得分	扣分	实得分
介绍	语言表达流利	10		
	介绍准确、恰当，符合当时的环境	15		
态度	表演认真	5		
	讨论积极	5		
实训报告	按规定时间上交	5		
	字迹清楚、填写规范、内容详尽完整	5		
	实训分析总结正确	5		
	能提出合理化建议和创新见解	5		
合　　计		100		

考评教师（签名）：

  知识点拨

介绍是初次见面时陌生的双方开始交往的起点，往往给人的第一印象而产生的"首因效应"，因此必须慎重对待。

1. 自我介绍

（1）自我介绍的形式

① 应酬式。在公共场合或一般社交场合，自己不需与对方深入交往，做自我介绍只是向对方表明自己的身份。这样的情况只需介绍自己的姓名，如"您好，我叫张林"等。有时，也可对自己姓名的写法做些解释，如"我叫张林，弓长张，双木林"。

② 工作式。主要适用于工作中，它是以工作为自我介绍的中心。应当包括自己的姓名、供职的单位及部门、担任的职务或从事的具体工作三项，通常缺一不可，如"你好，我叫张林，是华中软件公司经理"。

示范举例：

对不起，打扰一下，我叫张林，是华中软件公司经理。

很抱歉，可以打扰一下吗？我是张林。

两位好，请允许我自己介绍一下，我叫张林，弓长张，双木林。

女士们、先生们，你们好！对不起，我来晚了，我是张林，华中软件公司经理，很高兴和大家在此见面，请多关照！

（2）自我介绍的注意事项

① 注意时间。自我介绍一定要力求简洁，尽可能节省对方的时间。一般半分钟为佳，无特别需要最好不要超过一分钟。

② 掌握时机。应在对方有空闲、有兴趣或有要求时进行。

③ 讲究态度。举止庄重大方，表情应坦然、亲切，眼睛应看着对方和大家。

④ 力求真实。自我介绍应实事求是，真实可信，不可自吹自擂，夸大其词。

⑤ 注重顺序。位低者先行，具体如图2-1所示。

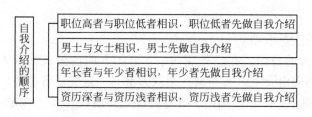

图2-1 自我介绍的顺序

自我介绍训练

选一位同学上讲台，用工作式向全班同学做自我介绍。

（1）问候：根据当时语境，面带微笑，目视大家。如"老师、同学们，上午好！"。

（2）自我介绍：本人姓名、单位及部门、职务（或职业）等，此时的姿态是将右手放在自己的左胸，掌心向内，表情亲切自然。如"我叫杨锋，市场营销15-1班，学习委员"。

（3）致谢：鞠躬，致谢。如"认识大家很高兴，请多关照，谢谢！"。

2. 他人介绍

（1）他人介绍的形式

① 简介式。适用于一般的社交场合，其内容往往只有双方姓名一项，甚至可以只提双方姓氏。

② 标准式。适用于正式场合，内容以双方的姓名、单位、职务等为主。

③ 强调式。适用于各种交际场合，其内容除被介绍者的姓名外，往往还会刻意强调一下其中某位被介绍者与介绍者之间的特殊关系，以便引起另一位被介绍者的重视。

示范举例：

请让我来介绍一下，这是张先生。

王小姐，请允许我向您介绍一下，这位是张林，华中软件公司经理。

王小姐，我来介绍一下，这位是张先生，与黄先生是老乡，都是浙江人。

被介绍者礼节

（1）被介绍者一般应起立。即使由于座位过于拥挤而无法立起，也应当尽量做立起状。不起立意味着你的身份要高于对方。

（2）给予对方善意而礼貌的关注。不可表现得心不在焉，也不可被周围其他事情分散注意力。

（3）握手。友好地表示信任和尊敬（位尊者先伸手）。

（4）以恰当的方式问候对方。例如"您好，李经理""很高兴见到你"。

（5）交谈结束互相道别。如"再见！"或"再见！以后常联系！"。

（2）他人介绍的注意事项

① 要注意介绍人的身份。在商务交往中，介绍人应由公关礼仪人员、秘书担任；在社交场合，介绍人则应由女主人或与被介绍双方都有一定交情者担任。

② 他人介绍的顺序。国际惯例是"尊者有优先知情权"，具体如图2-2所示。

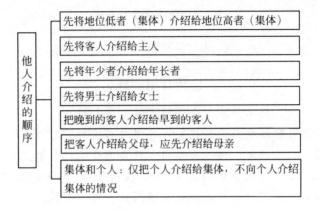

图2-2　他人介绍的顺序

③ 被介绍的双方在介绍完之后，应相互握手问好。

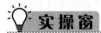

他人介绍训练

选三位同学上讲台，一位介绍者，两位被介绍者（其中有一位是女生），介绍者用强调式做他人介绍。

（1）问候：介绍者站立被介绍人中间，面带微笑。如"两位好，请允许我来介绍一下"。

（2）强调式介绍：除被介绍者姓名外，还特意强调一下被介绍者与某人的特殊关系。此时的介绍者的姿态是站立于被介绍者（男生）的旁侧，身体上部略倾向被介绍者，平视被介绍者，掌心向上，胳膊略向外伸，拇指与四指自然分开，指向被介绍者，并向另一方点头微笑。如"这位叫杨文，是王经理老乡"。然后介绍女生。

（3）被介绍者问好：被介绍者双方在介绍完毕后，应相互握手问好。如"认识大家很高兴，请多关照！""谢谢！"。

任务2.3　握手礼仪实训

通过实训，使学生了解握手的种类，明确握手的规范、操作要求，并且能灵活运用。

任务描述

×××是某公司新上任的营销经理,他将去参加某一产品研讨会,在会面时×××应该如何灵活、恰当地与他人握手?

任务步骤

(1)教师介绍本次实训的内容和模拟实训情景。
(2)教师示范讲解握手的种类、方式、原则,特别要强调握手的次序和禁忌。
(3)根据模拟活动情景分组,把全班同学分成5人一组。
(4)确定模拟活动情景的角色。
A.某公司新上任的营销经理
B.年长的男先生——某公司的副总经理
C.年长的女士——某公司的副总经理
D.年轻的小姐——某公司的业务员
E.研讨会主持人——某大型公司的董事长
(5)分组反复训练。
①根据自己的角色,选择合适的握手种类。
②遵循尊者先伸手的原则。
③掌握正确的握手的方式。
(6)教师分别对每组进行考评。考核评分标准如表2-3所示。

表2-3 握手礼仪考核评分标准

组别:_____ 姓名:_____ 时间:_____

评价项目与内容		应得分	扣分	实得分
准备工作	角色定位及时,模拟出场迅速	5		
	实训过程全组协调良好	5		
基本知识掌握	熟练掌握握手的种类、顺序、原则和禁忌	15		
神态、举止	双目注视对方,神情专注,微笑点头	5		
	姿态自然,上身前倾,两足立正	5		
	伸出右手,四指并齐,拇指张开,握住对方右手,上下微动	5		
	服装得体	5		
	3秒以内,礼毕松开	5		
	语言表达流利:先打招呼,说敬语或问候语	5		
	违反禁忌一次扣5分,直到扣完为止	15		
态度	模拟认真	5		
	讨论积极	5		

续表

评价项目与内容		应得分	扣分	实得分
实训报告	按规定时间上交	5		
	字迹清楚、填写规范、内容详尽完整	5		
	实训分析总结正确	5		
	能提出合理化建议和创新见解	5		
合　　计		100		

考评教师（签名）：

（7）任抽一组在全班表演。

（8）学生点评，并指出优点及存在的问题。

（9）教师总结。

 知识点拨

握手是当今世界上最为普遍的一种表达见面、告别、祝贺、安慰、鼓励等感情的礼节。握手时的位置、用力的轻重、时间的长短以及是否用目光注视等，都可以反映出一个人的修养和态度。

知识窗

握手礼的来历

握手起源于远古的摸手礼。据说原始人为了说明手中没有武器，表示友好，就会伸出右手，并且让双方摸一下。现代人的握手礼表示致意、亲近、友好、寒暄、道别、祝贺、感谢、慰问、鼓励的意思。

1. 握手的种类

（1）支配式握手。与人握手时掌心向下握住对方的手。以这种样式握手的人想表达自己的优势、主动、傲慢或支配地位。一般不宜采用。

（2）谦恭式握手。指用掌心向上与对方握手。表示自己谦恭、谨慎，对对方比较尊重。

（3）对等式握手。握手时，两人伸出的手心都不约而同地向着左方。表示自己不卑不亢，是一种较为常见的握手方式，如图2-3所示。

图2-3　对等式握手

（4）双握式握手。在用右手紧握对方右手的同时，再用左手加握对方的手背、前臂、上臂或肩部。使用这种握手样式的人是在表达一种热情真挚、诚实可靠，显示自己对对方的信赖和友好。从手背开始，对对方的加握部位越高，其热情友好的程度显得越高。一般不适用于初识者或异性，因为它有可能被理解为讨好或失态。

（5）死鱼式握手。握手时，伸出一只毫无用力、毫无反应、不显示任何信息的手，给人的感觉就好像是握住一条三伏天腐烂的死鱼。给对方的感觉是缺乏诚意、怠慢无礼。

（6）捏手指式握手。有意或无意地只捏住对方的几个手指或手指尖部。女性与男性握手时，为了表示自己的矜持与稳重，常采取这种样式。

（7）拉臂式握手。将对方的手拉到自己的身边相握，且往往相握时间较长。这常常是社会地位较低者，特别是那些有较强自卑感的人在与社会地位较高者握手时采用的样式。这种人往往过分谦恭，在他人面前唯唯诺诺、轻视自我、缺乏主见与敢作敢为的精神。

（8）抠手心式握手。两手相握之后，不是很快松开，而是双手掌相互缓缓滑离，让手指在对方手心适当停留。握手本来就是身体感觉最敏感的部位相互接触，彼此都能通过握手获得一种快感。

2. 握手的注意事项

（1）握手要遵循尊者先伸手的原则，具体如图2-4所示。

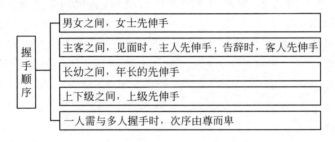

图2-4 握手顺序

（2）握手时要注意神态。握手前，双方招呼或点头示意。握手时，应面带微笑，目视对方双眼，并且致意，表现出关注、热情和友好之意。

（3）握手要把握力度。用力的大小，应因人而异，把握好分寸，以不轻不重，适度为佳。

（4）握手要掌握好时间。正常情况下，握手的时间以3秒钟为佳。

> **贴士窗**
>
> **握手"七句诀"**
>
> 大方伸手，虎口相对，目视对方，面带微笑，力度七分，女士先行，三秒结束。

3. 握手的禁忌

（1）忌与异性用双手握手。

（2）忌用左手握手。

（3）忌交叉握手。
（4）忌出手太慢。
（5）忌在对方无意的情况下强行与其握手。
（6）忌戴手套与他人握手，如果女士戴有装饰性的手套则可以不摘。
（7）忌在手不干净时与他人握手。此时，可以礼貌地向对方说明情况并表示歉意。
（8）忌握手后立刻用纸巾或手帕擦手。
（9）忌在握手时戴墨镜，患有眼疾或眼部有缺陷者例外。
（10）忌在握手时将另外一只手插在口袋里。
（11）忌在握手时长篇大论、点头哈腰、滥用热情，显得过分客套。
（12）忌在握手时把对方的手拉过来、推过去，或者上下、左右抖个没完。
（13）忌拒绝与对方握手。即便对方没有顾及礼仪次序，也要宽容地与对方握手。

 实操窗

握 手 演 练

两人一组，扮演不同角色，按照以下要求进行演练，其他同学点评，并进行正确示范。
（1）握手时的站姿；
（2）握手的角色扮演；
（3）握手顺序；
（4）握手方式；
（5）握手神态；
（6）握手力度；
（7）握手时间；
（8）握手的寒暄和问候。

任务2.4 名片礼仪实训

 实训目标

通过实训，了解名片的用途和交换名片的时机，掌握交换名片的礼仪规范，并能够在各种场合灵活运用。

 任务描述

×××是某公司新上任的营销经理，他将去参加某一产品研讨会，在会面时×××应该如何灵活、恰当地与他人交换名片？

任务步骤

（1）教师介绍本次实训的内容和模拟实训情景。
（2）教师示范讲解递接名片的相关知识。
（3）根据模拟活动情景分组，把全班同学分成5人一组。
（4）确定模拟活动情景角色。
① ×××扮演递送名片角色。
② 其余人模拟接收名片角色。
（5）抽签排序，一组一组进行。每组分别模拟活动场景中的角色。
① ×××从何处拿名片，递接名片的姿势，手拿名片的位置，递接名片时的语言，递接名片时的顺序。
② 其他角色：接收名片的姿势，接收名片时的语言，手接名片时的位置，认真阅读名片，名片存放的位置，回赠名片。
（6）其余组同学观摩点评，提出不足。
（7）教师考评。考核评分标准如表2-4所示。

表2-4　名片礼仪考核评分标准

组别：_____　　姓名：_____　　时间：_____

评价项目与内容		应得分	扣分	实得分
准备工作	角色定位及时，模拟出场迅速	5		
	实训过程全组协调良好	5		
基本知识掌握	熟练掌握名片的用途，递接名片的规范	15		
神态、举止	拿、放名片的位置正确	5		
	递接名片的姿势	5		
	手拿名片的位置	5		
	递接名片时的语言	5		
	递接名片时的方向	5		
	语言表达流利	5		
	违反递接名片的禁忌（一次扣5分，直到扣完为止）	15		
态度	认真观摩，积极表演	5		
	讨论积极	5		
实训报告	按规定时间上交	5		
	字迹清楚、填写规范、内容详尽完整	5		
	实训分析总结正确	5		
	能提出合理化建议和创新见解	5		
合　　计		100		

考评教师（签名）：

（8）教师总结点评。

知识点拨

"名片，名片，关系再现。"名片是人们用于交际或送给他人作纪念的一种介绍性媒介物，是一个人身份、地位的象征，是一个人尊严、价值的一种外显方式，也是使用者要求社会认同、获得社会理解与尊重的一种方式。

1. 名片的用途

名片用途如图2-5所示。

2. 名片的交换

（1）交换名片的时机

① 交谈开始前。

② 交谈融洽时。

③ 握手告别时。

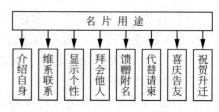

图2-5　名片用途

（2）递送名片

① 自己的名片应放在名片夹中，装在西服的内袋或公文包的外侧袋里，方便取出。

② 自己要递出的名片与收到的他人名片要尽量分开放置，以免使用时错拿他人的名片。

③ 递出的名片应干净、平整，不可有皱折、破损、污渍，最好不要有涂改之处。

④ 遵循"先客后主，先低后高"的原则，即地位低者先把名片递给地位高者，年轻的先把名片递给年老的，客人先把名片递给主人。

⑤ 名片最好用双手郑重地递给对方。除非是对有"左手忌"的国家(如印度、缅甸、泰国、马来西亚、阿拉伯国家及印度尼西亚的许多地区，他们传统认为左手是肮脏的)，来客要仅用右手递送名片。

⑥ 递出名片时，应立正，面向对方，双手执名片两角，要使文字的下面朝向对方，方便对方阅读。

⑦ 双方同时递接名片时，应当用右手递出，左手接回。

⑧ 有时向多人递送名片时，可按照"由尊而卑,由近而远"的顺序依次递送。不要"跳跃式"赠送，否则会给人以厚此薄彼之感。

⑨ 用餐过程中，不要越过餐桌递送名片。

⑩ 递上名片后，还应该说："初次见面，请多指教""非常高兴认识您""希望今后保持联络"。

实操窗

递送名片实训

两人一组，分别扮演不同角色，其中一位向另一位递送名片。按照以下要求进行演练，其他同学点评，并进行正确示范。

1. 尊卑有序

遵循"先客后主，先低后高"的原则。

2. 递送名片的礼节

（1）方便取出：放在名片夹中，装在西服的内袋或公文包的外侧袋里。

（2）姿势：标准站姿。

（3）手拿名片的位置：要用双手的大拇指和食指拿住名片上端的两个角；名片的正面朝向对方。

（4）语言："初次见面，请多多关照""非常高兴认识您"。

（5）向多人递送名片：由尊而卑，或由近而远，依次递送。

（3）接收名片

① 接收他人的名片时，要及时起立，态度谦敬地用双手接过来。还应该说："谢谢""非常高兴认识您"。

② 接收名片时，需要表示感谢，并立即阅读，以示尊重。

③ 遇不懂之处可立即请教对方。如果有不认识的字，要立刻问清楚，以免日后念错对方姓名或单位名称等，令对方不快。

④ 阅读完毕可适当赞美，然后应将名片妥善收放。

⑤ 接收他人名片后，需把自己的名片回赠对方。如果未带，可跟对方解释。

⑥ 无论是自己的名片还是他人的名片，都不要拿在手里随意摆弄，更不要不小心掉在地上或沾染污渍。

⑦ 未经他人同意，不可在他人名片上随意书写。

实操窗

接收名片实训

两人一组，其中一人扮演名片接收者。按照以下要求进行演练，其他同学点评，并进行正确示范。

1. 起身迎接

放下手中之事，起身迎接。

2. 表示谢意

对方给你递名片，那是尊重，要表示谢意。

3. 回应对方

拿到对方名片后，一定要记住及时地回赠对方自己的名片。名片用完了或者名片没有带，要向对方说明并致歉。

4. 一定要看

接过名片一定要看，以表示对交往对象的重视。如果发现对方有重要的头衔不妨念出来。

5. 收藏到位

把对方的名片拿过来之后放在自己的名片包里，或放在上衣口袋里，或放在办公室的抽屉里，给别人一种非常被重视的感觉。

3. 索要名片

（1）交易法：主动递上自己的名片，"将欲取之，必先予之"，如"吴经理，非常高兴认识您，这是我的名片，请您多指教"。

（2）明示法：向对方（同年龄、同级别、同职位）提议交换名片，如"李经理，好久不见了，我们交换一下名片吧，这样联系更方便"。

（3）谦恭法：询问对方（向长辈、领导、上级），如"汪老，您的报告对我启发很大，希望能有机会向您请教，以后怎样向您请教比较方便呢？"

（4）暗示法：询问对方，如"今后如何与你联系？"

4. 婉拒他人索取名片

（1）名片的确发完：以道歉的态度承诺改日补上，如"抱歉，我的名片用完了，改日给你送去"。

（2）不想递交：以道歉的态度婉转拒绝，如"对不起，我忘了带名片"。

体验一　考一考

1. 判断题

（1）古人说"入境而问禁，入乡而问俗，入门而问讳"，这些已过时，现在已经不需要了。　　　　　　　　　　　　　　　　　　　　　　　　　　　（　　）

（2）握手的力度一般以不握疼对方的手为限度。　　　　　　　　　（　　）

（3）把客人介绍给主人之后，一般把早到的客人介绍给晚到的客人。（　　）

（4）交换名片应遵循"先客后主，先低后高"的原则，即地位低者先把名片递给地位高者，年轻的先把名片递给年老的，客人先把名片递给主人。　　　（　　）

（5）在正式场合，有时称谓可以简化。例如，把"范局长"称为"范局"。（　　）

（6）握手的先后顺序通常是年轻者、男士、职位低者、下级、学生主动伸手，年长（尊）者、女士、职位高者、上级、老师随后再呼应。　　　　　　　　　（　　）

（7）为他人作介绍时，应该把长辈介绍给晚辈，把地位高的人介绍给地位低的人，把女士介绍给男士。　　　　　　　　　　　　　　　　　　　　（　　）

（8）已婚女士可称"夫人"，未婚女士可称"小姐"，成年女性在不明确其婚姻状况时一律称"女士"。　　　　　　　　　　　　　　　　　　　　　　（　　）

（9）在任何情况下，当面以绰号称呼他人都是不尊重对方的表现。　（　　）

（10）在主人和客人之间，应先将主人介绍给客人。　　　　　　　（　　）

（11）递出名片时，应立正，面向对方，双手执名片两角，要使文字的下面朝向对方，方便对方阅读。　　　　　　　　　　　　　　　　　　　　　（　　）

（12）接收他人的名片时，要及时起立，态度谦敬地用双手接过来。还应该说："谢谢！""很高兴认识您！"。　　　　　　　　　　　　　　　　　（　　）

（13）自己要递出的名片与收到的他人名片应该放在一起。　　　　（　　）

（14）握手要掌握好时间。正常情况下，握手的时间以6秒钟为佳。（　　）

（15）较为常见的握手方式是两人伸出的手心都不约而同地向着左方。（　　）

（16）把客人介绍给父母，应先介绍给父亲。（　　）

（17）"王小姐，我来介绍一下，这位是张先生，与黄先生是老乡，都是浙江人。"这是一种标准式介绍形式。（　　）

（18）"你好，我叫张林，是华中软件公司经理。"这是一种工作式介绍形式。（　　）

（19）递上名片后，还应该说："初次见面，请多指教""非常高兴认识您""希望今后保持联络"。（　　）

（20）一人需与多人握手时，次序由卑而尊。（　　）

2．选择题（1~10题单选，11~15题多选）

（1）"李老师、张会计、吴医生"这种称呼是（　　）。
A．按职务称呼　　　　　　　　B．按职业称呼
C．按学位、职称称呼　　　　　D．按性别称呼

（2）"你好，我叫张林，是华中软件公司经理"是（　　）类型的自我介绍。
A．应酬式　　B．强调式　　C．简介式　　D．工作式

（3）"王小姐，我来介绍一下，这位是张先生，与黄先生是老乡，都是浙江人。"是（　　）类型的介绍。
A．强调式　　B．标准式　　C．简介式　　D．工作式

（4）（　　）是两人伸出的手心都不约而同地向着左方。
A．支配式握手　　B．谦恭式握手　　C．对等式握手　　D．双握式握手

（5）正常情况下，握手的时间以（　　）秒钟为佳。
A．2　　B．3　　C．4　　D．6

（6）有时向多人递送名片时，可按照（　　）的顺序依次递送。
A．由长到幼
B．由尊而卑，由近而远
C．由女士到男士
D．由地位低到地位高

（7）"李经理，好久不见了，我们交换一下名片吧。"是索要名片的（　　）。
A．交易法　　B．明示法　　C．谦恭法　　D．暗示法

（8）递送名片应遵循（　　）的原则。
A．先主后客，先低后高
B．先客后主，先高后低
C．先客后主，先低后高

（9）女性与男性握手时，为了表示自己的矜持与稳重，常采取（　　）。
A．抠手心式　　B．捏手指式　　C．拉臂式　　D．双握式

（10）成年女士在不明其婚姻状况时一律称（　　）。
A．小姐　　B．大姐　　C．女士

（11）称谓总的要求是（　　）。
A．得体　　B．有礼有序　　C．入乡随俗　　D．符合身份

（12）自我介绍的顺序是（　　）。
　　A. 资历深者与资历浅者相识，资历浅者先作自我介绍
　　B. 男士与女士相识，女士先作自我介绍
　　C. 年长者与年少者相识，年少者先作自我介绍
　　D. 职位高者与职位低者相识，职位低者先作自我介绍
（13）握手顺序是（　　）。
　　A. 上下级之间，下级先伸手
　　B. 主客之间，见面时，主人先伸手；告辞时，客人先伸手
　　C. 长幼之间，年长者先伸手
　　D. 男女之间，女士先伸手
（14）有关握手时要注意的神态，下列正确的是（　　）。
　　A. 握手前，双方招呼或点头示意
　　B. 握手时，应面带微笑，目视对方双眼
　　C. 表现出关注、热情和友好之意
（15）向他人索要名片的方法有（　　）。
　　A. 交易法　　　　B. 明示法　　　　C. 谦恭法　　　　D. 暗示法

体验二　想一想

小张为何愕然

　　小张大学毕业后被分配到一家贸易公司工作。一次，他接待几个没有见过面的同行客人，又是寒暄又是让座，非常热情。握手时，先伸向年轻的小姐，再握同行的其他客人。客人向他递名片，他忙着洗杯、拿烟、倒水，一个劲儿地招呼对方"请坐、请坐"。接过客人递过的名片后，就随手塞到口袋里，然后又忙着接待。"真不凑巧，我们经理临时有事刚刚走，您贵姓？"小张边点烟边问着。"姓杭！"客人不高兴地边回答边向外推着递上来的香烟，并向小张告辞。小张赶忙拉开办公室的大门，并主动伸手与客人告辞。客人神色不悦地走了，小张感到很愕然。

　　思考练习：
　　（1）小张表现得很热情，为什么客人还是显得不高兴？
　　（2）你认为小张这样对待客人送上的名片可以吗？为什么？
　　（3）与他人握手时应注意哪些事项？
　　（4）你认为小张应该怎样做才能留住客人？

体验三　练一练

1. 项目

分组设计一下情景并表演，要求正确使用称谓、握手和递送名片。
（1）小程（他）在广交会上遇见过去的胡姓女同事。
（2）小程（他）在公交车上偶遇张老师。
（3）小程（他）在大街上碰见多年未见的李同学。

2. 模拟表演

杨帆和女朋友张萍一起散步，遇到了王老师，他应当怎样介绍？请用强调式进行介绍。

体验四 赛一赛

1. 项目

3分钟会面礼仪演练。

2. 背景材料

温州东华服装公司的杨经理和营销员吴小姐前往温州某高校洽谈校服业务，请根据背景材料模拟整个会面的过程。

3. 步骤

（1）分组、确定角色。8人一组，确定编剧、导演和演员，演员角色不能少于5个：张经理、吴小姐、高校陈副院长、总务处何处长和小李先生。

（2）根据背景材料编写剧本，在剧本编写过程要充分发挥学生想象力。

（3）在编导指挥下，利用课余时间反复演练，达到内容熟练，神情自然时，安排学生登台表演。

（4）表演步骤：

第一步，上台问候。参加同学列队跑步上台，站稳后由代表向大家问好，然后介绍角色分工。

第二步，正式演练。

第三步，致谢回座。

4. 注意事项

（1）注意课堂纪律掌控，控制笑声，确保表演顺利进行。

（2）抽签排序，一组一组进行。上台前向老师举手示意，"报告，××组准备完毕，请指示"。听到老师"开始"指令后，列队跑步上台。看到计时员举起红色警示牌后，停止表演并向大家鞠躬致谢后，方可按事先规定的线路回到座位。

（3）由6位学生组成评审团，去掉一个最高分，去掉一个最低分。

（4）准备好场地，计时工具、黄色和红色警示牌各一个。

（5）从上台问好后，开始计时，2分30秒时给予黄牌提醒，3分时，举红牌停止演练。

（6）所有组演练结束后，由学生点评，老师归纳，最后由老师宣布成绩。

5. 项目评分

项目评分如表2-5所示。

表2-5 项目评分

项目\组别	介绍	握手	递接名片	走姿	坐姿	站姿	服饰	语言礼仪	编排	总体印象	总分
	10	10	10	10	10	10	10	10	10	10	100
1											
2											
3											
4											
5											

项目3 商务沟通礼仪实训

乐至则无怨，礼至则不争。

——《礼记》

商务沟通是指商务活动中的交流、洽谈过程，既能促进商务之间的友好往来，又能促进商务双方之间的经济发展。沟通既是一门学问，更是一门艺术。

任务 3.1 探望慰问礼仪实训

通过实训，使学生了解探望慰问时应注意的问题。

小陈是某公司营销经理，得知他的一位重要客户王先生生病住院了，他该如何去探望慰问王先生？探望慰问过程中应注意什么问题？

任务步骤

（1）教师介绍本次实训的内容和模拟实训情景。
（2）教师示范讲解探望慰问的礼仪及需要注意的问题。
（3）根据模拟活动情景分组，把全班同学分成5人一组。
（4）确定模拟活动情景角色。

A. 营销经理小陈
B. 客户王先生
C. 王先生的妻子
D. 王先生的母亲
E. 王先生的医生

（5）全组讨论探望慰问病人时的正确礼仪及应该注意的问题。
（6）模拟探望慰问训练。

① 抽签排序，一组一组进行。
② 一组模拟时，其他组观摩并指出问题。

（7）教师考核。考核评分标准如表3-1所示。

表3-1 探望慰问礼仪考核评分标准

组别：_____   姓名：_____   时间：_____

评价项目与内容		应得分	扣分	实得分
准备工作	角色定位及时，模拟出场迅速	5		
	实训过程全组协调良好	5		
基本知识掌握	熟悉探望慰问基本礼仪及应注意的问题	10		
探望慰问	探望慰问前准备充分	5		
	探望慰问时机选择恰当	5		
	探望慰问时言行举止得体	15		
	探望慰问时间控制得当	5		
	告别礼仪得当	5		
	语言表达流利	15		
观摩讨论	观摩认真	5		
	讨论积极	5		
实训报告	按规定时间上交	5		
	字迹清楚、填写规范、内容详尽完整	5		
	实训分析总结正确	5		
	能提出合理化建议和创新见解	5		
合　　计		100		

考评教师（签名）：

（8）师生点评。

知识点拨

当亲友、同事、同学患病时，前往探望、慰问是人之常情，也是一种礼节。由于情况特殊，所以更需要注意礼仪。

1. 充分准备

（1）首先要和病人的家属取得联系，弄清楚什么时候可以去探望，询问医生是否可以去探望。可向其家属、友人了解一下病人的病情和心情、饮食和休息情况，以及家里的情况等，以便到病房后，有针对性地做些安慰。

（2）请教医生弄清病人病中忌讳什么，然后根据对病人的了解，选择合适的礼品。如鲜花水果、高品质的保健营养品、内容轻松的书籍杂志，都是比较受欢迎的，如图3-1和图3-2所示。

图3-1 探望慰问鲜花示例

图3-2 探望慰问水果示例

知识窗

探望病人送什么花

总原则：宜选用颜色淡雅、香味较淡的花。尽可能送病人平常喜欢的鲜花。如玫瑰、康乃馨、粉百合、唐菖蒲、兰花、金橘、六出花等。还可选择香石竹、月季花、水仙花、兰花等，配以文竹、满天星或石松，以祝愿贵体早日康复。

探望病人忌送什么花

（1）探望病人不要送盆栽的花，以免病人误会为久病成根。

（2）探望病人不要送香味很浓的花，对手术病人不利，易引起咳嗽。

（3）探望病人不要送颜色太浓艳的花，会刺激病人的神经，激发烦躁情绪。

（4）探望病人不要送花粉过多的鲜花，因为在诸多的过敏源中，对花粉过敏的人占35%。

（5）忌送白色、蓝色、黑色花卉，鉴于病人的心情极为复杂，探病送花要注意防止产生误会。

（6）忌送花的数目：4、9、13。

（3）去医院时，换上清洁的服装，女士这时不应该浓妆艳抹，服装也不应鲜艳刺目。

2. 探望、慰问时机

探望病人时应选择适当时机，尽量避开病人休息和医疗时间。由于病人的饮食和睡眠比常人更为重要，所以不宜在早晨、中午、深夜以及病人吃饭或休息时间前往探视。如果是探望住院的病人，还应在医院规定的时间内前往。若病人正在休息，应不予打扰，可稍候或留言相告。若病人在家静养，一般以下午探望为宜。午间和晚上是病人休息的时间，最好不要去打扰。

3. 神情

进病房要先轻轻敲门，然后进去。见到病人，要同平常一样自然、平静、面带微笑，主动上前握手，不宜握手时，可探身表示慰问。见到病人治疗用的针头、皮管、纱布、绷带要表现出平静的样子,切不可表现出惊恐的神态,否则会增加病人的精神压力。

4. 言行

语气委婉、语调亲切,多讲些慰问、开导和鼓励的话,询问病情应简要,不要提及刺激病人的话题。探望时的话题最好是轻松的与病人相关的消息趣闻之类的内容,不要过多地询问病情,除非病人自己愿意说,以免影响病人的情绪。多谈些室外的新鲜事,使病人得到宽慰和快乐。要帮助病人增强战胜疾病的信心,积极配合医生治疗,不要再为工作、家事操心,安心治疗。不要向病人介绍道听途说的偏方、秘方,不推荐未经临床实验的药物。如病人的病情需要保密时,不要和病人一起去乱猜,已知道应保密的病情,更不能对病人进行暗示。

5. 时间掌控

为照顾病人休息,谈话和逗留的时间应较短。探望病人的时间不宜过长,通常,一次合理的探望时间应该控制在 30 分钟以内。

6. 不打扰其他病人

走路、讲话要轻,不打扰其他病人的休息。

7. 告别

起身告别前要询问一下病人有什么事情需要帮助,再嘱咐病人安心治疗,表示过两天再来探望。告别时,一般应谢绝病人送行,祝他(她)早日恢复健康。

任务 3.2　拜访礼仪实训

通过实训,使学生掌握拜访的礼仪规范,并能灵活运用。

小李是某公司业务员,他明天要去拜访一位重要的新客户吴先生。小李在拜访客户吴先生前要做哪些准备?在拜访过程中应遵循什么礼仪?应注意哪些问题?

任务步骤

(1)教师介绍本次实训的内容和模拟实训情景。
(2)教师示范讲解拜访的礼仪及需要注意的问题。
(3)根据模拟活动情景分组,把全班同学分成 2 人一组。
(4)确定模拟活动情景角色。
　A. 业务员小李
　B. 客户吴先生

（5）全组讨论拜访客户时的正确礼仪及应该注意的问题。
（6）模拟客户拜访训练，同组同学互换角色训练。
① 抽签排序，一组一组进行（组数过多时可随机抽签确定）。
② 一组模拟时，其他组观摩并指出问题。
（7）教师考核。考核评分标准如表3-2所示。

表3-2 拜访礼仪考核评分标准

组别：_____　　　　姓名：_____　　　　时间：_____

	评价项目与内容	应得分	扣分	实得分
准备工作	角色定位及时，模拟出场迅速	5		
	实训过程全组协调良好	5		
基本知识掌握	熟悉拜访的基本礼仪及应注意的问题	10		
神态、举止	声音大小适中	5		
	热情展示	5		
	面带微笑	5		
	服装得体	5		
	站姿、走姿得当	5		
客户拜访	语言表达流利	5		
	拜访前准备充分、得当	5		
	拜访过程中礼仪准确、恰当	10		
	拜访后告辞、答谢得当	5		
观摩讨论	观摩认真	5		
	讨论积极	5		
实训报告	按规定时间上交	5		
	字迹清楚、填写规范、内容详尽完整	5		
	实训分析总结正确	5		
	能提出合理化建议和创新见解	5		
合　计		100		

考评教师（签名）：

（8）师生点评。

知识点拨

拜访，指前往他人的工作单位或住所会晤对方，与对方进行接触，是人际交往中最常见的社交形式之一，在拜访活动中，只有遵守一定的礼仪规范，礼貌地对他人进行访问，拜访才能取得良好效果。一般而言，拜访流程如图3-3所示。

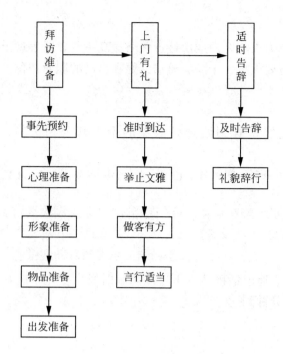

图3-3 拜访流程

1. 拜访准备

（1）事先预约

拜访客户或朋友务必有约在先，这是拜访礼仪中最重要的一点。

① 预约的方式。可以选择电话预约、当面预约或者书信预约等。无论是哪种预约，口气和语言一定是友好、请求、商量式的，而不能以强求命令式的口气要求对方。

② 拜访时间、地点的选择。以方便为前提，对于主人提出的方案应予以优先考虑，具体如表3-3所示。

表3-3 拜访时间选择

拜访地点	适用时间	忌用时间
私宅拜访	以不影响对方休息为原则，可以在上午9~10点、下午3~4点、晚上7~8点或节假日前夕进行拜访	避免在吃饭、午休或者晚上10点以后登门拜访
单位拜访	可以在上班时间进行拜访	最好不要在星期一、刚上班、快下班、异常繁忙、正在开重要会议时及休息、用餐时间进行拜访

通常，在上班时间进行拜访，地点可选在办公室；私人拜访可在家中进行，也可在公共娱乐场所进行，如茶楼、咖啡厅等。

（2）心理准备

当预约得到肯定答复后，拜访者要认真做好赴约的心理准备。制定好拜访目标，明确谈话主题、思路和话语。

（3）形象准备

形象准备原则上是力求与客户层次接近并略显高一些，或表现出权威的形象。正式的公务拜访，拜访者穿着要大方、干净、整洁，要和自己的职业相称。朋友间的拜访可以穿着随意一些。

（4）物品准备

① 拜访前，一定要认真阅读拜访对象的个人和公司资料，充分准备好相关的内容。

② 检查携带物是否齐备，如名片、笔、记录本、电话本、现金、计算器、公司和产品介绍、合同等。

③ 准备适宜的礼品。

（5）出发准备

① 熟悉交通线路。

② 最好与拜访对象通电话确认一下，以防临时发生变化。选好交通路线，算好时间出发，确保提前 5~10 分钟到达。

2. 上门有礼

（1）准时到达

拜访时要准时赴约，这不只是为了讲究个人信用，提高办事效率，而且也是对交往对象尊重友好的表现。原则上必须提前 5 分钟到达，如果有紧急事情或交通堵塞估计要迟到，一定要及时通知对方，告诉对方自己预计到达的时间，并对自己的迟到表示歉意。

（2）上门有礼、举止文雅

① 进门之前都要先敲门或按门铃。敲门不宜太重或太急，一般轻敲两三下即可。要用食指敲门，力度适中，间隔有序敲三下，等待回应。如无应声，可再稍加力度，再敲三下，如有应声，再侧身隐立于右门框一侧，待门开时再向前迈半步，与主人相对。切不可不打招呼擅自闯入，即使门开着，也要敲门或以其他方式告知主人有客来访，不要冒失地随意进入。

② 与主人相见，要主动向主人问好，并同主人握手，互行见面礼。如果双方初次见面，还应做自我介绍。倘若主人一方不止一人之时，则对对方的问候与行礼，在先后顺序上要合乎礼仪惯例。标准的做法为：一是先尊后卑；二是由近而远。

③ 对室内的人，无论认识与否，都应主动打招呼。如对主人的同事、亲属等，应主动打招呼、问好，不能视而不见。

④ 如有礼品，可适时送给主人，不要到分别时才送礼品。

⑤ 进门之后，要脱下外套，摘下帽子、手套，同随身携带的物品一起放在主人指定的地方，不要随意搁放。如需要应换上拖鞋，并将自己的鞋放整齐。

⑥ 进入房间时，要主动跟随主人之后，而不要走在主人之前。

⑦ 入座时，不是长者或身份高者，应待主人坐下或招呼坐下后再入座。

（3）做客有方、言行适当

① 拜访时，态度要诚恳、大方，言谈要得体。

② 尽快进入实质性问题，要紧紧围绕拜访主题，争取达到满意的目的和效果。

③ 注意主人的态度、情绪和反应，要尊重主人，把握好交谈的技巧。

④ 在会客室等候时，拜访者不要看无关的资料或在纸上涂画，更不要随意走动。

⑤ 接待人员奉茶时，拜访者应欠身双手相接并致谢，喝茶应慢慢品饮，不要一饮而尽。

⑥ 不要随便抽烟，并把烟灰、纸屑等污物随意扔在地上或茶几上。

⑦ 不要翻动别人的书信和工艺品。

⑧ 等候超过一刻钟，可向接待人员询问有关情况。

⑨ 如拜访对象实在脱不开身，留下拜访者的名片和相关资料，请接待人员转交。

实操窗

上门有礼演练

选两位同学，分别扮演客人和主人。

1. 敲门

用食指敲门，力度适中，间隔有序敲三下，等待回音。如无应声，可稍加力度，再敲三下。

2. 侧身、相对

如有应声，侧身隐立于右门框一侧，待门开时再向前迈半步，与主人相对。

3. 问候、介绍

与主人相见，要主动向主人问好，如果双方初次见面，还应作自我介绍。

4. 握手

客人介绍完毕，主人要主动握手表示欢迎。

5. 跟随

进入房间时，客人要跟随主人之后，而不要走在主人之前。

6. 落座

入座时，不是长者或身份高者，客人应待主人坐下或招呼坐下后再入座。

3. 适时告辞

（1）及时告辞

在拜访他人时，一定要注意在对方的办公室或私人居所里停留的时间长度。从总体上讲，应当具有良好的时间观念。不要因为自己停留的时间过长，从而打乱对方的既定的其他日程。在一般情况下，若无约定，通常以一个小时为限。初次登门拜访，则不宜超过半小时。有些重要的拜访，往往需由宾主双方提前议定拜访的时间和长度。在这种情况下，务必要严守约定，绝不单方面延长拜访时间。

（2）礼貌辞行

提出告辞后，拜访者就应该起身离开座位。即使主人有意挽留，也应尽快离去，不要拖延时间。起身告辞时，要向主人表示"打扰"之歉意。要同主人和其他客人一一告别，说"再见""谢谢"。出门后，回身主动伸手与主人握别，说"请留步""请回""再见"。待主人留步后，走几步，再回首挥手致意"再见"。不要让主人远送，也不要站在门口与主人攀谈过久，要懂得"客走主安"的道理。从对方的公司或家中出来后，切忌在回程的电梯或走廊里窃窃私语，以免被人误会。

> **实操窗**
>
> **礼貌辞行演练**
>
> 选两位同学，分别扮演客人和主人。
>
> **1. 告辞**
>
> 时间到了，客人应提出告辞。如"时间不早了，我该告辞了"。
>
> **2. 起身**
>
> 即使主人有意挽留，也应尽快起身，不要拖延时间。
>
> **3. 离开**
>
> 等主人做出"请"的提示后，客人走在主人前离开。
>
> **4. 话别、握手、致谢**
>
> 出门后，回身主动伸手与主人握别，说："打扰""请留步""谢谢"。
>
> **5. 挥手致意**
>
> 待主人留步后，走几步，再回首挥手致意"再见"。

任务 3.3　交谈礼仪实训

通过实训，使学生掌握交谈的技巧和礼仪，了解交谈时应注意的问题。

方先生是某公司总经理，应邀参加一个洽谈会，他应如何与其他人展开交谈？在交谈过程中应注意什么问题？

🏷️ **任务步骤**

（1）教师介绍本次实训的内容和模拟实训情景。

（2）教师示范讲解交谈的礼仪及需要注意的问题。

（3）根据模拟活动情景分组，把全班同学分成 6 人一组。

（4）确定模拟活动情景角色。

A. 总经理方先生

B. 洽谈会主持人陈董事长

C. 某公司总经理赵先生

D. 某公司副总经理钱女士

E. 某公司营销总监孙先生

F. 某公司业务经理李女士

（5）全组讨论交谈时的正确礼仪及应注意的问题。

（6）模拟交谈训练。

① 抽签排序，一组一组进行。

② 一组模拟时，其他组观摩并指出问题。

（7）教师考核。考核评分标准如表3-4所示。

表3-4 交谈礼仪考核评分标准

组别：_____ 姓名：_____ 时间：_____

评价项目与内容		应得分	扣分	实得分
准备工作	角色定位及时，模拟出场迅速	5		
	实训过程全组协调良好	5		
基本知识掌握	熟悉交谈的技巧和礼仪及应注意的问题	10		
交谈礼仪	声音大小适中	5		
	语言表达流利	5		
	站姿、走姿得当	5		
	态度诚恳	5		
	话题选择得当	10		
	交谈技巧运用娴熟	10		
	交谈礼仪准确、恰当	10		
观摩讨论	观摩认真	5		
	讨论积极	5		
实训报告	按规定时间上交	5		
	字迹清楚、填写规范、内容详尽完整	5		
	实训分析总结正确	5		
	能提出合理化建议和创新见解	5		
合　　计		100		

考评教师（签名）：

（8）师生点评。

 知识点拨

"好语一句三冬暖，冷言半句六月寒"这句流传了千年的民族谚语，充分揭示了语言交谈的重要性。交谈的礼仪规范对人际交往有着重要的影响和作用。

1. 交谈的态度

交谈中首先要以诚相待，心胸坦荡。谈话的时候态度要诚恳、自然、大方，语气要和蔼亲切，表达要得体。谈话内容事先要有准备，应该开门见山地向他说明来意或交谈的目的，或是寒暄几句后就较快地进入正题。切忌东拉西扯地闲聊，既浪费时间，又会使对方厌烦甚至怀疑你的诚意。

与上级领导交谈不必过分拘谨，局促不安，也不要阿谀奉承，唯唯诺诺，低声下气，过分谦卑，而应心境宽松，坦然自若。与同事交谈要一视同仁，不要对亲者热如火炉，对疏者冷若冰霜，表现出明显的倾向性。与下级交谈要亲切随和，宽厚为怀，设身处地站在对方的立场上多为他人着想。

在交谈过程中不要轻易打断别人的谈话。自己讲话的时候，要给别人发表意见的机会，不要滔滔不绝，旁若无人。对方讲话的时候要耐心倾听，目光要注视对方，不要左顾右盼，也不要有看手表、伸懒腰、打呵欠等漫不经心的动作。

如果对方提到一些不便谈论的问题，不要轻易表态，可以借机转移话题。如果有急事需要离开，要向对方打招呼，表示歉意。

2. 交谈的内容

（1）适宜的话题

① 既定的话题。也就是商务交往双方事先约定的主题，如求人帮助、讨论问题、研究工作一类的交谈。此话题常用于正式交谈。

② 高雅的话题。如文学、艺术、历史、哲学等。此话题适用于各类交谈，但切忌不懂装懂，贻笑大方。

③ 轻松的话题。比如文艺演出、旅游观光、风土人情、流行时尚等。此话题适用于非正式交谈，允许各抒己见。

④ 擅长的话题。比如和律师交谈的时候，可以谈谈法律方面的话题；和文艺工作者交谈的时候，可以谈谈文学创作等。此话题适用于各种交谈，但忌讳以己之长对人之短。

（2）忌讳的话题

① 涉及个人隐私的话题。商务交往双方一般都是因公而谈，因此有关年龄、收入、婚恋、宗教信仰、住址、个人经历等个人隐私问题，如果不是对方主动提出来或是工作需要必须了解的内容，就不要谈论。

② 涉及对方短处的话题。在交谈中切忌挖苦、嘲笑对方。

③ 诽谤他人的话题。交谈中切忌无中生有，诽谤他人，此话题会招致对方的反感，也是缺乏修养的表现。

④ 令人反感的话题。谈话内容一般不要涉及疾病、死亡等不愉快的话题，不谈荒诞离奇、耸人听闻或黄色淫秽的事情。

3. 交谈的技巧

（1）记住并称呼对方的名字

在商务交谈中，你提到对方的名字，他会在无意间产生积极的反应，对你个人也会产生积极的反应。提到对方的名字，表明你不仅关注对方，而且注意到并且记住了他们的名字，对他们很尊重，很在意。

贴士窗

记住对方的名字

享誉世界的人际关系大师美国人戴尔·卡耐基曾说过："记住人家的名字，而且很轻易地叫出来，等于给别人一个巧妙而有效的赞美。"

（2）使用机智幽默的语言

机智幽默的语言能够活跃谈话的气氛，营造轻松的谈话氛围，还能引起别人对你的兴趣，乐意与你谈话。

（3）多用礼貌用语

礼貌用语是尊重他人的具体表现，是友好关系的敲门砖。谈话中要注意多用礼貌用语，如您好、请、谢谢、对不起、打扰了、再见等。

知识窗

基本礼貌用语

（1）问候语：早上好、你早、晚上好、晚安。

（2）致谢语：请多关照、承蒙关照、拜托。

（3）慰问语：辛苦了、受累了、麻烦您了。

（4）赞赏语：太好了、真棒、美极了。

（5）同情语：太忙了、不得了啦、这可怎么好。

（6）挂念语：身体还好吗、怎么样、还好吧。

（7）祝福语：托您的福、上帝保佑、你真有福气。

（8）理解语：深有同感、所见略同。

（9）迎送语：欢迎、欢迎光临、欢迎再次光临、谢谢惠顾。

（10）祝贺语：祝你节日愉快、祝您生意兴隆、祝你演出成功。

（11）征询语：你有什么事情、需要我帮你做什么、你还有别的事情吗。

（12）应答语：没关系、不必客气、照顾不周的地方请多多指正、谢谢你的好意。

（13）道歉语：实在对不起，请原谅；打扰您了，失礼了；完全是我们的过错，对不起。

（14）婉言推托语：很遗憾不能帮你的忙；承你的好意，但我还有许多工作呢。

（4）不要吝啬恭维话

毋庸置疑，人人都喜欢听恭维话，也都喜欢说恭维话的人。一句简单的恭维话就会获得谈话对象的好感，一句由衷的赞美之词会使你的话语委婉动听，让人难以忘怀。但切忌阿谀奉承、夸张离谱的不实之词。

（5）善于倾听

善于说话是一种天性，但善于倾听则是一种修养。成功谈话的要诀之一就是要善于倾听。它体现了对人的尊重，能创造出一种和对方心理交融的谈话氛围。要全神贯注聆听对方的谈话，不要轻易打断对方的谈话，以示尊重对方。

贴士窗

学会倾听

有位哲人说过："自然赋予我们人类两只耳朵，一张嘴，就是让我们多听少说。"与人交谈要学会倾听。

4. 交谈的禁忌

（1）忌独白

交谈讲究双向沟通，在交谈中要目中有人，礼让对方，要多给对方发言、交流的机会。不要一人独白，"独霸天下"，而始终不给别人张嘴的机会。普通场合的小规模交谈，以半小时以内结束为宜，最长不要超过1个小时。如果人多，在交谈中每个人的发言最好不要超过5分钟。

（2）忌插嘴

出于尊重的需要，别人讲话的时候，不要中途打断或是和人争辩。这是有悖交谈主旨的。即使有话要说，也要等到对方说完一件事或中途停顿的时候再说。

（3）忌抬杠

在一般性交谈中应允许各抒己见，有不同意见可以委婉提出，切不可与人争得面红耳赤。

（4）忌牢骚

在交谈中不要论人是非，发泄牢骚。既然是商务交谈、因公而谈，就没必要涉及无关的第三方，更不要议论第三方，不要攻击别人短处，不要对自己不满的人和事发泄不满情绪。

（5）忌虚伪

在交谈中不要花言巧语，虚伪客套。在商务交往中，态度要诚恳，实事求是，不要过分虚伪、客套。当然，讲话也要注意分寸。

（6）忌否定

在交谈中不要直接当面否定对方。谈论某个话题的时候，即使是对方的观点错了，也不要直接说"你错了"之类的话当面否定对方。如果这样说了，不但改变不了对方的态度，反而会招致对方反感、敌对的情绪。

图3-4 商务交谈示例

商务交谈的示例如图3-4所示。

任务3.4 馈赠礼仪实训

通过实训，使学生掌握馈赠礼仪及各种禁忌，并能灵活运用。

两人一组，设置情景为迎接、送别、生日、结婚等，模拟送礼、受礼、表示感谢。

要求：
(1) 教师简要介绍本任务的活动情景及任务实训内容。
(2) 把全班同学分成2人一组。

任务步骤

(1) 教师介绍本次实训的内容和模拟活动情景。
(2) 教师示范讲解馈赠的礼仪及需要注意的问题。
(3) 根据模拟活动情景分组，把全班同学分成2人一组。
(4) 确定模拟活动情景角色。
A. 送礼方
B. 受礼方
(5) 全组讨论馈赠时的正确礼仪及应该注意的问题。
(6) 模拟馈赠训练，组内成员互换角色训练。
① 抽签排序，一组一组进行。
② 一组模拟时，其他组观摩并指出问题。
(7) 教师考核。考核评分标准如表3-5所示。

表3-5　馈赠礼仪考核评分标准

组别：_____　　　姓名：_____　　　时间：_____

	评价项目与内容	应得分	扣分	实得分
准备工作	角色定位及时，模拟出场迅速	5		
	实训过程全组协调良好	5		
基本知识掌握	熟悉馈赠的基本礼仪及应注意的问题	10		
神态、举止	声音大小适中	5		
	热情展示	5		
	语言表达流利	5		
馈赠礼品	礼品选择适宜	5		
	礼品赠送礼仪准确、恰当	15		
	礼品接受礼仪准确、恰当	15		
观摩讨论	观摩认真	5		
	讨论积极	5		
实训报告	按规定时间上交	5		
	字迹清楚、填写规范、内容详尽完整	5		
	实训分析总结正确	5		
	能提出合理化建议和创新见解	5		
	合计	100		

考评教师（签名）：

(8) 师生点评。

知识点拨

我国历来注重礼尚往来,在组织与公众交往中,礼品既可以成为"敲门砖",也可以作为告别礼。恰当的送礼,不仅让受礼者受得轻松愉快,也让送礼者送得身心愉悦。因此送礼是人际交往与沟通中的一门重要学问。

1. 礼品的选择

(1) 注重真情

礼品是感情的载体。在通常情况下,礼品的贵贱厚薄往往是交往的诚意和情感程度的重要标志。然而,礼品的好坏不是用金钱来衡量的,一个好的礼物也不是说一定是价值不菲的。"千里送鹅毛"的故事被标榜为礼轻情义重的学习典范。

(2) 因人而异

礼品的选择最重要的是以对方愉快接受为尺度。这就需要了解对方的品位、生活方式等。一般来说,对家贫者,以实惠为佳;对富裕者,以精巧为佳;对恋人、爱人、情人,以纪念性为佳;对朋友,以趣味性为佳;对老人,以实用为佳;对孩子,以启智新颖为佳;对外宾,以特色为佳。

(3) 避开禁忌

① 禁以毛巾送人:俗语中有"送巾断根"之称,民俗中办完丧事才送毛巾,意为生死从此两断,有断绝、永别之意。

② 禁以刀剪送人:其有"一刀两断""一剪两断"之意。

③ 禁以雨伞送人:"伞"与"散"谐音,以伞赠人,表示情意已散的意思。

④ 禁以扇子送人:其有甩掉、抛弃之意。

⑤ 禁以镜子送人:因为镜子容易打碎,其有"破镜难圆"之意。

⑥ 禁以钟送人:"钟"与"终"谐音,其含有送终的歧义。

知识窗

商务交往中送花禁忌

(1) 不送茉莉花和梅花,因为"茉莉"与"没利"谐音,"梅花"的"梅"与倒霉的"霉"同音。

(2) 不要随便送红玫瑰花,以免引起对方误会。

(3) 不要贸然送黄玫瑰给对方或在对方生日时送上洋水仙,因为前者表示在工作和感情方面妒忌对方,后者则暗示对方自大、虚假。

(4) 不要送康乃馨给男性,因为这容易引起对方误会,以为你是指他"乳臭未干,需要妈妈照顾",或者指他"婆婆妈妈"和"娘娘腔"。

(5) 不要给病人送盆栽或浓香、颜色浓艳的花。香味很浓的花对病人不利,如风信子、玫瑰、百合;颜色太浓艳的花会刺激病人的神经,激发其烦躁情绪,如紫罗兰、大丽花、牡丹。如果病人喜欢有香气的花,可以送兰花、郁金香等有淡淡香气的花。

2. 赠送礼品的礼仪

（1）掌握时机

就送礼的时机而言，及时、适宜是最重要的。中国人讲究"雨中送伞""雪中送炭"，即十分注重送礼的时效性。一般来讲，节假良辰、婚丧喜庆、临别送行、感谢帮助、回赠、生病等，就是送礼的好时机。

涉外交往中，应根据国际惯例，视具体情况而定。例如，商务会见、会谈时，如果准备向客商赠送礼品时，一般适宜安排在起身告辞之时；参加道喜道贺活动时，最好在与客商见面时就赠送礼品。总之，商务人员要学会巧于把握赠礼时机以达到最佳的沟通效果。

（2）尊重习俗

西方人认为单数是吉利的，有时只送3个梨也不感到菲薄，这一点不同于中国人讲究成双成对。中国普遍有"好事成双"的说法，因而凡是大贺大喜之事，所送之礼，均好双忌单，但广东人则忌讳"4"这个偶数，因为在广东话中，"4"听起来就像是"死"，是不吉利的。

（3）注重包装

礼品选好后，应检查一下，上面是否有价格标签。如有，应当取下或换一件没有标签的。因为价格标签在许多场合都会给送礼带来不好的情感和礼仪效应。例如，当你的礼品价格高于其他送礼人的价格时，也许主人会较高兴，但其他客人则往往比较反感；当你以为选了一件质好价高的礼品，满怀欣喜送给主人时，发现其他人送的礼品的价格却远远高于你的，你就会觉得多少有些寒酸、羞涩、无地自容。假如没有价格标签，就可能在很大程度上避免这些失礼现象和场面。

送礼前的最后一道必要的工序是对礼品进行包装。在德国，散装礼品或用报纸等简装的礼品是不能送人的。在那里，礼品包装的原则是越精美越好。日本人送礼也很讲究包装，而且一般都是用美观实用的方形布料做包装。

包装礼品的好处是很多的：其一，可以表达你的精心与诚意；其二，可以使一件外表朴素的礼品更显美观、更具有艺术性；其三，避免给人以俗气的感觉；其四，由于包装，使礼品的价格保持一点神秘感，更有利于交往。

包装可以自己进行，也可以到礼品包装店请店员代为包装。现在许多大城市都有专门的礼品包装店，或者在礼品店里有专门的礼品包装柜台。包装时，包装材料的颜色最好挑选受礼者喜欢的。包装完毕后，再贴上写有自己祝词和签名的缎带或彩色卡片，表达自己的情感和诚意。同时，这样做也有助于受礼者在庆贺仪式后清点礼品时，知道哪一件是你赠送的礼品，具体如图3-5和图3-6所示。

图3-5 礼品包装示例（一）

图3-6 礼品包装示例（二）

（4）讲究态度

中国人送礼时总会过分谦虚地说"一点薄礼，不成敬意"等，在正式的商务场合，这种做法最好避免。在对所赠送的礼品进行介绍时，应该表达和强调的是自己对受赠一方所怀有的好感与情意，而不是强调礼物的实际价值。

向受礼者呈送礼品，一般应在相见时或分手道别时。送礼者应起身，用双手捧送，双目注视对方，边送边说上几句祝福与问候的客套话。如"祝您生日快乐！""祝二位百年好合！""请多保重！""区区薄礼，不成敬意，请您笑纳！"等。

有的送礼者不直接将礼品呈送给受礼者，而是藏于桌椅下边或其他角落里，这是一种有失体面和礼貌的行为。有的送礼者急于表达自己的诚意真情，在受礼者面前过多地说明礼品如何贵重，有多少用途等，也让人觉得有些俗气。只有某些西方人，才习惯于在受礼者面前打开礼品，解释一番，中国人一般没有这种习惯。

3. 接受礼品的礼仪

（1）对于一件得体的礼品，受礼人应当郑重其事地收下。

（2）当他人口头宣布有礼相赠时，不管自己在做什么事，都应立即中止，起身站立，面向对方。

（3）在对方预备赠送时，不应伸手去抢，或者双眼盯住不放，以求先睹为快。

（4）在赠送者递上礼品时，要尽可能地用双手前去迎接。

（5）在接受礼品时，面带微笑，双目注视对方。

（6）接过来的若是对方提供的礼品单，则应立即从头到尾细读一遍。

（7）正式场合下，受礼者应用左手托好礼物（大的礼物可先放下），抽出右手来与对方握手致谢。

（8）接过他人礼品时，应向对方立即道谢。如"谢谢您""您能想到我太好了""它太漂亮了，我很喜欢""真的不好意思，让您破费了""它正是我所喜欢的"。

（9）接受礼物时要注意礼貌，但不要过于推辞。

（10）中国人在接受礼品时，一般不会当着送礼者的面把礼物打开，而是把礼物放在一边留待以后再看。

实操窗

赠送、接受礼品演练

选两位同学，分别扮演生日的送礼者和受礼者。

（1）送礼者：起立，用双手捧着生日礼物，双目注视受礼者，边送边说祝福与问候的话语。如"祝您生日快乐！"。

（2）受礼者：起身站立，双目注视对方，面带微笑，双手迎接。正式场合下，受礼者应用左手托好礼物（大的礼物可先放下），抽出右手来与对方握手致谢。并说"谢谢您""您能想到我太好了"等。

体验一 考一考

1. 判断题

（1）探望时尽量避开病人休息和医疗时间。（   ）
（2）探望慰问时应多询问病人的病情以示关心。（   ）
（3）一次合理的探望时间应该控制在30分钟以内。（   ）
（4）拜访客户或朋友务必有约在先。（   ）
（5）拜访时准时到达即可，无须提前到达。（   ）
（6）通常一般性的拜访不要超过一个小时，初次拜访不要超过半个小时为好。（   ）
（7）在交谈过程中可打断别人的话发表自己的意见。（   ）
（8）在交谈中不要直接当面否定对方。（   ）
（9）一般来讲，节假良辰、婚丧喜庆、临别送行、感谢帮助、回赠、生病等，就是送礼的好时机。（   ）
（10）赠送的礼品越贵越好。（   ）
（11）鲜花水果、高品质的保健营养品、内容轻松的书籍杂志，都是探望慰问时比较受欢迎的礼品。（   ）
（12）探望慰问病人时应精心打扮，浓妆艳抹。（   ）
（13）告别时可让病人送行。（   ）
（14）拜访，指前往他人的工作单位或住所会晤对方，与对方进行接触，是人际交往中最常见的社交形式之一。（   ）
（15）正式的公务拜访，拜访者穿着要大方、干净、整洁，要和自己的职业相称。（   ）
（16）进行商务拜访时若有礼品送给主人，应在分别时再送给主人。（   ）
（17）普通场合的小规模交谈，以半小时以内结束为宜，最长不要超过1个小时。（   ）
（18）机智幽默的语言能够活跃谈话的气氛，营造轻松的谈话氛围，还能引起别人对你的兴趣，乐于与你谈话。（   ）
（19）礼品上的标签可以不用取掉。（   ）
（20）送礼时不要直接将礼品呈送给受礼者，可藏于桌椅下边或其他角落里。（   ）

2. 选择题（1~10题单选，11~15题多选）

（1）通常，一次合理的探望时间应该控制在（   ）以内。
　　A. 15分钟　　　　　B. 30分钟　　　　C. 45分钟　　　　D. 1个小时
（2）单位拜访最好不要在（   ）去拜访。
　　A. 星期一　　　　　B. 星期三　　　　C. 星期五

（3）拜访客户务必（　　），这是拜访礼仪中第一步。
　　A. 出发准备　　　B. 准时到达　　　C. 举止文雅　　　D. 事先预约
（4）探望病人应选择适当时机，一般在（　　）探视比较适宜。
　　A. 避开病人休息和医疗时间　　　　B. 早晨、中午、深夜
　　C. 病人吃饭时间　　　　　　　　　D. 病人休息时间
（5）在上班时间进行拜访，地点可选在（　　）。
　　A. 公共娱乐场所　B. 茶楼　　　　C. 办公室　　　　D. 咖啡厅
（6）初次登门拜访，一般情况下，不宜超过（　　）。
　　A. 15分钟　　　　B. 30分钟　　　C. 45分钟　　　　D. 1个小时
（7）礼品的选择最重要的是以对方愉快接受为尺度。一般来说，对外宾，以（　　）为佳。
　　A. 趣味性　　　　B. 纪念性　　　C. 精巧　　　　　D. 特色
（8）接受礼品的礼仪，下面描述不正确的是（　　）。
　　A. 对于一件得体的礼品，受礼人应当郑重其事地收下
　　B. 在赠送者递上礼品时，受礼者要尽可能地用双手前去迎接
　　C. 在接受礼品时，应面带微笑，双目注视对方
　　D. 中国人在接受礼品时，一般会当着送礼者的面把礼物打开
（9）拜访客户之前应选好交通路线，确保提前（　　）分钟到达。
　　A. 5~10　　　　　B. 10~15　　　C. 15~20
（10）拜访客人时，下面不正确的描述是（　　）。
　　A. 进门之前都要先敲门或按门铃
　　B. 如有礼品，分别时送给主人
　　C. 与主人相见，要主动向主人问好
　　D. 进入房间时，要主动跟随主人之后，而不要走在主人之前
（11）探望病人忌送花的数目是（　　）。
　　A. 1　　　　　　B. 4　　　　　　C. 9　　　　　　D. 13
（12）拜访客户的一般流程是（　　）。
　　A. 拜访准备　　　B. 做客有方　　C. 适时告辞　　　D. 上门有礼
（13）下面涉及个人隐私的话题有（　　）。
　　A. 年龄　　　　　B. 收入　　　　C. 婚恋　　　　　D. 宗教信仰
（14）与客户交谈，忌讳的话题有（　　）。
　　A. 涉及个人隐私的话题　　　　　　B. 涉及对方短处的话题
　　C. 非议谤人的话题　　　　　　　　D. 令人反感的话题
（15）馈赠客户礼品应考虑（　　）三个因素。
　　A. 礼品价值　　　B. 避开禁忌　　C. 因人而异　　　D. 注重真情

体验二　想一想

合作为何功亏一篑

某年，国内的一家企业前往日本寻找合作伙伴。到了日本之后，通过多方努力，终于寻觅到一家具有国际声誉的日本大公司，经过长时间的讨价还价，双方商定，首先草签一

个有关双边合作的协议。在中方看来，基本上算是大功告成了。正式签协议那天，由于种种原因，中方人员到达日方公司时，已经迟到了一刻钟，当他们气喘吁吁地跑进签字大厅时，只见日方人员早已衣冠楚楚排列成一行，正在恭候他们的到来。令中方人员震惊的是，日方人员见他们进来后，一言不发，便整整齐齐、规规矩矩地给他们鞠了一个90°的大躬，随后便集体退出了签字大厅，使合作功亏一篑。

思考练习：
（1）此次合作为何会失败？
（2）进行商务拜访时应注意什么问题？
（3）由该案例你能得到什么启发？

体验三　练一练

分组设计一下情景并表演，要求正确运用探望慰问礼仪。
（1）小白和三位同学一道到王教授家拜访王教授。
（2）小白的同事李先生即将结婚，小白和他的女朋友前往李先生家送贺礼一份。
（3）小白的一位重要客户谢先生生病住院了，小白要去医院探望他。

体验四　赛一赛

1. 项目

沟通礼仪综合演练。

2. 背景材料

小陈是某公司销售部门人员，春节将至，受主管委托代表公司向经常合作的一些老客户进行登门拜访并赠送春节礼品。请根据背景材料模拟整个拜访、交谈及馈赠过程。

3. 步骤

（1）分组、确定角色。4人一组，确定编剧、导演和演员，演员角色：业务员小陈、老客户杨先生。
（2）根据背景材料编写剧本，在剧本编写过程要充分发挥学生想象力。
（3）在编导指挥下，利用课余时间反复演练，达到内容熟练、神情自然时，安排学生登台表演。
（4）表演步骤：

第一步，上台问候。参加同学列队跑步上台，站稳后由代表向大家问好，然后介绍角色分工。

第二步，正式演练。

第三步，致谢回座。

4. 注意事项

（1）准备好场地、手机两部、沙发一套、茶几一套、茶具一套、礼品若干。
（2）注意课堂纪律掌控，控制笑声，确保表演顺利进行。
（3）抽签排序，一组一组进行。上台前向老师举手示意，"报告，××组准备完毕，请指示"。听到老师"开始"指令后,列队跑步上台开始表演。表演结束后按事先规定的线路回到座位。

(4) 每组表演时间尽量控制在 15 分钟之内。

(5) 由 6 位学生组成评审团,去掉一个最高分,去掉一个最低分。

(6) 所有组演练结束后,由学生点评,老师归纳,最后由老师宣布成绩。

5. 项目评分

项目评分如表 3-6 所示。

表3-6 项目评分

项目 组别	拜访前预约	拜访进门前礼仪	对对方应答情况的反应	所带物品的摆放	言谈举止礼仪	礼品的选择	赠礼礼仪	受礼礼仪	剧情编排	总体印象	总分
	10	10	10	5	20	5	10	10	10	10	100
1											
2											
3											
4											
5											

项目4　商务办公礼仪实训

非礼勿视，非礼勿听，非礼勿动。

——孔子

良好的商务办公礼仪是人际关系的"润滑剂"，能够非常有效地减少人与人之间的摩擦，最大限度地避免人际冲突。良好的商务办公礼仪能营造良好的商务交往氛围，使交往成为一件非常愉快的事情，为企业的合作奠定良好的基础。

任务4.1　办公环境礼仪实训

通过实训，使学生熟悉办公室环境的礼仪及应注意的问题。

夏先生是某公司新聘任的营销经理，公司给他专门安排了一间办公室。夏先生该如何布置他的新办公室？平常该注意哪些办公环境礼仪？该如何与新同事相处？

任务步骤

（1）教师介绍本次实训的内容和模拟实训情景。
（2）教师示范讲解办公室环境礼仪及需要注意的问题。
（3）根据模拟活动情景分组，把全班同学分成4人一组。
（4）确定模拟活动情景角色。
A. 新营销经理夏先生
B. 公司总经理赖先生
C. 夏先生的下属万先生
D. 其他部门经理周先生
（5）全组讨论办公室环境礼仪及应该注意的问题。
（6）办公室礼仪训练。
① 抽签排序，一组一组进行。
② 一组模拟时，其他组观摩并指出问题。

（7）教师考核。考核评分标准如表 4-1 所示。

表4-1　办公环境礼仪考核评分标准

组别：_____　　　　姓名：_____　　　　时间：_____

评价项目与内容		应得分	扣分	实得分
准备工作	角色定位及时，模拟出场迅速	5		
	实训过程全组协调良好	5		
基本知识掌握	熟悉办公环境基本礼仪及应注意的问题	10		
办公环境	办公室布置得体	10		
	办公桌面环境清洁、整齐、有序	10		
	言谈举止得当、优雅	10		
	仪表端庄，仪容整洁	10		
	与同事相处融洽	10		
观摩讨论	观摩认真	5		
	讨论积极	5		
实训报告	按规定时间上交	5		
	字迹清楚、填写规范、内容详尽完整	5		
	实训分析总结正确	5		
	能提出合理化建议和创新见解	5		
合　　计		100		

考评教师（签名）：

（8）师生点评。

 知识点拨

商务人士的绝大多数工作时间都是在办公室中度过的，无论是在自己的办公室办公，还是在客户的办公室洽谈业务。办公室一般由办公场所、文件柜、电话机、写字台四个部分组成。总之，办公室与商务人士密切相关，办公环境对员工工作效率的影响也越来越大。整洁、明亮、舒适的工作环境，能使员工产生积极的情绪并充满活力，工作效率也会大大提高。

1. 办公室的布置

办公室是企业的门面，是来访者对企业的第一印象，代表企业的形象，因此办公室的布置显得尤为重要。办公室的布置不同于家庭和酒店，它的设计风格要严肃、整洁、高雅、安全。办公室既是办公的场所，也是社交的场所，因此一般企业都将办公室装修得比较豪华，以显示企业强有力的经济实力。但是办公室的布置也不能一味地追求豪华，也应注意采光合理，色彩选择恰当，空气清新。办公室布置时可装饰一些风景画、有特殊意义的照片、名人的字画、企业的徽标等，创造出浓厚的企业文化气息，使主客心情愉快地交流信息和情感。

2. 办公室的桌面环境

办公室的桌椅及其他办公设施，都需要保持干净、整洁、井井有条。地板、天花板、走道要经常打扫，玻璃、门窗、办公桌要经常擦洗，保持明亮。办公桌面只放些必要的办公用品，且摆放整齐。不要将杂志、报纸、餐具、包等跟工作无关的东西放在办公桌上。废纸应扔入废纸篓里，文件应及时按类按月归档，装订整理好，放入文件柜。工作时因为用餐或去洗手间暂时离开座位时，应将文件覆盖起来。下班后的桌面上只能摆放计算机，而文件或资料应该收放在抽屉或文件柜中，如图4-1和图4-2所示。

图4-1 办公室布置示例

图4-2 办公室桌面环境示例

3. 办公室的心理环境

"硬件"环境的改善仅仅是提高工作效率的一个方面，而更为重要的往往是"软件"条件，即办公室工作人员的综合素质，尤其是心理素质。在日常工作中，人际关系是否融洽非常重要。互相之间以微笑的表情体现友好热情与温暖，以健康的思维方式考虑问题，就会和谐相处。工作人员在言谈举止、衣着打扮、表情动作的流露中，都可以体现出是否拥有健康的心理素质。

4. 办公室人员的举止礼仪

（1）仪表端庄，仪容整洁

无论是男职员还是女职员，上班时都应着正装。有些企业还要求统一着装，以体现严谨、高效的工作作风，加深客人对企业的视觉印象。有些企业虽没有统一着装，但都对上班时的服装提出明确的要求。

① 男士上班应穿白衬衫或西服，扎领带。衬衣的下摆一定要扎入裤腰里。应穿深色皮鞋和深色袜子。服装必须干净、平整，不应穿花衬衣、拖鞋、运动服上班。不留胡须，不留长发，头发梳理美观大方，才能衬托本人良好的精神状态和对工作的责任感。

② 女士上班应着西服、套裙或连衣裙，颜色不要太鲜艳、太花哨。上班不宜穿着太暴露、太透明、太紧身的服装或超短裙，也不能穿奇装异服、休闲服、运动装、牛仔装等。应穿皮鞋上班，皮鞋颜色要比服装的颜色深。应穿透明的长筒丝袜，袜口不能露在裙口下，不能有钩破的洞。不应穿凉鞋或旅游鞋上班。佩戴首饰要适当，发型以保守为佳。最好化淡妆，忌浓妆艳抹。

（2）言语友善，举止优雅

① 注意言谈举止。

- 上班时要与同事、领导微笑问好，下班时要微笑道别。
- 接人待物亦要真诚微笑。不要把喜怒哀乐都流露于脸上，否则会让别人觉得你不够成熟，自控力不强。
- 在办公室讲话声音要轻，忌大声喧哗，不要在办公室、过道上大声呼唤同事和上级。
- 使用文明用语。不要使用不雅、戏谑的绰号或昵称，有损别人的专业形象。
- 在办公室里，说话不要尖酸刻薄，与同事开玩笑要适度，不能挖苦别人，甚至恶语伤人。
- 不能在背后议论领导和同事，这是缺乏修养的表现。

② 保持良好的仪态风范，行为举止应稳重、自然、大方、有风度。
- 走路时身体应挺直，步速应适中，不要风风火火、匆匆忙忙走路，否则让人感觉你做事不稳重。
- 坐姿要优美，抬头挺胸，不要无精打采地趴在桌子上或歪靠在椅子上。
- 有人来访时，应起身点头或鞠躬致意，不能不理不睬。
- 工作期间不能吃东西、剪指甲、唱歌、化妆或与同事追打嬉闹，有失体面。
- 谈话时手势要适度，不要手舞足蹈，动作幅度过大。

（3）紧密合作，公平竞争

① 要与同事紧密合作。请求同事帮助时要委婉提出，不能强求；对方请求帮助时，要尽最大努力予以帮助。

② 对年长的同事要虚心学习，多多请教；对年轻的新人要多多帮助，多多鼓励。

③ 要与同事广泛交往，在与每个人的交往态度上要一视同仁，不要结成小集团。

④ 在工作上多进行公平竞争，促进工作的开展，但在物质利益和日常琐事中则要少竞争，少计较，更不可贬低同事抬高自己，甚至踩着别人的肩膀往上爬。

知识窗

与上司相处的礼仪

（1）感情上要高度尊重，组织上要高度服从，而不是表面上的谦恭服从。

（2）工作上，下属要自觉服从上司的正确领导和指挥。

（3）在上司遇到困难时，下属应协助解决，而不能拆台。

（4）上司不了解情况时，要帮助他们了解情况，以辅佐其工作。

（5）当上司和同事有矛盾时，要积极从中调解、解释。

（6）如果与上司发生意见分歧，不要当面顶撞上司，而应从尊重上司、维护上司威信的角度出发，婉转地表达自己的意见和看法。

（7）如果遇到不关心下属、以权压人甚至给人"穿小鞋"的上司时，也不要消极怠工或到处发泄。

（8）学会在矛盾激化时化解矛盾。

5. 办公礼仪禁忌

（1）忌在办公的时候打扮自己。

（2）忌在办公室里随便抽烟，不顾他人身体健康。

（3）忌随便借用他人东西不及时归还。
（4）忌过分炫耀自己的功绩、经历等。
（5）忌乱扔垃圾，不注意办公室整洁。
（6）忌做与工作无关的事情。

任务 4.2　迎送接待礼仪实训

通过实训，使学生掌握迎送接待的礼仪规范，并能灵活运用。

小谢是某公司秘书，其经理王先生告知其有外商唐先生和李小姐将来公司洽谈业务，让其负责接待工作。小谢该如何做好此次接待工作？在接待过程中应遵循什么礼仪？应注意哪些问题？

任务步骤

（1）教师介绍本次实训的内容和模拟实训情景。
（2）教师示范讲解迎送接待的礼仪及需要注意的问题。
（3）根据模拟活动情景分组，把全班同学分成4人一组。
（4）确定模拟活动情景角色。
　A. 秘书小谢
　B. 王经理
　C. 外商唐先生
　D. 外商李小姐
（5）全组讨论迎送接待客户时的正确礼仪及应该注意的问题。
（6）模拟迎送接待客户训练。
　① 抽签排序，一组一组进行（组数过多时可随机抽签确定）。
　② 一组模拟时，其他组观摩并指出问题。
（7）教师考核。考核评分标准如表4-2所示。

表4-2　迎送接待礼仪考核评分标准

组别：_____　　姓名：_____　　时间：_____

	评价项目与内容	应得分	扣分	实得分
准备工作	角色定位及时，模拟出场迅速	5		
	实训过程全组协调良好	5		
基本知识掌握	熟悉迎送接待的基本礼仪及应注意的问题	10		

续表

评价项目与内容		应得分	扣分	实得分
神态、举止	声音大小适中	5		
	热情展示	5		
	面带微笑	5		
	服装得体	5		
	站姿、走姿得当	5		
迎送接待	语言表达流利	5		
	迎接礼仪准确、规范	5		
	接待礼仪准确、规范	10		
	送别礼仪准确、规范	5		
观摩讨论	观摩认真	5		
	讨论积极	5		
实训报告	按规定时间上交	5		
	字迹清楚、填写规范、内容详尽完整	5		
	实训分析总结正确	5		
	能提出合理化建议和创新见解	5		
合　　计		100		

考评教师（签名）：

（8）师生点评。

知识点拨

迎来送往，是社会交往接待活动中最基本的形式和重要环节，是表达主人情谊、体现礼貌素养的重要方面。尤其是迎接，是给客人良好第一印象的最重要工作。给对方留下好的第一印象，就为下一步深入接触打下了基础。

1. 迎接礼仪

迎接客人要有周密的部署，应注意以下事项。

（1）准备

对前来访问、洽谈业务、参加会议的外国、外地客人，应首先了解对方到达的车次、航班，安排与客人身份、职务相当的人员前去迎接。若因某种原因，相应身份的主人不能前往，前去迎接的主人应向客人做出礼貌的解释。

（2）接站

对远道而来的客人要做好接站工作，要掌握客人到达的时间，保证提前等候在迎接地点。迟到是很不礼貌的，客人也会因此感到不快。

接站时还要准备一块迎客牌，上书"欢迎（恭迎）×××代表团"或"欢迎×××先生（女士）"或"×××接待处"等。同时要高举迎客牌，以便客人辨认。做好这些工作，可以给客人以热情、周到的感觉，使双方在感情上更加接近。

（3）会面

客人在约定时间按时到达，主人应主动迎接，不应在会谈地点静候。见到客人应热情打招呼，先伸手相握，以示欢迎，同时应说一些问候语，如"一路辛苦了""欢迎您来到我们这个美丽的城市""欢迎您来到我们公司"等。如果客人是长者或身体不太好，应上前搀扶；如果客人手中提有重物应主动接过来。然后向对方做自我介绍，如果有名片，可送予对方。

（4）乘车

如果迎接地点不是会客地点，还应提前为客人准备好交通工具。接到客人后，应为客人打开车门，请客人先上车，接待者坐在客人旁边或司机旁。在车上接待者要主动与客人交谈，应向客人介绍沿途景观。到达地点后，接待者应先下车为客人打开车门，然后请客人下车。

（5）入室

迎接人员应提前为客人准备好住宿，帮客人办理好一切手续并将客人领进房间，同时向客人介绍住处的服务、设施，将活动的计划、日程安排交给客人，并把准备好的地图或旅游图、名胜古迹等介绍材料送给客人。

（6）辞别

将客人送到住地后，迎接人员不要立即离去，应陪客人稍作停留，热情交谈，谈话内容要让客人感到满意，比如客人参与活动的背景材料、当地风土人情、有特点的自然景观、特产、物价等。考虑客人一路旅途劳累，主人不宜久留，让客人早些休息。分手时将下次联系的时间、地点、方式等告诉客人。

2. 接待礼仪

（1）接待人员基本要求

① 接待人员要品貌端正，举止大方，口齿清楚，具有一定的文化素养，受过专门的礼仪、形体、语言、服饰等方面的训练。

② 接待人员服饰要整洁、端庄、得体、高雅。女性应避免佩戴过于夸张或有碍工作的饰物，化妆应尽量淡雅，具体如图 4-3 和表 4-3 所示。

图 4-3　迎接示例

表 4-3　接待人员礼仪自检

自检项目	好的表现	差的表现
仪容仪表	• 衣装整齐 • 发型整洁 • 谨慎使用少量香水 • 制服、严肃的职业装 • 女士化淡妆	• 衣裳不整 • 头发蓬松散乱 • 过量使用香水 • 袒胸露背性感休闲装 • 女士浓妆艳抹
待客态度	• 微笑，态度开朗 • 目光有神，机敏灵活 • 真诚 • 礼貌 • 语调亲切热情	• 愁眉苦脸，厌恶、不屑一顾的表情 • 目光呆滞，懒散笨拙 • 油滑、撒谎 • 傲慢 • 语调生硬冰冷

续表

自检项目	好的表现	差的表现
行为表现	• 问候、致谢 • 专心待客，把客人当成最重要的人 • 明确说明，率直应对 • 耐心解答客人的所有问题 • 站在客人的立场思考问题 • 对业务了如指掌	• 对于客人的到来与离开毫无反应 • 做自己的事情或与同事说话，冷落客人 • 言辞含糊，缺乏自信 • 怕麻烦，不耐烦，对客人发火 • 不在乎客人的感受，只图自己方便 • 一问三不知

（2）接待工作步骤

在商务活动中，日常办公室接待工作一般包括以下四个步骤。

① 恭候迎接。一般客人由公司专职接待人员安排接待，重要客人则由专门人员在公司大门外迎接。商务人员在本公司接待访客时应注意提前通知入口处的接待人员，以免发生"挡驾"事件，给访客造成不便。

② 敬茶。待客不可无茶。客人坐下后应马上倒茶（或水、饮料等），否则即表现为缺乏待客诚意。如果客人要找的人不在，可以让客人留下必要的信息。如需客人短时间等候，需告知理由及等候时间。等候的过程中应提供饮料、杂志等供客人打发时间。

③ 安排活动。对于预约来访的客人，应提前安排一些接待活动，例如观看介绍公司业务的录像、参观某些部门等。当客人参观到某部门时，该部门工作人员应当立刻起立迎接，不可坐在办公桌前毫无反应。

④ 送客告别。接待工作应当有始有终，客人离开时应当适当送客，重要客人需要送至大门口，直到确认其不会再回头方可返回办公室。如果是比较熟悉的客人，可以只送到办公室门口，但要切记不可在客人刚刚走出门外时便"砰"的一声重重地把门关上，那样会使前面热情的接待工作前功尽弃。客人会觉得像被泼了一盆冷水，有被赶出门外的感觉。

知识窗

接待时礼貌用语

"您好！"

"欢迎光临！"

"请坐！"

"请您稍等。"

"对不起，让您久等了。"

"非常抱歉！"

"好的，我知道了。您的意思是……（重复要点），是这样吗？"

"请您原谅！"

"承蒙您的惠顾（关照），非常感谢！"

"谢谢您！"

"欢迎再次光临！"

（3）引导礼仪

接待人员带领客人到达目的地，应该有正确的引导方法和引导姿势，如图4-4所示。

① 在走廊的引导方法。接待人员在客人两三步之前，配合步调，让客人走在内侧。

② 在楼梯的引导方法。当引导客人上楼时，应该让客人走在前面，接待人员走在后面。若是下楼时，应该由接待人员走在前面，客人在后面。上下楼梯时，接待人员应该注意客人的安全。

图4-4 引导示例

③ 在电梯的引导方法。引导客人乘坐电梯时，接待人员先进入电梯，等客人进入后关闭电梯门，到达时，接待人员按"开"按钮，让客人先走出电梯。

④ 客厅里的引导方法。当客人走入客厅，接待人员用手指示，请客人坐下，看到客人坐下后，才能行点头礼后离开。如客人错坐下座，应请客人改坐上座（一般靠近门的一方为下座）。

> **实操窗**
>
> ### 引 导 实 训
>
> （1）把全班分成5组，其中选1名引导员，2名评委。
>
> （2）演练小组在引导员的带领下依序进行。
>
> （3）引导路线：6楼礼仪室→走廊→电梯→1楼→走廊→1楼楼梯→6楼→走廊→6楼礼仪室。
>
> （4）1组评委为2组打分，2组评委为3组打分，以此类推。实训完毕后，评委登台点评、亮分。

3. 送别礼仪

送别客人是接待工作最后的也是非常重要的一个环节。

（1）通常当客人起身告辞时，送别人员应马上站起来，主动为客人取下衣帽，帮他穿上，与客人握手告别，同时选择最合适的言辞送别，如"希望下次再来"等礼貌用语。尤其对初次来访的客人更应热情、周到、细致。

当客人提出告辞时，送别人员要等客人起身后再站起来相送，切忌没等客人起身，自己先于客人起立相送，这是很不礼貌的。

若客人提出告辞，送别人员仍端坐办公桌前，嘴里说再见，而手中却还忙着自己的事，甚至连眼神也没有转到客人身上，更是不礼貌的行为。"出迎三步，身送七步"是迎送宾客最基本的礼仪。因此，每次见面结束，都要以将再次见面的心情来恭送对方回去。

（2）当客人带有较多或较重的物品，送客时应帮客人代提重物。

（3）与客人在门口、电梯口或汽车旁告别时，要与客人握手，目送客人上车或离开，要以恭敬真诚的态度，笑容可掬地送客，不要急于返回，应鞠躬挥手致意，待客人移出视线后，才可结束告别仪式。

（4）对于外来的客人，应提前为之预订返程的车票、船票或机票。

（5）送别外宾，要按照迎接的规格来确定送别的规格，主要迎候人应参加送别活动。一般情况下，送行人员可前往外宾住宿处，陪同外宾一同前往机场、码头或车站，也可直接前往机场、码头或车站恭候外宾，必要时可在贵宾室与外宾稍叙友谊，或举行专门的欢送仪式。在外宾临上飞机、轮船或火车之前，送行人员应按照一定的顺序同外宾一一握手话别，祝愿客人旅途平安并欢迎再次光临。飞机起飞或轮船、火车开动之后，送行人员应向外宾挥手致意，直至飞机、轮船或火车在视野里消失，送行人员方可离开。不可以外宾刚登上飞机、轮船或火车时，送行人员就立即离去。

任务4.3　电话礼仪实训

通过实训，使学生掌握接听电话和拨打电话的技巧和礼仪，了解接打电话时应注意的问题。

戴先生是某公司的业务员，要跟客户季先生通话商量某一业务事宜。戴先生该如何正确地拨打电话？季先生又该如何正确地接听电话？他们在各自接打电话时应该注意什么问题？

任务步骤

（1）教师介绍本次实训的内容和模拟实训情景。

（2）教师示范讲解电话的礼仪及需要注意的问题。

（3）根据模拟活动情景分组，把全班同学分成2人一组。

（4）确定模拟活动情景角色。

A. 业务员戴先生

B. 客户季先生

（5）全组讨论接打电话的正确礼仪及应该注意的问题。

（6）模拟接打电话训练，组内成员互换角色练习。

① 抽签排序，一组一组进行。

② 一组模拟时，其他组观摩并指出问题。

（7）教师考核。考核评分标准如表4-4所示。

表4-4　电话礼仪考核评分标准

组别：_____　　姓名：_____　　时间：_____

评价项目与内容		应得分	扣分	实得分
准备工作	角色定位及时，模拟出场迅速	5		
	实训过程全组协调良好	5		
基本知识掌握	熟悉接打电话的技巧和礼仪及应注意的问题	10		
接打电话礼仪	声音大小适中	5		
	语言表达流利	5		
	拨打电话时间选择恰当	5		
	拨打电话时间长短控制得当	5		
	拨打电话主题重点突出	10		
	接听电话及时	5		
	接听电话热情友好	10		
	接听电话认真做好记录	5		
观摩讨论	观摩认真	5		
	讨论积极	5		
实训报告	按规定时间上交	5		
	字迹清楚、填写规范、内容详尽完整	5		
	实训分析总结正确	5		
	能提出合理化建议和创新见解	5		
合　　计		100		

考评教师（签名）：

（8）师生点评。

知识点拨

随着科学技术的发展和人们生活水平的提高，电话的普及率越来越高。电话已经成为人们在社会交往中使用最频繁、最重要的沟通渠道，也是人们工作、生活中必不可少的交流工具。每个人都会使用电话，但如何正确、规范地使用电话并不是每个人都能做到位的。商务人员在工作时会经常使用电话，更要掌握电话使用礼仪及规范，维护好自己的"电话形象"。

1. 接听电话礼仪（如图4-5所示）

（1）及时接听

电话铃声一响，应该立即去接，最好不要让铃声响过三遍，即所谓的"铃响不过三"。若电话铃声响过数遍后才做出反应，会给人以不愉快的感觉。如果因为其

图4-5　接听电话礼仪示例

他原因在电话铃声响三声之后才接起电话，在接起电话后首先要说声："对不起，让您久等了！"在工作岗位上遇到距离自己较近的电话铃声鸣响的情况下，即便不是自己的专用电话，也应主动接听，帮助传达消息。

（2）自报家门

接听电话时，首先要问好和自报家门，如："您好，这里是×××公司，请问您找谁？"严禁以"喂"字开头，因为"喂"字表示是希望先知道对方是谁，在等着对方告诉你。而且，如果"喂"时语气不好，就极易让人反感。所以，接听电话时的问候应该是热情而亲切的"您好"。如果对方首先问好，则要立即问候对方，不要一声不吭，故弄玄虚。

（3）热情友好

接听电话要使用文明用语，要对对方礼貌、热情，态度要谦和、诚恳，语调要平和，音量要适中。可用"请问您找谁？""我能为您做什么？"等礼貌用语。对方说明要找的人，可回答："请稍等"，然后去找。如遇人不在，可婉转告诉对方"×××人不在办公室，请问您有什么事情需要转告吗？"假如要找的人正在开会，则应礼貌地告诉对方并让对方迟些时候再打过来。不要用生硬的口气说话，如"他不在""打错了""没这人""不知道"等。

（4）认真记录

代接他人电话时，若对方有重要事情转告或记录下来时，应认真予以记录，如时间、地点、联系事宜、需要解决的问题等。记录完毕后，应将重点内容再复述一遍，以证实是否有误。电话记录还应包括对方的姓名、单位、联系方式、致电时间、是否需要回电等内容。之后还应注意向相关人员及时转达电话内容，不可延误。

（5）礼貌结束

要结束电话交谈时，一般应当由打电话的一方提出，然后彼此客气地道别，说一声"再见"，再挂电话，不可只管自己讲完就挂断电话。如果确实需要自己先行结束谈话，要向对方做出解释，并真诚致歉。通话完毕后，应等对方放下话筒后再轻轻放下电话，以示尊重。

2. 拨打电话礼仪

（1）选好时间

打电话给别人，首先要注意选择好恰当的时间。

① 通常情况下，公务电话最好避开临近下班以及用餐时间，因为这些时段打电话，对方往往急于下班或用餐，极有可能得不到满意的答复。

② 公务电话应尽量打到对方单位，如果确实需要往家里打电话，则需避开吃饭以及睡觉的时间。通常，最佳打电话的时间是上午 9:00～12:00；下午 2:00～5:00；晚上 8:00～10:00。

③ 如果知道对方的上下班时间，则应避免对方刚上班半小时或下班前半小时通话。

④ 如果不是十万火急的情况，一般不要在节假日、用餐时间和休息时间给对方打工作电话。

⑤ 若是拨打国外电话，则还应该注意时差。

（2）事先通报

电话接通后，要先通报自己的姓名、身份，如"您好，我是×××公司销售部的小陈"。必要时，还要询问对方现在是否方便接听电话。若对方现在不方便接听电话，则应等对方方便时再打电话。

（3）控制长度

打公务电话时，必须对电话的长度进行控制，基本要求是"以短为佳，宁短勿长"，即所谓的电话礼仪的"三分钟原则"。

① 作为商务场合的电话，刚开始的寒暄是必不可少的，但是要点到为止，不能没完没了，本末倒置。

② 然后开门见山，直奔主题。特别是打重要电话或国际长途电话时，最好事先做好充分准备，把需要的谈话内容要点先罗列在纸上，打电话时就不会出现丢三落四的现象。

③ 通话时要干脆利落，不要东拉西扯，既浪费时间，又给对方留下不良印象。

④ 交谈完毕后，再简单复述通话内容，然后就结束通话。

（4）文明礼貌

① 通话过程中态度要热情，吐字要清晰，语气要亲切。

② 通话时要集中精力，不可边吃边说，更不可一边打电话一边同旁人聊天，或兼做其他工作，给人心不在焉的感觉。

③ 打错电话时，要主动向对方道歉，不可一言不发，挂断了事。

④ 无论哪方原因掉线，都应主动再打一遍，并说明原因，而不要等对方打来。

⑤ 通话完毕时要说"再见""打扰您了"等礼貌性用语。

知识窗

常用电话礼貌用语

"您好/早上好/下午好！××公司××部（我是××公司的××）。"

"您好！××公司××部，××（姓名或工号）为您服务，请问有什么可以帮您？"

"请稍等，我马上……"

"不好意思，让您久等了。"

"很抱歉，他现在不在，估计××（时间）能回来。您是再打电话，还是留言呢？"

"很抱歉，我这里是技术部，不是您要找的销售部，销售部的分机是××，我给您转接过去好吗（不好意思，麻烦您再拨一遍好吗）？"

"请问，还有什么需要我为您做的吗？"

"谢谢！"

"再见！"

（5）举止得体

通话时，在举止方面也要对自己有所要求。

① 要站好或坐端正，举止得体。不可以坐在桌角上或椅背上，也不要趴着、仰着、斜靠着或双腿高架着。

② 用电话要轻拿、轻放。

③ 不要在通话的时候把话筒夹在脖子下，抱着话机随意走动。

④ 通话的时候，不要发声过高，免得让受话人承受不起。标准的做法是：使话筒和

嘴保持3厘米左右的距离，以正常、适中的音量就可以。

> 💡 **实操窗**
>
> ### 电话礼仪实训
>
> （1）情景介绍。
>
> 　　张兵同学一直是班上学习成绩的佼佼者，因此班主任一直很看重他，给他介绍了一个实习机会，去班主任朋友潘虹总经理开的外贸公司上班，但是当张同学和潘总通了电话之后，双方都有了抱怨。张同学抱怨潘总不留情面地婉谢了他的实习要求，而潘总也跟班主任抱怨张同学根本不具备来实习的资格。
>
> （2）情境再现。
>
> 潘：喂，你好，请问是张同学吗？
>
> 张：喂，你是谁？
>
> 潘：我是你班主任的朋友，我姓潘，这个礼拜六上午8点，请到长江路15号欧宝外贸公司，我们当面谈谈。
>
> 张：哦，嗯，早上8点太早了，晚点好吗？
>
> 潘：哦，那9点吧。
>
> 张：你那个长江路15号怎么走啊，远不远啊？
>
> 潘：乘24路公交车长江路站下车就到了。
>
> 张：24路哪里有坐啊，我不知道啊。
>
> （3）按照电话礼仪要求，两两组队重新为潘总经理和张同学设计话语。
>
> （4）分别扮演潘总经理和张同学，根据各自设计的电话话语登台演练。

任务4.4　文书礼仪实训

通过实训，使学生掌握文书礼仪及需注意的问题，并能灵活运用。

　　春节将至，为答谢新老客户，公司决定举办新年酒会。小朱是某公司文秘人员，经理让其给与会客户发送一份感谢信，同时发送邀请函（或请柬）。

任务步骤

（1）教师介绍本次实训的内容和模拟实训情景。

（2）教师示范讲解文书的礼仪及需要注意的问题。

（3）根据模拟活动情景分组，把全班同学分成2人一组。
（4）确定模拟活动情景角色。
A. 文秘人员小朱
B. 受邀客户
（5）全组讨论文书的正确礼仪及应注意的问题。
（6）模拟撰写文书训练，组内成员互换角色训练。
① 抽签排序，一组一组进行。
② 一组模拟时，其他组观摩并指出问题。
（7）教师考核。考核评分标准如表4-5所示。

表4-5 文书礼仪考核评分标准

组别：_____   姓名：_____   时间：_____

	评价项目与内容	应得分	扣分	实得分
准备工作	角色定位及时，模拟出场迅速	5		
	实训过程全组协调良好	5		
基本知识掌握	熟悉文书的基本礼仪及应注意的问题	10		
文书撰写	信笺选用正规	5		
	文书格式书写正确	10		
	文书称呼正确	5		
	文书行文得体	10		
	信函结束得当	10		
	收到信函回复及时、得当	10		
观摩讨论	观摩认真	5		
	讨论积极	5		
实训报告	按规定时间上交	5		
	字迹清楚、填写规范、内容详尽完整	5		
	实训分析总结正确	5		
	能提出合理化建议和创新见解	5		
	合　　计	100		

考评教师（签名）：

（8）师生点评。

知识点拨

在现代商务活动中，尽管电话、网络等发展迅速并快速普及，但商务文书目前仍然是商务活动中用来传递信息、洽谈生意、磋商和解决问题的重要工具之一。因此，掌握商务文书礼仪仍然是非常重要的。

1. 一般商务书信礼仪

（1）信笺正规

书写商务信函，首先要选择合适正规的信笺，一般首选公司的商务信笺。商务信笺对印刷质量要求高，对所用纸张的质量要求也高。商务信笺应该印上公司的名称、地址、电话号码、办公室地址、传真号码等信息。写商务信函绝不可用有颜色的纸张。

（2）格式正确

所有信函的格式大体都可以分为3个部分，即开头、正文和结尾。开头是收信者和主题；正文用于说明和讨论问题的细节；结尾则说明发信人将采取何种行动或希望对方采取何种行动及落款和日期。

信函的格式应该正确、美观大方，不可密密麻麻一片，令人看而生厌，要留足边距。段落要有长有短，句型要参差有致。重点地方可做标记标出。末尾落款应准确到具体日期，一般写明×年×月×日，必要时还须写明×年×月×日×时。在书写信封时，双方的邮编都不可缺少。在写收信人及发信人地址时，要力求完整，不宜采用简称，以免延误信函的投递。

（3）称呼得体

商务信函的称呼要准确，要符合发信人和收信人的特定关系，要正确表现收信人的身份、性别等。称呼使用不当，可能会得罪人。要正确使用对方的姓名和头衔，一般平时对对方称呼什么就写什么。在格式上，称呼语在信的第一行起首的位置单独成行，以示尊重。如果是自己尊敬的领导，要写成"尊敬的×××"，写给业务伙伴一般在姓氏、名字或姓名后加职务或职称，如陈经理、杨教授等。

（4）行文得当

正文是书信的主体，一般从信的第二行前面空两格开始。书信内容尽管千变万化，各不相同，但都应当"有事言事，言罢即止"，即要言之有物，不可洋洋洒洒，无休无止。在书信里叙事表意要层次分明、条理清晰，切勿天马行空，让人不知所云。还要措辞得体，根据收信人的特点和写信人的关系来进行措辞。应避免写错字或打字错误，这不仅不礼貌，还会给人留下粗心的不良印象。另外，还要做到语句通顺，字迹工整，切勿潦草或乱涂乱改。

（5）结束信函

信函的结尾部分一般要有结束语、致敬语、署名或签名以及日期。结束语如"特此函告""专此说明"等，致敬语如"此致敬礼""顺利发财"等。署名、签名可并用，也可签名单独用，函件一般还需加盖公章。使用计算机写信时最好能够打印一份草稿以便校审，校审无误后再寄出。

（6）及时回复

收到他人来信之后，要及时回复。对来信只收不回是通信之大忌。在回信中要认真回答对方提出的所有问题。对于的确需要延后回答或不能解答的问题，要在回信中说明具体原因，求得对方的谅解。

2. 邀请信礼仪

邀请信是指邀请对方参加某项活动的书信，在商务活动中，此类书信的应用极为广泛。邀请信的内容一般都比较简单，但措辞要讲究，既要诚恳，又不能让对方觉得是要挟。收到邀请信的人无论是否应约，都要及时回复，一般应在接到邀请信邀约之后三日内回复，而且回复得越早越好。回信基本上都应亲笔书写，以示重视。如果打印回信，则至少要亲笔签名。邀请信示例如图4-6所示。

图4-6　邀请信示例

邀请信的内容包括活动的名称、时间、地点、内容，要求回复的时间、方式、邀请单位、日期等。邀请信范例如下。

国内招标邀请通知书

××××（单位名称）：

××××大桥工程是我省×年养路费计划安排的项目，经请示省交通厅同意采取招标的方法进行发包。

贵单位多年来从事公路建设，施工任务完成得很好，我处深表赞赏，故特邀请贵单位参加施工投标。

随函邮寄"桥梁工程施工招标启事"1份。接函后，如同意，望于××××年××月××日上午××时到省交通厅食宿站（建筑街副1号，火车站前）领取"投标文件"（包括施工图设计），并请按规定日期参加工程投标。

招标单位：××省交通厅生产综合处

地址：省交通厅二楼209号

联系人：×××

电话：××××××××

××××年××月××日

3. 感谢信礼仪

感谢信是商界人士为了对对方的邀请、问候、关心、帮助和支持表示感谢的礼仪专业书信。感谢信通常由标题、称谓、正文、结尾和落款5部分构成。感谢信的标题写法通常有以下几种形式：①单独由文种名称组成，如"感谢信"；②由感谢对象和文种名称共同组成，如"致××××公司的感谢信"；③由感谢双方和文种名称组成，如"×××致××××公司的感谢信"。感谢信的称呼要写在开头顶格处，要求写明被感谢的机关、单位、团体或个人的名称，然后加上冒号。感谢信的正文从称呼下移一行空两格开始写，要求写上感谢的内容和感谢的心情。感谢信的结尾要写上敬意的话。感谢信的落款要署上发文单位名称，并署上成文日期。感谢信范例如下。

感 谢 信

××××公司并×××总经理：

首先让我们向您致以衷心的感谢！

日前，我们"中美贸易和投资洽谈会"青岛分团正着急为赴美选带什么礼品时，是您总经理毅然伸出友谊的手，××××公司的姑娘们昼夜加班，赶制出一份丰厚独特的礼品，使我们深深感到，××××公司的花美,礼品更美；××××公司的姑娘们手巧,心灵更美。

让我们再次感谢总经理和××××公司姑娘们的支持和诚挚友情。

此致

敬礼！

青岛分团

××××年××月××日

4. 请柬礼仪

请柬又称请帖，是指组织或个人邀请客人在预订的时间和地点参加某项重要的或有意义活动的礼仪性信件。请柬按照内容大致可分为事务型请柬和礼仪型请柬。所谓事务型请柬是指邀请有关人士处理某系事务，商讨有关问题而发送的请柬，如会议类请柬。所谓礼仪型请柬是邀请有关人士参加宴会、舞会、庆祝纪念活动而发送的请柬。

请柬的结构由标题、正文、结尾、落款和时间几部分组成。标题即"请柬"二字，一般写在封面上，如图4-7所示。正文内容主要包括：①被邀请人的姓名；②被邀请参加活动的名称；③活动举行的时间、地点；④有关注意事项等。结尾处空两格写上"此致""恭请"（恭候）字样，再另起一行顶格写上"光临"（莅临）字样。落款写在右下方，由发请柬者署名，然后另起一行在右下方注明日期。

图4-7 请柬示例

送请柬的目的一是对客人表示尊重，二是表明邀请者对此事的郑重态度，三是对客人起提醒、备忘之用。请柬的设计要尽量体现艺术性。寄送请柬时，要把握好时间，不要太早也不要太晚。太早，容易让人淡忘，起不到预期效果。太晚，对方收到时已过了活动日期。另外还要注意，一般的请柬都要加封，寄出的尤其如此。请柬范例如下。

请　柬

×××女士：

本店新楼业已竣工，各营业部均已迁入本市×××大街××号新址。兹定于××月××日上午××时开始营业，敬请继续惠顾。为庆贺新址开业，兹定于当日下午××时正在×××××大酒店举行酒会。

恭请

光临

董事长赵×××鞠躬
××××年××月××日

5. 电子邮件礼仪

随着网络的迅速发展与普及，电子邮件在商务活动中的作用日趋重要。在商务往来中，使用电子邮件进行联络时，也应当遵守一定的礼仪规范，主要包括以下3个方面。

（1）在商务交往中，电子邮件也是一种商务文本，应当认真撰写。

向他人发送的电子邮件，一定要精心构思，认真撰写。在撰写电子邮件时，尤其要注意以下三点：一是邮件的主题要明确。一个电子邮件，大都只有一个主题，并且往往需要在前面注明。若是将其归纳得当，收件人见到它便对整个电子邮件内容一目了然了。二是邮件的语言要流畅。电子邮件要便于阅读，要以语言流畅为主。尽量别写生僻字、异体字。引用数据、资料时，则最好标明出处，以便收件人核对。三是邮件的内容要简洁。网络上的时间极为宝贵，所以电子邮件的内容应当简明扼要，越短越好。

（2）电子邮件应当避免滥用，不发无意义的邮件。

在现代信息社会中，任何人的时间都是无比珍贵的。对商界人士来讲，这一点就显得更加重要了。所以有人才会说："在商务交往中要尊重一个人，首先就要懂得替他节省时间。"有鉴于此，若无必要，不要轻易向他人乱发电子邮件。尤其是不要通过电子邮件与他人谈天说地。不过一般而言，收到他人的重要电子邮件后，即刻回复对方一下，往往还是必不可少的。

（3）电子邮件应当慎选花哨功能。

现在市场上所提供的先进的电子邮件软件，可有多种字体备用，甚至还有各种信纸可供使用者选择。这固然可以强化电子邮件的个人特色，但是此类功能商界人士须慎用。一方面，对电子邮件修饰过多，难免会使其容量增大，收发时间增长，既浪费时间又浪费金钱，而且往往会给人以华而不实之感。另一方面，电子邮件的收件人所拥有的软件不一定能够支持上述功能。这样一来，他所收到的电子邮件就很有可能会大大地背离发件人的初衷，因而使之前功尽弃。

体验一 考一考

1. 判断题

（1）办公室的布置不同于家庭和酒店，它的设计风格要严肃、整洁、高雅、安全。
（　　）
（2）无论是男职员还是女职员，上班时都应着正装。（　　）
（3）将客人送到住地后，迎接人员要立即离去，让客人休息。（　　）
（4）"出迎三步，身送七步"是迎送宾客最基本的礼仪。（　　）
（5）电话铃声应该响三声后再去接。（　　）
（6）电话交谈结束后可自行挂断电话。（　　）
（7）打电话时对方看不到自己，因此对举止没有什么要求。（　　）
（8）写商务信函可以用普通信纸或是有颜色的信笺。（　　）
（9）所有信函的格式大体都可以分为三个部分，即开头、正文和结尾。（　　）
（10）收到邀请信的人无论是否应约，都要及时回复，一般应在接到邀请信邀约之后三日内回复，而且回复得越早越好。（　　）
（11）办公室是公司的门面，布置得越豪华越好。（　　）
（12）办公室的"硬件"环境比"软件"环境更加重要。（　　）
（13）在办公室时需要注意自身体态仪表，因此可以在办公室打扮自己。（　　）
（14）接待人员服饰要整洁、端庄、得体、高雅；女性应避免佩戴过于夸张或有碍工作的饰物，化妆应尽量淡雅。（　　）
（15）接待人员带领客人到达目的地，应该有正确的引导方法和引导姿势。（　　）
（16）接听电话要使用文明用语，要对对方礼貌、热情，态度应谦和、诚恳，语调要平和，音量要适中。（　　）

（17）打公务电话时，必须对电话的长度进行控制，基本要求是"以短为佳，宁短勿长"，即所谓的电话礼仪的"三分钟原则"。（ ）

（18）电子邮件不是一种商务书信，可以随意书写。（ ）

（19）感谢信是商界人士为了答谢对方的邀请、问候、关心、帮助和支持表示感谢的礼仪专业书信。（ ）

（20）电子邮件是一种几乎免费的信件，可以随意多次发送。（ ）

2. 选择题（1~10题单选，11~15题多选）

（1）下班后的桌面上只能摆放（　　）。
  A. 杂志、报纸　　　　　　　　　　　B. 餐具、包
  C. 文件或资料　　　　　　　　　　　D. 电话机或计算机

（2）女士上班时，对服饰的要求是（　　）。
  A. 应着西服、套裙或连衣裙，颜色不要太鲜艳、太花哨
  B. 穿着太暴露、太透明、太紧身的服装或超短裙
  C. 穿奇装异服、休闲服、运动装、牛仔装
  D. 穿凉鞋或旅游鞋

（3）迎接客人应安排与客人身份、职务（　　）的人员前去迎接。
  A. 高　　　　B. 相当　　　　C. 低　　　　D. 不讲究

（4）当引导客人上楼时，应该让客人走在（　　）。
  A. 后面　　　　B. 前面　　　　C. 左边　　　　D. 右边

（5）电话铃声一响，应该立即去接，最好不要让铃声响过（　　）遍。
  A. 一　　　　B. 二　　　　C. 三　　　　D. 四

（6）通话结束时，一般应由（　　）的一方先挂电话。
  A. 接电话　　　　B. 打电话　　　　C. 不讲究

（7）如果知道对方的上下班时间，打电话的时间则应避免对方上班后或下班前（　　）分钟。
  A. 15　　　　B. 30　　　　C. 45　　　　D. 60

（8）书写商务信函，一般选（　　）的商务信笺。
  A. 他公司　　　　B. 本公司　　　　C. 不讲究

（9）（　　）请柬是邀请有关人士参加宴会、舞会、庆祝纪念活动而发送的请柬。
  A. 礼仪型　　　　B. 事务型　　　　C. 商务型　　　　D. 都不是

（10）上班时要注意言谈举止，下例描述不正解的是（　　）。
  A. 上班时要与同事、领导微笑问好，下班时要微笑道别
  B. 不要在办公室、过道上大声呼唤同事和上级
  C. 不能在背后议论领导和同事，这是缺乏修养的表现
  D. 有人来访，如果不是找自己，可以不理不睬

（11）办公室一般由（　　）等部件组成。
  A. 办公场所　　　B. 文件柜　　　C. 电话机　　　D. 写字台

（12）在商务活动中，日常办公室接待工作一般包括（　　）四个步骤。

A. 敬茶　　　　　　B. 安排活动　　　　C. 送客告别　　　　D. 恭候迎接
（13）拨打电话要遵循是三个三原则是（　　）。
　　A. 三分钟原则
　　B. 铃响不过三原则
　　C. 使话筒和嘴保持3厘米左右的距离原则
　　D. 三句话原则
（14）在商务往来中，使用电子邮件进行联络时，应当遵守以下（　　）礼仪规范。
　　A. 电子邮件也是一种商务文本，应当认真撰写
　　B. 电子邮件应当慎选花哨功能
　　C. 为增进彼此感情，多向他人发电子邮件
　　D. 电子邮件应当避免滥用，不发无意义的邮件
（15）拨打电话的正解举止是（　　）。
　　A. 要站好或坐端正
　　B. 用电话要轻拿轻放
　　C. 抱着话机随意走动
　　D. 不要发声过高，免得让受话人承受不起

体验二　想一想

有 何 不 妥

某日，临下班前5分钟，客户服务部的张经理正在收拾办公室上的文件，准备下班。这时电话铃突然响了，他皱了皱眉头，仍然继续收拾文件。当电话铃响了七八声之后，他才拿起电话，微笑地说："我是客户服务部的张经理，我能为您做点什么吗？"

思考练习：
（1）你认为张经理接电话的时候有什么不妥之处？
（2）你认为打电话的人有什么不妥之处？
（3）他们各自正确的做法应该是什么？

体验三　练一练

分组设计一下情景并表演，要求正确运用办公礼仪。
（1）小黄的一个重要客户要来公司洽谈业务，请做好迎送接待工作。
（2）小黄正在通过电话跟一客户商谈业务。
（3）春节将至，小黄要给他的客户寄送一份感谢信。

体验四　赛一赛

1. 项目

办公礼仪综合演练。

2. 背景材料

春节将至，××公司为答谢新老客户对本公司的厚爱与支持，特决定举办新年酒会。

小尚是该公司文秘人员,受主管委托代表公司向这些客户进行电话回访,并寄送酒会邀请信和请柬,同时还要做好新年酒会的迎送接待工作。请根据背景材料模拟整个电话回访、寄送邀请信和请柬及迎送接待过程。

3. 步骤

(1)分组、确定角色。8人一组,确定编剧、导演和演员,演员角色:文秘人员小尚、公司总经理卢先生、部门经理蔡先生、客户曹先生、客户叶先生、客户贾先生。

(2)根据背景材料编写剧本,在剧本编写过程中要充分发挥学生想象力。

(3)在编导指挥下,利用课余时间反复演练,达到内容熟练,神情自然时,安排学生登台表演。

(4)表演步骤:

第一步,上台问候。参加学生列队跑步上台,站稳后由代表向大家问好,然后介绍角色分工。

第二步,正式演练。

第三步,致谢回座。

4. 注意事项

(1)准备场地,手机两部,沙发一套,茶几一套,茶具一套。

(2)注意课堂纪律掌控,控制笑声,确保表演顺利进行。

(3)抽签排序,一组一组进行。上台前向老师举手示意,"报告,××组准备完毕,请指示"。听到老师"开始"指令后,列队跑步上台开始表演。表演结束后按事先规定的线路回到座位。

(4)每组表演时间尽量控制在15分钟之内。

(5)由6位学生组成评审团,去掉一个最高分,去掉一个最低分。

(6)所有组演练结束后,由学生点评,老师归纳,最后由老师宣布成绩。

5. 项目评分

项目评分如表4-6所示。

表4-6 项目评分

项目\组别	拨打电话礼仪	接听电话礼仪	寄送邀请信礼仪	回复邀请信礼仪	寄送请柬礼仪	迎接礼仪	接待礼仪	送别礼仪	剧情编排	总体印象	总分
	10	10	10	10	10	10	10	10	10	10	100
1											
2											
3											
4											
5											

项目5 商务活动礼仪实训

得体的、高尚的举止是通行无阻的护照。

——约翰逊

商务活动是指企业为实现生产经营目的而从事的各类有关资源、知识、信息交易等活动的总称。在当今市场经济条件下，商务活动变得越来越频繁，商务活动礼仪在企业的经济活动中显得尤为重要，也越来越受到社会各界的重视。

任务 5.1 工作会议礼仪实训

通过实训，使学生掌握工作会议礼仪及应注意的问题。

年底，××公司为了总结一年来的工作，决定举行年末工作总结大会。付先生是公司企管部经理，受领导委托组织并落实本次工作总结大会相关事宜。付先生该如何组织和实施本次工作总结会？应该注意哪些会议礼仪？

要求：

（1）教师简要介绍本任务的活动场景及任务实训内容。

（2）把全班同学分成6人一组。

任务步骤

（1）教师介绍本次实训的内容和模拟实训情景。

（2）教师示范讲解工作会议礼仪及需要注意的问题。

（3）根据模拟活动情景分组，把全班同学分成6人一组。

（4）确定模拟活动情景角色。

　A. 企管部经理付先生（兼会议主持人）

　B. 公司总经理（兼会议发言人）

　C. 公司销售部经理（兼会议发言人）

　D. 公司财务部经理（兼会议发言人）

E. 公司技术部经理（兼会议发言人）

F. 公司秘书（兼会议记录人）

（5）全组讨论工作会议礼仪及应该注意的问题。

（6）模拟工作会礼仪训练。

① 抽签排序，一组一组进行。

② 一组模拟时，其他组观摩并指出问题。

（7）教师考核。考核评分标准如表 5-1 所示。

表5-1　工作会议礼仪考核评分标准

组别：_____　　　姓名：_____　　　时间：_____

评价项目与内容		应得分	扣分	实得分
准备工作	角色定位及时，模拟出场迅速	5		
	实训过程全组协调良好	5		
基本知识掌握	熟悉工作会议礼仪及应注意的问题	10		
工作会议礼仪	会议参加者选择适当	5		
	会议时间地点选择恰当	5		
	会议座次安排恰当	5		
	会议议程安排恰当	5		
	会议主持人礼仪准确、恰当	10		
	会议发言人礼仪准确、恰当	10		
	举止得体	5		
	语言表达流利	5		
观摩讨论	观摩认真	5		
	讨论积极	5		
实训报告	按规定时间上交	5		
	字迹清楚、填写规范、内容详尽完整	5		
	实训分析总结正确	5		
	能提出合理化建议和创新见解	5		
合　　计		100		

考评教师（签名）：

（8）师生点评。

知识点拨

会议又称集会或聚会。在现代社会中，它是人们从事各类有组织活动的一种重要方式。一般情况下，会议是指有领导、有组织地使人们聚集在一起，对某些议题进行商议或讨论的集会。

商务人员在日常交往中所必不可少的一件事情，就是要组织会议、领导会议或者参加会议，因此会议自然而然地成为商务活动的重要组成部分之一。在商务交往中，商务会议通常发挥着极其重要的作用。因此，掌握正确的会议礼仪，对开展商务活动有着举足轻重的作用。

1. 办会礼仪

在许多情况下，商务人员往往需要亲自办会。所谓办会，指的是从事会务工作，即负责从会议的筹备直至其结束、善后的一系列具体事项。商界人士在负责办会时，必须注意两点：一是办会要认真，奉命办会，就要全力投入，审慎对待，精心安排，务必开好会议，并为此处处一丝不苟；二是办会要务实，召开会议，重在解决实际问题，在这一前提下，要争取少开会、开短会，严格控制会议的数量与规模，彻底改善会风。具体办会礼仪有如下几个方面。

（1）会议前礼仪

在会议召开之前，一定要做好准备工作，需要注意以下几个方面。

① 成立会议筹备组

大、中型会议一般需要成立专门的会务机构进行会议的筹备及组织协调工作，负责会议通知发放、会场布置、议程安排、会议文件的准备与发放、会议的接待等工作。会务机构应做到分工明确，责任到人。

会议筹备组应下设两个小组。一是秘书组，主要负责文字及宣传工作的准备；二是会务组，负责除秘书组工作以外的会前准备工作、会议接待、会中服务和会后送行等事项。会议的筹备工作要制订一个完整的筹备计划和日程安排，以确保各项筹备工作全部就绪。

② 确定会议主题

会议主题即会议的指导思想，指会议主要讨论什么问题或通过会议得到什么结果。有时，会议的题目就是会议的主题。因会议的形式、议程、出席人员等都将根据会议的主题来确定，故会议主题应明确，以免造成歧义或误解。

③ 拟定会议议程和日程

会议议程是对会议所要通过的文件、所要解决问题的概略安排，并冠以序号以表格的形式将其清楚地表达出来。编制议程时，应注意将同类事物排列在一起。

会议日程是指会议在一定时间内的具体安排。会议日程一般采用简短文字或表格形式，将会议时间分别固定在每天上午、下午、晚上三个单元，将会议的主题具体化。

会议议程的编制在前，一旦确定，就不应再变。会议日程如遇一些变化，可作相应的调整。应注意，会议的议程与日程的安排必须吻合。

④ 拟发会议通知

确定会议议题与议程之后，应尽早将会议召开的时间、地点和会议的议题、议程以及参加会议人员的食宿安排、应准备的发言材料和学习资料等事项一并以书面形式通知所有与会人员。

⑤ 安排布置会场

选择会场时，要根据参加会议的人数和会议的内容来考虑设施是否齐全、是否有停车场地、租借成本是否合理。包括交通是否便利、附属会场及座位的布置要根据会议的性质、内容、规格和人数等情况来确定。

⑥ 确认接送服务、会议设备及资料、公司纪念品等

确认哪些领导、嘉宾需要接送；需要哪些物品，比如纸、笔、笔记本、投影仪等；还

需考虑会议用咖啡、小点心、公司纪念品等。

（2）会议中礼仪

① 会议主持人礼仪。主持会议人必须衣着整洁，大方庄重，精神饱满，切忌不修边幅，邋里邋遢。主持过程中切忌出现搔头、揉眼、抠鼻、抖腿等不雅的动作。由主持人宣布会议开始、邀请相关人员发言、宣布会议结束。如果是涉及外单位的会议，主持人还应该介绍自己、与会者特别是主要嘉宾。主持人言谈要口齿清楚，简明扼要。要根据会议性质调节气氛。会议主持期间，主持人不能和会场上的熟人打招呼，更不能寒暄交谈。会议主持人还要控制会议进程和会议时间，避免跑题或议而不决。

② 会议座次安排礼仪。正式的会议应当预先排好座位，将重要与会者的名字打印在席次牌上，再将席次牌摆放在相应的位置。一般情况下，会议座次的安排分成两类：方桌会议和圆桌会议。

会议室中是长方形的桌子，包括椭圆形，就是所谓的方桌会议，方桌可以体现主次，如图5-1所示。在方桌会议中，特别要注意座次的安排。如果只有一位领导，那么他一般坐在长方形桌子比较靠里的短边位置。也就是说以会议室的门为基准点，里侧的短边是最高领导的位置。

图5-1　方桌会议室示例

如果是由主客双方来参加的会议，一般分两侧来就座，客人坐在面门一方（会议桌与门横向）或以入门方向为准的右侧（会议桌与门竖向），其他人员应遵循右高左低原则，依照职位的高低自近而远分别坐在最高领导的两侧。

在圆桌会议中，则可以不用拘泥这么多的礼节，主要记住以门作为基准点，靠里面的位置是比较重要的座位，就可以了。

③ 会议时间礼仪。会议应当尽量准时开始，否则会引起与会者的不满。如果因为重要人物未到场而不能准时开始，那么会议组织者要向与会者说明缘由，或者可以临时安排其他项目。

④ 会议拍照礼仪

大多数会议都会在会议期间拍一张与会成员的集体照。拍摄的时间最好选在开幕式或闭幕式前后。集体照的第一排通常是主席台成员，其排列应同主席台的排列位置一致，以后几排的排列没有过多的讲究，只按与会成员的个子高矮排列即可。但应注意的是，每排两边的位置一般是组办单位的人员。

（3）会议后礼仪

会议结束不等于会议的组织工作结束。会议结束后，至少还有下列工作要完成。

① 整理会议记录。会议结束后，应尽快对会议记录进行整理，更正记录中的问题，保证会议记录的真实、准确、清晰、完整。

② 形成文件。文件包括会议纪要、会议决议等，要尽快形成，会议结束就及时下发。

③ 处理材料。按照工作需要和保密规定，对与会议有关的一切图文、声像材料进行细致的收集和整理，及时做好材料的汇总、存档、回收或销毁工作。

④ 协助返程。大型会议结束后，组办方应为外来的与会人员提供返程的便利。团队或特殊人士离开时，可安排专人送行。

⑤ 会务工作总结。这是会议组织工作的最后一项工作，一般由会议主办单位的领导人召集，有时还需写出会务工作总结报告。

2. 参会礼仪

（1）一般与会人员礼仪

① 一般与会人员要衣着整洁、仪表大方，服从会议组织人员的安排，准时入场，切忌迟到。

② 出席会议前要做好相关准备工作，比如记录会议用的笔记本、笔等。

③ 会议中不要向他人借东西，以免打扰别人。

④ 进入会场后要把手机关闭或者调成振动状态。

⑤ 会议期间要尊重会议主持人和发言人，当别人在发言的时候，要注意认真倾听，并认真做好记录。切忌在别人发言的时候交头接耳、随意走动、看书、抽烟、吃零食、睡觉、玩手头的东西等。即使对发言人的意见不满，也不可以有吹口哨、鼓倒掌、喧哗起哄等失礼行为。

⑥ 会议中尽量不要中途离开会场，若有事必须离开，也要轻手轻脚，不要影响发言人和其他与会者。如果确实需要提前离场，则应该和会议组织者说明理由，征得同意后方能离开会场。

（2）会议发言人礼仪

① 会议发言人要衣冠整齐，精神饱满，仪态大方。走上主席台要步态自然，刚劲有力，体现出一种胸有成竹、自信自强的风度和气质。

② 会议发言人发言的时候要口齿清晰，语速适当，音量适中，发言内容要简明扼要，切忌啰哩啰唆。如果是书面发言，则不要只顾低头读稿，要时不时抬头扫视会场，注意与与会者的交流。

③ 若发言过程中有人提问，则要礼貌作答。

④ 发言完毕后要向全体与会者表示感谢。

任务5.2　展览会礼仪实训

通过实训，使学生熟悉展览会礼仪及应注意的问题。

××公司应邀参加××产品展览会。范先生是公司销售部经理，受领导委托组织参加本次展览会相关事宜。范先生该如何组织参加本次展览会？应该注意哪些展览会礼仪？

要求：

（1）教师简要介绍本任务的活动场景及任务实训内容。

（2）把全班同学分成5人一组。

任务步骤

（1）教师介绍本次实训的内容和模拟实训情景。

（2）教师示范讲解展览会礼仪及需要注意的问题。

（3）根据模拟活动情景分组，把全班同学分成5人一组。

（4）确定模拟活动情景角色。

A. 销售部经理范先生

B. 参加展览会随行人员A

C. 参加展览会随行人员B

D. 展览会主办人员

E. 展会参展人员

（5）全组讨论展览会礼仪及应该注意的问题。

（6）模拟展览会礼仪训练。

① 抽签排序，一组一组进行。

② 一组模拟时，其他组观摩并指出问题。

（7）教师考核。考核评分标准如表5-2所示。

表5-2　展览会礼仪考核评分标准

组别：_____　　　姓名：_____　　　时间：_____

	评价项目与内容	应得分	扣分	实得分
准备工作	角色定位及时，模拟出场迅速	5		
	实训过程全组协调良好	5		
基本知识掌握	熟悉展览会礼仪及应注意的问题	10		

续表

评价项目与内容		应得分	扣分	实得分
展览会礼仪	参展单位选择恰当	5		
	展览内容宣传得当	5		
	展览会时间地点选择恰当	5		
	展示位置分配合理	5		
	安全保卫事项全面	5		
	辅助服务项目全面	5		
	展会布置形象佳	5		
	参展人员热情礼貌	5		
	参展人员解说技巧娴熟	5		
	语言表达流利	5		
观摩讨论	观摩认真	5		
	讨论积极	5		
实训报告	按规定时间上交	5		
	字迹清楚、填写规范、内容详尽完整	5		
	实训分析总结正确	5		
	能提出合理化建议和创新见解	5		
合　　计		100		

考评教师（签名）：

（8）师生点评。

知识点拨

所谓展览会，对商界而言，主要是特指有关方面为了介绍本单位的业绩，展示本单位的成果，推销本单位的产品、技术或专利，而集中陈列实物、模型、文字、图表、影像资料供人参观了解，所组织的宣传性聚会。有时，人们也将其简称为展览，或称为展示、展示会。

展览会在商务交往中往往发挥着重大的作用，它不仅具有很强的说服力、感染力，可以现身说法打动观众，为主办单位广交朋友，而且还可以借助于个体传播、群体传播、大众传播等各种传播形式，使有关主办单位的信息广为传播，提高其名气与声誉。正因为如此，几乎所有的商界单位都对展览会倍加重视，踊跃参加。

展览会礼仪，通常是指商界单位在组织、参加展览会时，所应当遵循的规范与惯例。

1. 组织展览会的礼仪

一般的展览会，既可以由参展单位自行组织，也可以由社会上的专门机构出面张罗。不论组织者由谁来担任，都必须认真做好具体的工作，力求使展览会取得完美的效果。根据惯例，展览会的组织者需要重点进行的具体工作，主要包括参展单位的确定、展览内容的宣传、展示位置的分配、安全保卫的事项、辅助服务的项目等。

（1）参展单位的确定

一旦决定举办展览会，就要确定有什么单位来参加。在具体考虑参展单位的时候，必须注意两相情愿，不得勉强。

按照商务礼仪的要求，主办单位事先应以适当的方式，向参展的单位发出正式的邀请或召集。邀请或召集参展单位的主要方式为：刊登广告，寄发邀请函，召开新闻发布会等。

不管是采用其中何种方式，均须同时将展览会的宗旨、展出的主要题目、参展单位的范围与条件、举办展览会的时间与地点、报名参展的具体时间与地点、咨询有关问题的联络方法、主办单位拟提供的辅助服务项目、参展单位所应负担的基本费用等，一并如实告知参展单位，以便对方据此加以定夺。

对于报名参展的单位，主办单位应根据展览会的主题与具体条件进行必要的审核，切勿良莠不分，来者不拒。当参展单位的正式名单确定之后，主办单位应及时以专函进行通知，使被批准的参展单位尽早做准备。

（2）展览内容的宣传

为了引起社会各界对展览会的重视，尽量地扩大其影响，主办单位有必要对其进行大力宣传。宣传的重点，应当是展览的内容，即展览会的展示陈列之物。因为只有它，才能真正地吸引各界人士的注意和兴趣。为了搞好宣传工作，在举办大型展览会时，主办单位应专门成立对外进行宣传的组织机构。其正式名称可以叫新闻组，也可以叫宣传办公室。

（3）展示位置的分配

对展览会的组织者来讲，展览现场的规划与布置，通常是其重要职责之一。在布置展览现场时，基本的要求是：展示陈列的各种展品要围绕既定的主题，进行互为衬托的合理组合与搭配。要在整体上显得井然有序、浑然一体。一般情况下，展览会的组织者要想尽一切办法充分满足参展单位关于展位的合理要求，如图5-2所示。

图5-2　展览会展位布置示例

（4）安全保卫的事项

无论展览会举办地的社会治安环境如何，组织者对于有关的安全保卫事项均应认真对待。在举办展览会前，必须依法履行常规的报批手续。此外，组织者还须主动将展览会的举办详情向当地公安部门通报，求得理解、支持与配合。举办规模较大的展览会时，最好从合法的保安公司聘请一定数量的保安人员，将展览会的保安工作全权交予对方负责。为了预防天灾人祸等不测事件的发生，应向声誉良好的保险公司进行数额合理的投保，以便利用社会的力量为自己分忧。在展览会入口处或展览会的门券上，应将参观的具体注意事项正式成文列出，使观众心中有数，以减少纠葛。

（5）辅助服务的项目

主办单位作为展览会的组织者，有义务为参展单位提供一切必要的辅助性服务项目，如展品的运输与安装；车、船、机票的订购；与海关、商检、防疫部门的协调；跨国参展时有关证件、证明的办理；电话、传真、计算机、复印机等现代化的通信联络设备；举行洽谈会、发布会等商务会议或休息之时所使用的适当场所；餐饮以及有关展览时使用的零配件的提供和供参展单位选用的礼仪、讲解、推销人员等。展览会的组织者为参展单位提供的各项辅助性服务项目，最好有言在先，并且对有关费用的支付进行详尽的说明。

2. 参加展览会的礼仪

（1）维护整体形象

参展单位的整体形象，主要由展示之物的形象与工作人员的形象两个部分构成。用以进行展览的展品，外观上要力求完美无缺，质量上要优中选优，陈列上要既整齐美观又讲究主次，布置上要兼顾主题的突出与观众的注意力，而用以在展览会上向观众直接发放的有关资料，则要印刷精美、图文并茂、资讯丰富，并且注有参展单位的主要联络方法，如公关部门与销售部门的电话、电报、传真以及电子邮箱的号码等。

一般情况下，在展位上工作的人员应当统一着装。最佳的选择是身穿本单位的制服，或者是穿深色的西装、套裙。在大型的展览会上，参展单位若安排专人迎送宾客时，则最好请其身穿色彩鲜艳的单色旗袍，并胸披写有参展单位或其主打展品名称的大红色绶带。为了说明各自的身份，全体工作人员皆应在左胸佩戴标明本人单位、职务、姓名的胸卡，唯有礼仪小姐可以例外。按照惯例，工作人员不应佩戴首饰，男士应当剃须，女士则最好化淡妆。

（2）注意礼貌待人

在展览会上，参展单位的工作人员必须意识到观众是自己的上帝，为其热情而竭诚地服务是自己的天职。

① 迎宾：展览一旦正式开始，全体参展单位的工作人员即应各就各位，站立迎宾。不允许迟到、早退、无故脱岗、东游西逛，更不允许在观众到来之时坐、卧不起，怠慢对方。

② 问候：当观众走近自己的展位时，不管对方是否向自己打招呼，工作人员都要面含微笑，主动地向对方说："你好！欢迎光临！"随后，还应面向对方，稍许欠身，伸出右手，掌心向上，指尖指向展台，并告知对方："请您参观。"

③ 参观：对于观众所提出的问题，工作人员要认真做出回答。不允许置之不理，或以不礼貌的言行对待对方。

④ 送客：当观众离去时，工作人员应当真诚地向对方欠身施礼，并道以"谢谢光临！"或是"再见！"

在任何情况下，工作人员均不得对观众恶语相加，或讥讽嘲弄。对于极个别不守展览会规则而乱摸乱动、乱拿展品的观众，仍需以礼相劝，必要时可请保安人员协助，但不许对对方擅自动粗，进行打骂、扣留或者非法搜身。

（3）善用解说技巧

在展览会上要突出自己展品的特色，要注意对其扬长避短，强调"人无我有"之处。在必要时，还可邀请观众亲自动手操作，或由工作人员对其进行现场示范。此外，还可安排观众观看与展品相关的影视片，并向其提供说明材料与单位名片。通常，说明材料与单位名片应常备于展台之上，由观众自取。

知识窗

解说中的"FABE"

（1）"F"指展品特征；

（2）"A"指展品优点；

（3）"B"指客户利益；

（4）"E"指资料证据。

按照国外的流行做法，解说时一定要注意"FABE"并重，即要求解说应当以客户利益为重，要在提供有利证据的前提之下，着重强调自己所介绍、推销的展品的主要特征与主要优点，以争取使客户觉得言之有理，乐于接受。

任务5.3　新闻发布会礼仪实训

通过实训，使学生熟悉新闻发布会礼仪及应注意的问题。

××公司新研制成功了一项高科技新产品并申请了专利，为了将此新产品顺利上市，公司决定举办一场新闻发布会。董先生是公司公关部经理，受领导委托组织并落实本次新闻发布会相关事宜。董先生该如何组织和实施本次新闻发布会？应该注意哪些新闻发布会礼仪？

要求：

（1）教师简要介绍本任务的活动场景及任务实训内容。

（2）把全班同学分成4人一组。

任务步骤

（1）教师介绍本次实训的内容和模拟实训情景。

（2）教师示范讲解新闻发布会礼仪及需要注意的问题。

（3）根据模拟活动情景分组，把全班同学分成4人一组。

（4）确定模拟活动情景角色。

　　A. 公关部经理董先生

　　B. 新闻发布会主持人

　　C. 新闻发布会发言人

　　D. 新闻发布会嘉宾

（5）全组讨论新闻发布会礼仪及应该注意的问题。

（6）模拟新闻发布会礼仪训练。

① 抽签排序，一组一组进行。

② 一组模拟时，其他组观摩并指出问题。

（7）教师考核。考核评分标准如表5-3所示。

表5-3　新闻发布会礼仪考核评分标准

组别：_____　　　姓名：_____　　　时间：_____

	评价项目与内容	应得分	扣分	实得分
准备工作	角色定位及时，模拟出场迅速	5		
	实训过程全组协调良好	5		
基本知识掌握	熟悉会议礼仪及应注意的问题	10		
新闻发布会礼仪	会议主题明确	5		
	会议来宾选择适当	5		
	会议时间选择恰当	5		
	会议地点选择恰当	5		
	会议资料准备充分	5		
	会议议程安排恰当	5		
	会议主持人礼仪准确、恰当	5		
	会议发言人礼仪准确、恰当	5		
	举止得体	5		
	语言表达流利	5		
观摩讨论	观摩认真	5		
	讨论积极	5		
实训报告	按规定时间上交	5		
	字迹清楚、填写规范、内容详尽完整	5		
	实训分析总结正确	5		
	能提出合理化建议和创新见解	5		
合　　计		100		

考评教师（签名）：

（8）师生点评。

 知识点拨

新闻发布会又称记者招待会，是组织召集新闻记者，并由发言人发布信息或回答记者提问的一种传播方式，其目的在于协调组织与公众的关系，赢得公众的认可，从而建立相互信任、真诚相待的友谊，确立自身良好的社会形象。

新闻发布会的礼仪规范，主要有以下几个方面。

1. 明确主题

新闻发布会的组织者一定要明确主题，以便确定邀请记者的范围，做到有的放矢。如果主题不明，新闻记者就不可能按照组织者的目的传播信息，甚至会弄巧成拙，损害组织在公众心中的形象。一般而言，新闻发布会的主题大致有三类，一是发布某一消息；二是说明某一活动；三是解释某一事件。

2. 选好时间地点

通常认为，举行新闻发布会的最佳时间为周一至周四上午10:00~12:00，或是下午3:00~5:00。在此时间内，绝大多数人都是方便与会的。周五一般不作考虑，因为周末将至，人心容易涣散，对新闻报道往往不予重视。另外，在细节上还应注意：要避开节假日；避开其他单位的新闻发布会；避开新闻界的重点宣传和报道；避开本地的重大社会活动。而且要注意一次新闻发布会的时间应当限制在两个小时以内。

在地点选择上，主要的考虑是要给记者创造各种方便采访的条件。例如：是否具备录像、拍摄的辅助灯光，视听辅助工具等；交通是否便利；会场是否安全舒适，不受干扰；会场内的桌椅设置是否方便记者提问和记录；等等，如图5-3所示。

图5-3 新闻发布会示例

3. 准备好资料

认真准备好新闻发布会所需的各种资料，如会议所需要的字、图片，主持人的发言稿，发言人答记者问的备忘提纲，新闻统发稿以及其他背景材料、照片、录音、录像等，以便开会前分发给记者，供他们撰写新闻稿时参考。

4. 选好发言人

举办新闻发布会，一般由单位指定的发言人发布信息，回答记者提问。因此，事先确定好新闻发布会的发言人至关重要。发言人要随机把握会场气氛，措辞文雅而有力，风趣而庄重，头脑要机敏，口齿要清晰，且有较强的口头表达能力，尤其是当记者提出一些棘手的、尴尬的或涉及秘密的问题时，发言人更要头脑冷静，要么随机应变，要么用躲闪的方式不答，绝对不能认为这是记者在无理取闹而横加指责。

知识窗

新闻发布会的程序

第一步，准备。正式发布会前提前一到两个小时，检查一切准备工作是否就绪，要将会议议程精确到分钟，并制定意外情况补救措施。

第二步，迎宾签到。

第三步，分发资料。把新闻发布会相关信息、主办方想提供给外界的一系列信息提前印制好后发放给与会记者，以便记者快速组稿，也利于后期能够准确及时报道。

第四步，会议过程。主持人宣布发布会开始和会议议程，按会议议程进行。首先，介绍应邀参加会议的领导和主要发言人，然后，说明提问规则和主要事项，接着，记者提出相应问题，主办方回答问题，最后，宣布提问结束并且组织参观或宴请。

第五步，会后活动。会后活动形式多样，比如，可举办会后聚餐交流、有特别公关需求的人员的个别活动；也可举办小型宴会或者舞会招待记者，并征求记者的意见和建议。

第六步，效果评估。了解新闻界的反应，整理会议资料，评测新闻发布会效果，收集反馈信息，总结经验。

任务5.4　茶话会礼仪实训

通过实训，使学生掌握茶话会礼仪及应注意的问题。

新春伊始，××公司为了规划新的一年的工作，决定举行新春茶话会。雷先生是公司企管部经理，受领导委托组织并落实本次茶话会相关事宜。雷先生该如何组织和实施本次茶话会？应该注意哪些会议礼仪尤其是茶话会礼仪？

要求：

（1）教师简要介绍本任务的活动场景及任务实训内容。

（2）把全班同学分成4人一组。

任务步骤

（1）教师介绍本次实训的内容和模拟实训情景。

（2）教师示范讲解茶话会礼仪及需要注意的问题。

（3）根据模拟活动情景分组，把全班同学分成4人一组。

（4）确定模拟活动情景角色。

A. 企管部经理雷先生（兼茶话会主持人）

B. 茶话会嘉宾

C. 茶话会发言人A

D. 茶话会发言人B

（5）全组讨论茶话会礼仪及应该注意的问题。

（6）模拟茶话会礼仪训练。

① 抽签排序，一组一组进行。

② 一组模拟时，其他组观摩并指出问题。

（7）教师考核。考核评分标准如表5-4所示。

表5-4　茶话会礼仪考核评分标准

组别：_____　　　　　姓名：_____　　　　　时间：_____

评价项目与内容		应得分	扣分	实得分
准备工作	角色定位及时，模拟出场迅速	5		
	实训过程全组协调良好	5		
基本知识掌握	熟悉会议礼仪及应注意的问题	10		
会议礼仪	会议主题选择恰当	5		
	会议来宾选择适当	5		
	会议时间地点选择恰当	5		
	会议茶点准备得当	5		
	会议座次安排恰当	5		
	会议议程安排恰当	5		
	会议主持人礼仪准确、恰当	5		
	会议发言人礼仪准确、恰当	5		
	举止得体	5		
	语言表达流利	5		
观摩讨论	观摩认真	5		
	讨论积极	5		
实训报告	按规定时间上交	5		
	字迹清楚、填写规范、内容详尽完整	5		
	实训分析总结正确	5		
	能提出合理化建议和创新见解	5		
合　　计		100		

考评教师（签名）：

（8）师生点评。

 知识点拨

所谓茶话会，在商界主要是指意在联络老朋友、结交新朋友的具有对外联络和进行招待性质的社交性集会。因其以参加者不拘形式地自由发言为主，并且因之备有茶点，故此称为茶话会。有的时候，也有人将其简称为茶会。从表面上来看，茶话会主要是以茶待客、以茶会友，但是实际上，它则往往是重点不在"茶"，而在于"话"，即意在借此机会与社会各界沟通信息、交流观点，听取批评、增进联络，为本单位实现"内求团结、外求发展"这一公关目标，创造良好的外部环境。从这个意义上来讲，茶话会在所有的商务性会议中并不是无足轻重的。和其他类型的商务性会议相比，茶话会是社交色彩最浓的一种。

1. 确定主题

茶话会的主题可以分为三类，即联谊、娱乐、专题。以联谊为主题的茶话会，我们见得最多；以娱乐为主题的茶话会，为了活跃气氛，而安排一些文娱节目，并以此作为茶话会的主要内容，以现场的自由参加与即兴表演为主；专题茶话会，是在某个特定的时刻，或为某些专门问题而召开的茶话会，以听取某些专业人士的见解，或是和某些与本单位有特定关系的人士进行对话。

2. 确定来宾

来宾可以是本单位的顾问、社会知名人士、合作伙伴等各方面人士。茶话会的来宾名单一经确定，应立即以请柬的形式向对方提出正式邀请。按惯例，茶话会的请柬应在半个月之前被送达或寄达被邀请者，被邀请者可以不必答复。

3. 确定时间地点

辞旧迎新、周年庆典、重大决策前后、遭遇危难挫折的时候，都是召开茶话会的良机。一般而言，举行茶话会的最佳时间是下午四点钟左右。有些时候，也可以安排在上午十点钟左右。当然，在具体进行操作时，还要考虑与会者特别是主要与会者是否方便，是否符合他们的生活习惯。茶话会时间可长可短，关键要看现场有多少人发言，发言是否踊跃。但一般而言，应把时间限制在 1~2 小时之内，这样效果往往会更好一些。

适合举行茶话会的场地主要有：主办单位的会议厅；宾馆的多功能厅；主办单位负责人的私家客厅；主办单位负责人的私家庭院或露天花园；包场高档的营业性茶楼或茶室。餐厅、歌厅、酒吧等地方，不合适举办茶话会。

4. 准备茶点

茶话会不上主食，不安排品酒，只提供茶点。但茶点也只是茶话会的配角而已，因为茶话会是重"说"不重"吃"的。但需要注意的是，对于用来待客的茶叶、茶具，务必要精心准备。应尽量挑选上品，不要滥竽充数。还要注意照顾与会者的不同口味，比如绿茶、花茶还是红茶。最好选用陶瓷茶具，并且讲究茶杯、茶碗、茶壶成套。

除主要供应茶水外，在茶话会上还可以为与会者略备一些点心、水果或是地方风味小吃。需要注意的是，在茶话会上向与会者所供应的点心、水果或地方风味小吃，品种要适合，数量要充足，并要方便拿，同时还要配上擦手巾。一般而言，在茶话会举行后不必再聚餐。

5. 安排座次

茶话会的座次安排有多种不同的方法，安排座次时必须和茶话会的主题相适应。具体可以采取下面的方法。

（1）环绕式。环绕式排位就是不设立主席台，把座椅、沙发、茶几摆放在会场的四周，不明确座次的具体尊卑，而任与会者在入场后自由就座。这一安排座次的方式，与茶话会的主题最相符，也最流行。

（2）散座式。散座式排位常见于在室外举行的茶话会。它的座椅、沙发、茶几自由组合，甚至可由与会者根据个人要求而随意安置。这样就容易创造出一种宽松、惬意的社交环境。

（3）圆桌式。圆桌式排位指的是在会场上摆放圆桌，请与会者在周围自由就座。圆桌式排位又分为下面两种形式：一是适合人数较少的，仅在会场中央安放一张大型的椭圆形会议桌，而请全体与会者在周围就座；二是在会场上安放数张圆桌，请与会者自由组合，

图5-4 圆桌式茶话会示例

如图5-4所示。

（4）主席式。主席式排位是指在会场上，主持人、主人和主宾被有意识地安排在一起就座，并且按照常规就座。

6. 基本议程

第一项议程：主持人宣布茶话会开始。宣布开始前，主持人要请与会者各就各位。宣布开始后，主持人可对主要与会者略加介绍。

第二项议程：主办单位的主要负责人讲话。讲话应以阐明此次茶话会的主题为中心内容，还可以代表主办单位，对全体与会者表示欢迎和感谢，并且恳请大家一如既往地理解和支持。

第三项议程：与会者发言。这些发言在任何情况下都是茶话会的重心。为了确保与会者在发言中直言不讳，畅所欲言，通常，主办单位事先不对发言者进行指定和排序，也不限制发言的具体时间，而是提倡与会者自由地进行即兴式的发言。没有人发言时，主持人引出新的话题，或者恳请某位人士发言。会场发生争执时，主持人要出面劝阻。在每位与会者发言前，主持人可以对发言者略作介绍。发言的前后，主持人要带头鼓掌致意。

与会者的发言以及表现等，必须得体。在要求发言时，可以举手示意，但也要注意谦让，不要争抢，不管自己有什么高见，都不要打断别人的发言。肯定成绩时，要力戒阿谀奉承。提出批评时，不能讽刺挖苦。切忌当场表示不满，甚至私下里进行人身攻击。

第四项议程：主持人总结。主持人略作总结后，可以宣布茶话会结束。

知识窗

茶客礼仪

茶客品茶，要文雅得体。

首先，要注意自己的仪表。应根据不同的茶会进行不同的修饰。如品茶会不宜在身上喷洒浓烈的香水，以免影响品茶效果。茶话会着装不需刻意装扮，音乐茶会应适当打扮。

其次，要注意仪态。参加茶会无论是吃还是喝，都不能做出狼吞虎咽状。品茶会喝茶时以小口品味为主，特别是品功夫茶讲究更多。

再次，要注意自己的言行举止。在茶会中自己的言谈举止要文雅得体，讲究公共卫生和茶会规矩。

最后，音乐茶会中要尊重演员的劳动。演员每表演完一个节目后，要鼓掌喝彩。当节目不合自己心意或出现问题时，也要给予充分理解，起哄、喝倒彩是不礼貌、缺乏修养的表现。

任务 5.5 商务谈判礼仪实训

通过实训,使学生掌握商务谈判的礼仪规范,并能灵活运用。

A公司是一家制鞋公司,B公司是一家外贸进出口公司,A公司想通过B公司将鞋子销往美国。双方想就此次合作开展商务谈判。小巩是A公司的营销部经理,受领导委托组织此次商务谈判工作。小巩在商务谈判中应遵循什么礼仪?应注意哪些问题?

要求:

(1)教师简要介绍本任务的活动场景及任务实训内容。

(2)把全班同学分成5人一组。

任务步骤

(1)教师介绍本次实训的内容和模拟实训情景。

(2)教师示范讲解商务谈判的礼仪及需要注意的问题。

(3)根据模拟活动情景分组,把全班同学分成5人一组。

(4)确定模拟活动情景角色。

A.营销部经理小巩

B.A公司主谈人员

C.A公司陪谈人员

D.B公司主谈人员

E.B公司陪谈人员

(5)全组讨论商务谈判时的正确礼仪及应该注意的问题。

(6)模拟商务谈判训练。

①抽签排序,一组一组进行(组数过多时可随机抽签确定)。

②一组模拟时,其他组观摩并指出问题。

(7)教师考核。考核评分标准如表5-5所示。

表5-5 商务谈判礼仪考核评分标准

组别:_____ 姓名:_____ 时间:_____

评价项目与内容		应得分	扣分	实得分
准备工作	角色定位及时,模拟出场迅速	5		
	实训过程全组协调良好	5		
基本知识掌握	熟悉商务谈判礼仪及应注意的问题	15		

续表

评价项目与内容		应得分	扣分	实得分
神态、举止	声音大小适中	5		
	热情展示	5		
	面带微笑	5		
	服装得体	5		
	语言表达流利	5		
商务谈判	谈判介绍准确	5		
	谈判主题明确	5		
	谈判座次合理	5		
	谈判签约礼仪规范	5		
观摩讨论	观摩认真	5		
	讨论积极	5		
实训报告	按规定时间上交	5		
	字迹清楚、填写规范、内容详尽完整	5		
	实训分析总结正确	5		
	能提出合理化建议和创新见解	5		
合　　计		100		

考评教师（签名）：

（8）师生点评。

 知识点拨

商务谈判是许多商界人士都会经历的一种商务活动。许多商家往往就是通过商务谈判为自己开辟成功的道路。商务谈判是指在商务交往中，存在着某种关系的有关各方，为了保持接触、建立联系、进行合作、达成交易、拟定协议、签署合同、要求索赔，或是为了处理争端、消除分歧，而坐在一起进行面对面的讨论和协商，以求达成某种程度上的妥协。

1. 谈判前

在进行商务谈判前要做好各项准备工作，以确保谈判顺利进行，主要要从以下几方面进行准备。

（1）确定谈判人员

确定谈判人员，要与对方谈判代表的身份、职务相当。首先，要确定可以就本次谈判做出决定性意见的公司领导；其次，要确定本次谈判的主谈；最后，对每个人在整个谈判中的角色、主要职责做出规定。

一般而言，一支谈判队伍应包括谈判领导人员、商务人员、法律人员、财务人员、记录人员等，必要时还应配备翻译人员。

谈判代表要有良好的综合素质，谈判前应整理好自己的仪容仪表，穿着要整洁正式、庄重。男士应刮净胡须，穿西服打领带。女士穿着不宜太性感，不宜穿细高跟鞋，应化淡妆。

（2）确定谈判地点

商务谈判的地点，应通过各方协商而定。担任东道主的一方应出面安排谈判厅的环境，准备好相关的物品，要在各方面注意做好礼仪迎接和接待工作。

（3）确定谈判座次

会谈可分双边会谈和多边会谈。为了体现会谈的严肃性，人们对会谈的座次十分重视。

① 双边会谈

一般而言，在双边谈判中，应采用长方形或椭圆形的谈判桌。宾主应分坐于桌子两侧，其座次排列有以下两种。

横桌式。横桌式是把长方形或椭圆形桌子横放在会议室，以正门为准，客方面向正门，主方背对正门，主谈人居中。其余人员则应遵循右高左低的原则，依照职位的高低自近而远地分别在主谈人员的两侧就座。假如需要译员，则应安排其就座于仅次于主谈人员的位置，即主谈人员之右，如图5-5所示。

竖桌式。竖桌式是把长方形或椭圆形桌子竖放在会议室，以进门的方向为准，右侧为上，属于客方；左侧为下，属于主方。其座次排列与横桌式一样，如图5-6所示。

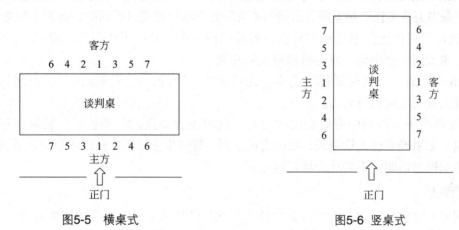

图5-5 横桌式　　　　　图5-6 竖桌式

② 多边谈判

举行多边谈判时，为了避免失礼，按照国际惯例，一般均以圆桌为谈判桌来举行圆桌会议。如此一来，尊卑的界限也就被淡化了。

2. 谈判中

谈判时双方的第一印象非常重要，直接关系到谈判是否能够成功。因此，在进行商务谈判时，言谈举止要尽可能创造出友好、轻松的谈判环境，这有利于谈判的顺利进行。

（1）介绍要得体

做自我介绍时，要自然大方，不可露傲慢之意。被介绍时，应起立微笑示意，可以礼貌地道"幸会""请多关照"之类。介绍完毕，可选择双方共同感兴趣的话题进行交谈。稍作寒暄，以沟通感情，创造温和气氛。

（2）动作要得当

谈判时的姿态动作也对谈判的进行起着非常重要的作用。目光注视对方时，目光应停留在对方双眼至前额的三角区域正方,这样使对方感到被关注。谈判中手势要自然,不宜乱打手势,以免造成轻浮之感。切忌双臂在胸前交叉,那样显得十分傲慢无礼。

（3）倾听要用心

在商务谈判中,除了要健谈外,还要成为一个好的聆听者。倾听对方谈话时要用心、要真诚,要善于从对方的谈话中发现问题,从而掌握谈判的主动权。在谈判中,切忌口若悬河、滔滔不绝,不给对方发表意见的机会。尤其是不礼貌地打断对方的谈话,往往会使对方产生强烈的反感,甚至使谈判无法顺利进行。

（4）主题要明确

在进行商务谈判时,主题要明确,不可漫无目的地随意乱谈。商务谈判中主要围绕报价、查询、磋商、解决矛盾、处理冷场等主题展开相关谈判。

① 报价。报价要明确无误,恪守信用,不欺蒙对方。在谈判中报价不得变幻不定,对方一旦接受价格,即不再更改。

② 查询。事先要准备好有关问题,选择气氛和谐时提出,态度要开诚布公。切忌气氛比较冷淡或紧张时查询,言辞不可过激或追问不休,以免引起对方反感甚至恼怒。但对原则性问题应当力争不让。对方回答提问时不宜随意打断,答完时要向解答者表示谢意。

③ 磋商。讨价还价事关双方利益,容易因情急而失礼,因此更要注意保持风度,心平气和,求大同,存小异。发言措辞应文明礼貌。

④ 解决矛盾。谈判时要就事论事,保持耐心、冷静,不可因发生矛盾就怒气冲冲,甚至进行人身攻击或侮辱对方。

⑤ 处理冷场。谈判中有时会出现冷场,此时主方要灵活处理,可以暂时转移话题,稍作松弛。如果确实已无话可说,则应当机立断,暂时中止谈判,稍作休息后再重新进行。主方要主动提出话题,不要让冷场持续过长。

3. 谈判后

谈判顺利完成后,双方应举行签约仪式。在签约仪式上,双方参加谈判的全体人员都要出席,共同进入会场,相互致意握手,一起入座。双方都应设有助签人员,分立在各自一方代表签约人外侧,其余人排列站立在各自一方代表身后。

助签人员要协助签字人员打开文本,用手指明签字位置。双方代表各在己方的文本上签字,然后由助签人员互相交换,代表再在对方文本上签字。

签字完毕后,双方应同时起立,交换文本,并相互握手,祝贺合作成功。其他随行人员则应该以热烈的掌声表示喜悦和祝贺。

若谈判尚未顺利达成意愿,则双方也应礼貌分手,有必要则相约再次进行谈判。

商务谈判示例如图5-7所示。

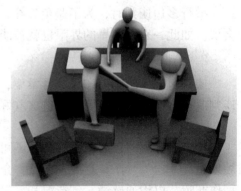

图5-7　商务谈判示例

任务 5.6 庆典活动礼仪实训

通过实训，使学生掌握组织庆典活动和参加庆典活动的礼仪，掌握庆典活动中应注意的问题。

××公司是一家知名服饰公司，为庆祝公司成立十周年，准备举行十周年庆典活动。白先生是公司公关部经理，受命组织此次庆典活动。他该如何组织实施此次庆典活动？在组织实施庆典活动的过程中应注意什么问题？

要求：
（1）教师简要介绍本任务的活动场景及任务实训内容。
（2）把全班同学分成 6 人一组。

任务步骤

（1）教师介绍本次实训的内容和模拟实训情景。
（2）教师示范讲解庆典活动的礼仪及需要注意的问题。
（3）根据模拟活动情景分组，把全班同学分成 6 人一组。
（4）确定模拟活动情景角色。

A. 公关部经理白先生
B. 庆典筹备组成员 1
C. 庆典筹备组成员 2
D. 本企业致辞领导
E. 外单位致辞嘉宾
F. 外单位来宾

（5）全组讨论参加庆典活动的正确礼仪及应该注意的问题。
（6）模拟组织和参加庆典活动训练。
① 抽签排序，一组一组进行。
② 一组模拟时，其他组观摩并指出问题。
（7）教师考核。考核评分标准如表 5-6 所示。

表 5-6 庆典活动礼仪考核评分标准

组别：_____   姓名：_____   时间：_____

	评价项目与内容	应得分	扣分	实得分
准备工作	角色定位及时，模拟出场迅速	5		
	实训过程全组协调良好	5		

续表

评价项目与内容		应得分	扣分	实得分
基本知识掌握	熟悉庆典活动礼仪及应注意的问题	10		
神态、举止	声音大小适中	5		
	热情展示	5		
	面带微笑	5		
	服装得体	5		
	语言表达流利	5		
庆典活动	名单确定合理	5		
	现场布置恰当	5		
	活动程序规范	5		
	来宾接待得当	5		
	参加庆典活动举止得体	5		
观摩讨论	观摩认真	5		
	讨论积极	5		
实训报告	按规定时间上交	5		
	字迹清楚、填写规范、内容详尽完整	5		
	实训分析总结正确	5		
	能提出合理化建议和创新见解	5		
合　　计		100		

考评教师（签名）：

（8）师生点评。

 知识点拨

庆典是各种庆祝仪式的统称，是有目的地利用企业内部的重大节日或纪念日、社会生活中的传统节日等时机，通过各种形式的庆祝活动来营造一种喜庆气氛，以亲和企业内部的人际关系，改善企业外部的社会舆论与关系环境。在商务活动中，商务人员经常要参加各种各样的庆典活动，既有可能奉命为本单位组织一次庆典活动，也有可能应邀出席外单位的某一次庆典活动。

庆典的礼仪，即有关庆典的礼仪规范，由组织庆典的礼仪与参加庆典的礼仪两项基本内容组成。对商界人士来讲，组织庆典与参加庆典的礼仪是不同的。以下对其分别予以介绍。

1. 组织庆典活动的礼仪

组织筹备庆典活动，首先要做一个整体的计划，在制订计划时要注意两点：一要体现出庆典的特色，庆典既然是庆祝活动的一种形式，那么它就应当以庆祝为中心，把每一项具体活动都尽可能组织得热烈、欢快而隆重；二要安排好庆典的具体内容，不论是举行庆典的具体场合、庆典进行过程中的某个具体场面，还是全体出席者的情绪、表现，都要体现出红火、热闹、欢愉、喜悦的气氛。唯独如此，庆典的宗旨——塑造本单位的形象，显示本单位的实力，扩大本单位的影响，才能够真正地得以贯彻落实。

（1）确定名单

在举行庆典活动前，应确定合适的出席人员名单。确定庆典的出席者名单时，始终应当以庆典的宗旨为指导思想。一般来说，庆典的出席人员通常应包括以下人士。

① 上级领导。地方党政领导、上级主管部门的领导，大都对单位的发展给予过关心、指导。邀请他们参加，主要是为了表示感激之情。

② 社会名流。根据"名人效应"原理，社会各界的名人对于公众最有吸引力，邀请他们参加庆典活动，将有助于更好地提高本企业的知名度，提升企业形象。

③ 大众传媒。在现代社会中，报纸、杂志、电视、广播等大众媒介，被称为仅次于立法、行政、司法三权的社会"第四权力"。邀请他们参加庆典活动，将有助于他们公正地介绍本单位的成就，进而有助于加深社会对本企业的了解和认同。

④ 合作伙伴。在商务活动中，合作伙伴对企业的发展起着至关重要的作用。请他们来一起分享成功的喜悦是完全应该的，也是绝对必要的，有利于双方的长远合作发展。

⑤ 社区公众。社区公众是指那些与本企业共居于同一区域、对本企业具有种种制约作用的社会实体。例如，本企业周围的居民委员会、街道办事处、医院、学校、幼儿园、养老院、商店以及其他单位等。请他们参加本单位的庆典，会使对方进一步了解本企业、尊重本企业、支持本企业，或是给予本企业更多的方便。

⑥ 企业员工。员工是企业的主人，企业每一项成就的取得都离不开他们的兢兢业业和努力奋斗。因此，在组织庆典活动时，应该让他们或他们的代表参加。

以上人员的具体名单一旦确定，就应尽早发出邀请或通知。鉴于庆典的出席人员甚多，牵涉面极广，故不到万不得已，均不许将庆典取消、改期或延期。

（2）布置现场

举行庆祝仪式的现场，是庆典活动的中心地点。在选择具体地点时，应结合庆典的规模、影响力以及本单位的实际情况来决定。本单位的礼堂、会议厅，本单位内部或门前的广场，以及外借的大厅等，均可选择。在选择举行庆祝仪式的现场时，应当牢记并非越大越好，应同出席者人数的多少相适应。

在布置现场时，应当量力而行，着力美化庆典举行现场的环境。为了烘托出热烈、隆重、喜庆的气氛，可在现场张灯结彩，悬挂彩灯、彩带，张贴一些宣传标语，并且张挂标明庆典具体内容的大型横幅。还可以在庆典举行前后，播放一些喜庆、欢快的乐曲，以增添庆典的欢快气氛，如图5-8所示。

图5-8 庆典活动现场布置示例

（3）拟定程序

确定好出席人员名单后，要拟定庆典活动的具体程序。拟定庆典程序时，有两条原则必须坚持：一是时间宜短不宜长，一般不应超过一个小时；二是程序宜少不宜多。依照常规，一次庆典大致上应包括以下几项程序。

① 介绍来宾。请来宾就座，出席者安静，介绍来宾。

② 宣布庆典正式开始。参与者全体起立，奏国歌。若有企业之歌，则唱本企业之歌。

③ 本企业主要负责人致辞。致辞内容主要是对来宾表示感谢，介绍此次庆典的缘由等。其重点应是报捷以及庆典的可"庆"之处。

④ 邀请嘉宾讲话。一般而言，出席此次庆典活动的上级主要领导、协作单位及社区关系单位，均应有代表讲话或致贺词。不过应提前跟这些致辞代表约定好，不要当场推来推去。对外来的贺电、贺信等，可选择有代表性的进行宣读，不必一一宣读，但对其署名单位或个人应当公布。在进行公布时，可依照其"先来后到"为序，或是按照其具体名称的汉字笔画的多少进行排列。

⑤ 安排文艺演出。这项程序可有可无，如果准备安排，应当慎选内容，注意不要有悖于庆典的主旨。

（4）接待来宾

在庆典活动中，要精心安排好来宾的接待工作。与一般商务交往中来宾的接待相比，对出席庆祝仪式的来宾的接待，更应突出礼仪性的特点。不但应当热心细致地照顾好全体来宾，而且还应当通过主方的接待工作，使来宾感受到主人真挚的尊重与敬意，并且想方设法使每位来宾都能心情舒畅。

为确保来宾接待工作有条不紊地开展，最好的方法是庆典一经决定举行，即成立庆典筹备组。筹备组成员通常应当由各方面的有关人士组成，根据具体的需要，下设若干专项小组，在公关、礼宾、财务、会务等各方面"分兵把守"，各管一段。

庆典的接待小组，原则上应由年轻、精干、身材与形象姣好、口头表达能力和应变能力较强的男女青年组成。接待小组成员的具体工作有以下几项：一是来宾的迎送，即在举行庆祝仪式的现场迎接或送别来宾；二是来宾的引导，即由专人负责为来宾带路，将其送到既定的地点；三是来宾的陪同，对于某些年事已高或非常重要的来宾，应安排专人陪同始终，以便关心与照顾；四是来宾的招待，即指派专人为来宾送饮料、上点心以及提供其他方面的关照。

2. 出席庆典礼仪

（1）仪表得体。所有出席庆典的人员均应注意自己的仪容仪表。事先要洗澡、理发，男士应剃光胡须，女士应化妆，但忌浓妆艳抹。穿着应庄重大方，切忌休闲随意。

（2）准时出席。参加庆典活动应当严格遵守其开始的时间，准时出席。不得姗姗来迟或无故缺席，更不能中途离场，这是非常不礼貌的行为。

（3）行为自律。参加庆典活动时，要时刻注意自己的行为。不要在庆典举行期间随意走动，不要与周围的人说"悄悄话"，不要做出对庆典毫无兴趣的动作，如看小说、看报纸、看杂志、听音乐、玩游戏、打瞌睡等。

（4）见到主人应向其表示祝贺。

（5）入座后应礼貌地与邻座打招呼，可通过自我介绍、互换名片等方式结识更多的朋友。

（6）在典礼过程中，宾客要根据典礼的进展情况，做一些礼节性的附和，如鼓掌、跟随参观、合影、写留言等。

（7）典礼结束后，宾客离开时应与主办单位领导、主持人、服务人员等握手告别，并致谢意。

体验一 考一考

1. 判断题

（1）会议会场越大越好。（   ）

（2）正式的会议应当预先排好座位，将重要与会者的名字打印在席次牌上，再将席次牌摆放在相应的位置。（   ）

（3）一般而言，新闻发布会的主题大致有三类，一是发布某一消息，二是说明某一活动，三是解释某一事件。（   ）

（4）一般而言，举行茶话会的最佳时间是下午四点钟左右。（   ）

（5）谈判时双方可以随意就座，不用讲求座次排位。（   ）

（6）一般而言，一支谈判队伍应包括谈判领导人员、主谈人、商务人员、法律人员、财务人员、记录人员等，必要时还应配备翻译人员。（   ）

（7）在举办展览会前，不用依法履行常规的报批手续。（   ）

（8）组织庆典与参加庆典的礼仪差不多。（   ）

（9）拟定庆典程序时，一般不应超过两个小时。（   ）

（10）参加庆典活动应当严格遵守时间，准时出席。（   ）

（11）会议主持期间，主持人要对会场上的熟人打招呼和交谈。（   ）

（12）会议中尽量不要中途离开会场，若有事必须离开，也要轻手轻脚，不要影响发言人和其他与会者。（   ）

（13）所谓展览会，对商界而言，主要是特指有关方面为了介绍本单位的业绩，展示本单位的成果，推销本单位的产品、技术或专利，而以集中陈列实物、模型、文字、图表、影像资料供人参观了解所组织的宣传性聚会。（   ）

（14）对于报名参展的单位，主办单位应无须对其进行审核，只要报名均可参加。（   ）

（15）参展单位的整体形象，主要由展示之物的形象与工作人员的形象两个部分所构成。（   ）

（16）在任何情况下，工作人员均不得对观众恶语相加，或讥讽嘲弄。（   ）

（17）新闻发布会应选择重大的节日进行效果更佳。（   ）

（18）茶话会的重点在于"茶"，而不在于"话"。（   ）

（19）辞旧迎新、周年庆典、重大决策前后、遭遇危难挫折的时候，都是召开茶话会的良机。（   ）

（20）一般而言，新闻发布会的主题大致有三类，一是发布某一消息，二是说明某一活动，三是解释某一事件。（   ）

2. 选择题（1~10题单选，11~15题多选）

（1）（   ）即会议的指导思想，指会议主要讨论什么问题或通过会议得到什么结果。

　　A. 会议议程　　　　　B. 会议主题　　　　C. 会议日程

（2）在（　　）会议中，座次可以不用拘泥特别多的礼节。
　　　A. 长方形桌　　　　B. 椭圆形桌　　　　C. 圆桌
（3）如果只有一位领导出席会议，那么这位领导一般坐在（　　）的这边，或者是比较靠里的位置。就是说以会议室的门为基准点，里侧的短边是最高领导的位置。
　　　A. 长方形桌的短边
　　　B. 长方形桌的里侧短边
　　　C. 长方形桌的长边
（4）在展位上工作的人员应当统一着装。最佳的选择是（　　）。
　　　A. 本单位的制服　　B. 深色的西装　　C. 套裙　　　　D. 以上都是
（5）在展览会上除了要突出自己展品的特色外，如（　　），还要提供有利的证据。
　　　A. 展品特征　　　　B. 客户利益　　　C. 展品优点　　D. 以上都是
（6）举行新闻发布会一般星期（　　）不作考虑。
　　　A. 一　　　　　　　B. 二　　　　　　C. 三　　　　　D. 五
（7）一次新闻发布会的时间应当限制在（　　）小时以内。
　　　A. 1个　　　　　　B. 2个　　　　　　C. 2个半　　　　D. 3个
（8）茶话会，有别于正式宴会，一般只上（　　）。
　　　A. 主食　　　　　　B. 酒水　　　　　C. 茶点
（9）茶话会的主题可以分为（　　）。
　　　A. 联谊类　　　　　B. 娱乐类　　　　C. 专题类　　　D. 以上都是
（10）在商务谈判中，假如需要译员，则应安排其就座主谈人员之（　　）。
　　　A. 左　　　　　　　B. 右　　　　　　C. 后
（11）会议结束后，至少还有（　　）工作要完成。
　　　A. 整理会议记录　　B. 形成文件　　　C. 处理材料　　D. 会务工作总结
（12）邀请或召集参展单位的主要方式为（　　）。
　　　A. 打电话　　　　　B. 刊登广告　　　C. 发邀请函　　D. 开新闻发布会
（13）组织者举办展览会时，应考虑的安全保卫措施有（　　）。
　　　A. 依法履行常规的报批手续
　　　B. 向当地公安部门进行通报
　　　C. 聘请一定数量的保安人员
　　　D. 向声誉良好的保险公司进行数额合理的投保
（14）举行新闻发布会应注意避开（　　）。
　　　A. 节假日　　　　　　　　　　　　　B. 其他单位的新闻发布会
　　　C. 新闻界的重点宣传和报道　　　　　D. 本地的重大社会活动
（15）庆典的接待小组的具体工作有（　　）。
　　　A. 来宾的迎送　　　　　　　　　　　B. 来宾的引导
　　　C. 来宾的陪同　　　　　　　　　　　D. 来宾的招待

体验二　想一想

翻译林娟于上午7:50带领外方到达公司会议室。中国公司的陈总走上前去，和布朗先生一行一一握手，其他人则在谈判桌原地起立挥手致意。陈总请外方人员入座，服务员立即沏茶。下面是陈总（A）和布朗先生（B）在正式谈判之前的寒暄、介绍、致辞。

A：昨天在现场跑了一天，一定很累吧！

B：不累。北京的城市面貌很美。来北京的第二天就开始"旅游"，这样的安排简直太好了。

A：北京是一座千年古都，有很多不同于西方的文化古迹和自然景观，如长城、故宫、颐和园、天坛。

B：东方文化对我们来讲的确十分神秘。有时间，我们首先想去参观长城，当一回好汉；其次去一趟故宫，体验一下中国的皇帝和美国的总统有什么不同的待遇。

A：好的。那我们就言归正传，尽早完成谈判。

首先，我代表中国开发的全体员工对美国机械代表全体成员表示热烈的欢迎。

参加今天技术交流的各位昨天都已经认识了，就用不着我一一介绍了。我方对技术交流十分重视，特地请我公司顾问、中国农业大学教授、乳制品机械专家张教授参加。

（张教授起立，点头致意）

中国是一个巨大的、正在高速增长的市场。随着人民生活水平的不断提高，普通百姓对高档乳制品的需求越来越大。我公司4年前引进的年产4000吨奶粉的生产线已经远远不能满足市场的需求，而且产品档次亟待提高。因此，我们决定在今年再引进一套年产8000吨奶粉的生产线。

美国机械是国际知名的食品机械生产厂家，其质量得到中国用户的一致好评。我们相信我们和美国机械的合作一定能够取得双赢的结果。

现在热烈欢迎布朗总经理讲话。

B：我们十分高兴来到美丽的、充满活力的北京。我们对你们为本次谈判所做的细致的准备工作表示感谢。特别是国际知名的张教授能在百忙之中参加今天的技术交流，我们感到十分的荣幸。

美国机械的主要产品为仪器机械，其中以乳制品设备尤为著名。从1985年开始，我们已经向中国境内的企业（包括一些外资企业）提供了15套乳制品生产线。随着我们在中国的客户越来越多，我们于2004年在上海建立了一个制造、维修中心，从而可以为中国的用户提供更加便利、经济的售后服务。和20年前相比，我们的产品不仅质量更加可靠，而且价格更加便宜，服务更加周到。

现在，请我公司的技术副总、技术专家鲍尔·史密斯先生首先向大家介绍我公司产品的性能。

思考练习：

（1）谈判应注意哪些礼仪？

（2）从中你能得到哪些启示？

体验三　练一练

分组设计一下情景并表演，要求正确运用办公礼仪。

（1）小周是某公司文秘人员，公司要召开年终工作总结会，请组织好本次会议。

（2）小周是某公司业务部经理，跟随领导参加某公司合作项目的谈判工作。

（3）某公司即将开业，小周受命组织实施此次开业庆典活动。

体验四 赛一赛

1. 项目

商务活动礼仪综合演练。

2. 背景材料

A公司是一家连锁超市,想进驻温州某高校。据此,A公司准备与某高校就进驻该校开展洽谈会。

3. 步骤

(1)分组、确定角色。8人一组,确定编剧、导演和演员。演员角色:A公司总经理陈先生、部门经理李先生、秘书曹女士、某高校校长徐先生、后勤处处长郑先生、学工部部长黄先生。

(2)根据背景材料编写剧本,在剧本编写过程要充分发挥学生想象力。

(3)在编导指挥下,利用课余时间反复演练,达到内容熟练,神情自然时,安排学生登台表演。

(4)表演步骤:

第一步,上台问候。参加同学列队跑步上台,站稳后由代表向大家问好,然后介绍角色分工。

第二步,正式演练。

第三步,致谢回座。

4. 注意事项

(1)准备好会议场地并做好布置。

(2)注意课堂纪律掌控,控制笑声,确保表演顺利进行。

(3)抽签排序,一组一组进行。上台前向老师举手示意,"报告,××组准备完毕,请指示"。听到老师"开始"指令后,列队跑步上台开始表演。表演结束后按事先规定的线路回到座位。

(4)每组表演时间尽量控制在15分钟之内。

(5)由6位学生组成评审团,去掉一个最高分,去掉一个最低分。

(6)所有组演练结束后,由学生点评,老师归纳,最后由老师宣布成绩。

5. 项目评分

项目评分如表5-7所示。

表5-7 项目评分

项目\组别	会议场地布置礼仪	会议时间礼仪	会议座次礼仪	会议主持人礼仪	会议发言人礼仪	组织会议礼仪	参加会议礼仪	会议后礼仪	剧情编排	总体印象	总分
	10	10	10	10	10	10	10	10	10	10	100
1											
2											
3											
4											
5											

项目6　商务住行礼仪实训

礼貌不用花钱，却能赢得一切。

——玛丽·蒙塔古

商务住行是指商务人员在外出商务活动中入住宾馆和乘坐交通工具过程中应遵守的礼仪。本项目将从入住宾馆礼仪和商务出行礼仪两个方面阐述商务住行礼仪的技巧。

任务 6.1　入住宾馆礼仪实训

通过实训，使学生了解入住宾馆的主要程序以及相关注意事项，能够较熟练、得体地入住宾馆。

×××是某公司的营销经理，他将率团去深圳参加与某大型企业的商务谈判，他们将如何入住宾馆？

任务步骤

（1）教师介绍本次实训的内容和模拟实训情景。
（2）教师示范讲解入住宾馆的主要程序以及相关注意事项。
（3）根据模拟活动情景分组，把全班同学按每组8人分组。
（4）确定模拟活动情景角色。
A．某公司营销经理
B．成员甲
C．成员乙
D．成员丙
E．成员丁
F、G、H．宾馆工作人员
（5）全组讨论本组入住宾馆的主要程序以及相关注意事项。
（6）入住宾馆模拟训练。
① 抽签排序，一组一组进行。

② 一组模拟时，其他组观摩并指出问题。

③ 在小组成员中临时挑选 2~3 名学生扮演前台、客房等岗位工作人员。

（7）教师考核。考核评分标准如表 6-1 所示。

表6-1 入住宾馆礼仪考核评分标准

组别：_____   姓名：_____   时间：_____

评价项目与内容		应得分	扣分	实得分
准备工作	角色把握准确，模拟出场迅速	5		
	实训过程中全组协调良好	5		
基本知识掌握	熟悉入住宾馆的主要程序以及相关注意事项等知识要点	10		
入住宾馆礼仪	预约礼仪	10		
	登记礼仪	10		
	入住礼仪	10		
	行为、举止	20		
观摩讨论	观摩认真	5		
	讨论积极	5		
实训报告	按规定时间上交	5		
	字迹清楚、填写规范、内容详尽完整	5		
	实训分析总结正确	5		
	能提出合理化建议和创新见解	5		
合　　计		100		

考评教师（签名）：

（8）师生点评。

知识点拨

商务人员经常在外出差，难免会入住一些宾馆，在宾馆不能像在家中一样自由自在，为所欲为。为了体现商务人员的素养，一定要注意遵守一些必要的规定和礼仪。商务人员入住宾馆需要注意以下礼仪。

1. 预约的礼仪

（1）预约的方式

商务人员按预计的出差日程要提前预订宾馆，即使是临时的出差也要尽量提前预订宾馆，这是礼仪，既方便自己，又利于宾馆的管理，尤其是到达一些旅游城市或一些业务较繁忙的宾馆，这一项工作就更显得必不可少，否则，在和客户洽谈生意时就会由于未住上合适、方便的宾馆而带来诸多不便。

预订宾馆的方式多种多样，主要有电话预订、网上预订、信函预订、电传预订等，但最常用的方式还是电话预订。商务人员根据自己的喜好或业务需要确定要入住的宾馆后，即可拨打宾馆的电话，告知入住和停留的时间，入住的人数，房间的类型，申请住房人的姓名和到达宾馆的大概时间，并问清房费，一旦比预订时间要晚，或者行程临时发生变化需改变行期，应尽快打电话联系，以便宾馆做出合理安排。

（2）预约注意事项

① 商务人员想住宾馆的时候，最好提前预约。要告诉宾馆服务员准备哪天进住、共住几天、住什么样的房间等，宾馆才会根据要求做出合理的安排。

② 预约订房时，要态度和蔼，文明礼貌，普通话流利，声音大小适中，不能因为宾馆无法满足要求而大声呵斥，对于宾馆的相关规定也要予以理解。在宾馆方按要求订好房后，要礼貌地表示感谢。

③ 如果对房间有特殊要求，可以在预约时提出，以便在宾馆的休息可以更加舒适和方便。

2. 登记入住的礼仪

（1）登记入住

① 商务人员进入宾馆大堂后，首先应该到前台登记。如果随身携带了大量的行李，门童会帮助搬运行李，商务人员可以有礼貌地表示感谢之后去前台登记入住，如图6-1所示。

② 登记时，如果前面有正在登记的顾客，就应该静静地按顺序等候，并与其他客人保持一定的距离，不要贴得太近。

图6-1　登记入住

知识窗

尊重一米线

在美国、法国等发达国家，他们非常讲究尊重个人隐私，所以，他们也尊重"一米线"。无论那"一米线"是在地上画着，还是没在地上画着，排队时站在后面的一个人永远离前一个人一米开外，仿佛那条线早就刻在了他们脑子里。无论是存款还是买东西交款，你尽可以放心地拿出你的存折、钱包，不会有双好奇的眼睛在离你20厘米的地方虎视眈眈地看着你。就连上洗手间，人们排队也是在大门口，而不是在"小单间"门口。

③ 入住宾馆要出示身份证或其他证件，如结婚证或护照等。

④ 在登记完成并拿到房间钥匙之后，就可以乘电梯去房间了。乘电梯时，能够主动为后来的客人扶住门，中途下电梯前，自己按下关门的按钮。

（2）登记入住注意事项

① 选择房间时最好选择最靠近走廊的房间，因为过往的人很多，比较安全。

② 要注意查看紧急出口和安全出口，以防不测之需，而且看一下是否需要更多的毯子、衣架、电源插座、毛巾等用品，最好入住房间时就要求服务员配备齐全，不要等到晚上发现时再找服务员索要，因为晚上的值班服务人员有可能会少一些。

③ 大厅和走廊是宾馆的主要公共场合，务必不要穿着睡衣或裹着浴巾转来转去，那样影响形象。

④ 遇到雨雪天气，要收好雨伞，把脚上的泥土处理干净后再进入宾馆。

3. 客房的礼仪

（1）入住客房

① 入住到客房以后，也要注意文明。不要随地吐痰，不要在墙上乱涂乱画，不要弄脏家具的表层。如何对待入住房间，可以体现出商务人员的人品和文化修养。

② 商务人员出门在外，时刻要有安全意识，进出房间要随手关门。进入房间后，要及时锁门，并将门的保险链挂好。

③ 到国外出差时也要特别注意，即使门锁好了，也要再仔细检查一下，以保证从外面绝对打不开房间的门。

④ 遇到有陌生人前来敲门时，除非这人说明身份，否则不要轻易开门。

（2）入住客房注意事项

① 注意房间内的清洁卫生。

- 废弃物要扔到垃圾筐里，也可以放到茶几上让服务员来收拾，千万不要扔进马桶里，以免堵塞影响使用。
- 沐浴时拉上浴帘，并把浴帘的下部放到浴缸里面，洗脸时不要把水开得太大，避免把洗手间的水弄得到处都是。
- 浴巾、毛巾等用好后不要随便乱丢，最好把它们晾到架子上。
- 洗漱完之后，把自己落在盆里的头发拾起来，如厕之后要及时冲水。
- 在房间用餐完毕，要收拾干净，打包后放在客房外的过道上，方便服务人员收拾。
- 房间内有专门的擦鞋纸，不要用被单、枕巾或毛巾擦鞋。

② 在客房会客要注意时间。会客时间不宜太长，一般不要超过23:00，并且应该注意交谈的音量，不要影响到别的客人的休息。

③ 观看电视节目时，要注意选择合适的音量。不要影响其他房间的客人，尤其是在夜间收看电视时更要注意，不要影响他人休息。

④ 宾馆房间的床头柜上一般配有宾馆指南，可以仔细阅读，了解相关事项。

⑤ 如果需要连续住上几天，可以留一张纸条给客房服务员，告诉他们，床单和牙刷不必每天都换，牙膏和洗发水也可以等用完了再换新的，保护环境和节约资源是我们每个人的义务，这样的客人也一定会受到宾馆的尊重和欢迎。

⑥ 现金或贵重的物品要注意保存，最好把它们放在前台的保险箱里。有的宾馆房间里也配备了保险箱，如果使用，一定要设定好密码，否则会不安全。

⑦ 如果有什么要求时，可以礼貌地向服务员或前台提出，只要可能，宾馆会尽量满足你的要求的。

4. 对待服务员的礼仪

（1）门童为你开启大门，或向你问好，应予以回应或表示感谢。

（2）保安人员出于职责打量或盘问你时，要进行合作，不应该口出微词，或不置理睬扬长而去。

（3）在总服务台登记时，应出示完备的证件，态度友好而有耐心。

（4）要求住某间客房或换房，应采用协商方式，进行通融，不要趾高气扬，咄咄逼人。

（5）搭乘有人服务的电梯，应清晰报出自己欲去的楼层，并向服务人员致谢，不要无视对方存在，自己按钮操作。

（6）当服务员需要进入客房打扫卫生、送开水、送报刊时，应表示欢迎，并且道谢，如不方便让其进入，可事先在门外把手上悬挂"请勿打扰"的告示牌，或开启"请勿打扰"指示灯。但离开房间时，应取下此牌或关闭此灯。在走廊里遇见客房服务员，尤其是在对方首先向自己打招呼时，也应向对方问好。

（7）对于使用总机人工接转的电话，要向接线员小姐问好和道谢。

（8）客房内个别设备出现故障或损坏，可向客房部报修。维修工来了之后，应表现大度，切莫口气粗暴，责怪刁难对方。

5. 离店的礼仪

（1）办理离店

商务人员结账离店是和宾馆的最后一次接触了，要尽量给人留下一个完美的印象。在准备走之前，可以先给前台打个电话通告一声，如果行李很多，就可以请他们安排服务员来帮你提行李。

（2）办理离店注意事项

不要想当然地认为可以从饭店拿走毛巾、睡衣或其他属于宾馆的物品。宾馆对物品的管理非常严格，如果拿走宾馆的物品，不仅会导致令你尴尬的局面，而且到最后还要为此付款。如果想要些纪念品，可以到宾馆的商店或商务中心去购买。

如果不小心弄坏了宾馆的物品，要主动声明，不要隐瞒抵赖，要勇于承担责任并加以赔付。

结完账，礼貌地致谢，并友好地与宾馆工作人员道别。

任务 6.2　商务出行礼仪实训

通过实训，使学生了解商务出行的形式，掌握商务出行的礼仪要求，并能够灵活、合理运用。

×××是某公司的营销经理，他们一行5人去国贸大厦10层会见客户，乘电梯时，他们如何遵守礼仪规范？

任务步骤

（1）教师介绍本次实训的内容和模拟实训情景。

（2）教师示范讲解出行礼仪及相关注意事项。

（3）根据模拟活动情景分组，把全班同学分成5人一组。

（4）根据模拟活动场景确定角色。
（5）分组反复训练。
① 根据设定的角色，小组成员轮流训练。
② 小组成员讨论各组最后出行方式。
③ 掌握正确的出行礼仪。
④ 介绍小组出行的形式及人数。
⑤ 模拟场景中的姓名是扮演者本人。
（6）各组抽签确定模拟表演顺序。
（7）其他组指出表演中存在的问题（教师不做任何评论）。
（8）教师分别对每组进行考核。考核评分标准如表6-2所示。

表6-2　乘坐电梯礼仪考核评分标准

组别：_____　　　姓名：_____　　　时间：_____

	评价项目与内容	应得分	扣分	实得分
准备工作	角色把握准确，模拟出场迅速	5		
	准备充分	5		
基本知识掌握	了解商务出行的形式，掌握商务出行礼仪的要求	10		
乘坐电梯礼仪	注意电梯内卫生	5		
	电梯内站位合理	10		
	出入顺序正确	10		
	不大声喧哗	5		
	注意安全	5		
	神态、举止	15		
观摩讨论	观摩认真	5		
	讨论积极	5		
实训报告	按规定时间上交	5		
	字迹清楚、填写规范、内容详尽完整	5		
	实训分析总结正确	5		
	能提出合理化建议和创新见解	5		
合　　计		100		

考评教师（签名）：

（9）学生根据其他小组的意见及自己的体会分别讨论模拟中存在的问题。
（10）教师最后集中点评。

知识点拨

商务人员经常穿行在各大城市、各个地区之间，不可避免地涉及出行方面的礼仪技巧。商务出行礼仪主要包括行路礼仪、乘坐公交车礼仪、乘坐出租车礼仪、乘坐轿车礼仪、乘坐火车礼仪、乘坐飞机礼仪、乘坐地铁礼仪、上下楼梯及共乘电梯礼仪、乘坐轮船礼仪

9 个方面。

1. 行路礼仪

商务人员在日常出差、出行、旅游中,总是离不开走路。在这平常的"走路"中,都包含着一系列的礼仪要求,需要注意讲究公德礼仪,遵守交通规范。

(1) 遵守行路规则。步行要走人行道,不走自行车或机动车道;过马路要走人行横道,如果是路口,一定要等绿灯亮了,再看两边没车时才可以通过。

(2) 行人之间要互相礼让。马路上车水马龙,人来人往,比肩接踵,因此要提倡相互礼让。遇到老、弱、病、残、孕,要照顾他们。在人群特别拥挤的地方,要有秩序地通过,万一不小心撞了别人或踩着别人的脚,要主动道歉。如果是别人踩了自己的脚或碰掉了自己的东西,应表现出良好的修养和自制力,切不可口出恶言,厉声责备,如大声叫嚷:"干什么!"或"你没长眼睛啊?"之类的粗言,而应该宽容和气地说:"慢一点,别着急。"

(3) 走路遇到熟人,应主动打招呼或进行问候。

① 如果在路上碰到久别重逢的朋友,不要大声惊呼,也不要隔着几条马路或隔着人群就大声呼唤,如果边喊边穿过马路,那就可能会有危险。寒暄之后,如果还想多谈一会儿,应该靠边一些,避开拥挤的行人,不要站在来往人流中进行攀谈,以免妨碍交通,增加不安全的因素。

② 两人以上同行遇到熟人时,你应主动介绍一下这些人与你的关系,如"这是我的同事",但没必要一一介绍,然后向同伴们介绍一下这位熟人,也只要说一下他(她)与你的关系即可,如"这是我的邻居",被介绍者应相互点头致意。

③ 如果男女两人一同上街,遇到女士熟悉的朋友,女士可以不把男伴介绍给对方,男士在她俩寒暄时,要自觉地隔开一定距离等候,待女伴说完话后继续一同行走;女士对男伴的等候应表示感谢,且与人交谈的时间不可太长,不应该让同伴等很长时间。如果遇到男士熟悉的朋友,男士应该把女伴介绍给对方,这时女士应向对方点头致意。如果是两对夫妇或两对情侣路遇,相互致意的顺序应是:女士们首先互相致意,然后男士们分别向对方的妻子或女友致意,最后才是男士们互相致意。

④ 路上遇到不很熟悉的异性,比如,女士偶然在路上遇见不很熟悉的男士,理应点头招呼,但不要显得太热情,也不要用冷冰冰的面孔来点头;男士偶然在路上遇见不太熟悉的女士,应首先打招呼,但表情不可过分殷勤。

(4) 走路时要目光直视,不要左顾右盼,东张西望。男性遇到不相识的女性,不要久久注视,甚至回头追视,显得缺少教养。

(5) 走路的姿势体现个人的精神风貌,走路时要挺胸抬头,不要驼背含胸,乱晃肩膀。

(6) 走路时不要边走边吃东西。这既不卫生,又不雅观。如确实是肚子饿或口渴了,也可以停下来,在路边找个适当的地方,吃完后再赶路。走路时要注意爱护环境卫生,不要随地吐痰,不要随手乱扔垃圾。

(7) 在陪同、接待来宾或领导时,注意行走的位次。

① 并排行走时中央高于两侧,内侧高于外侧,一般应让客人走在中央或内侧。也就是说,如果两人或两人以上并排行走,一般讲究"以内为尊,以外为卑",即道路内侧为尊贵之位。如果所经过的道路并没有明显的内侧、外侧之分,可采取"以右为尊"的国际惯例。三人并排行走时,以中间的位置为尊。以前进的方向为准,并行三人,居中者尊、

居右者次之、居左者再次之。

② 单行行走时，前方高于后方。如无特殊情况，一般应当请客人、女士、尊长行走在前，主人、男士、晚辈与职位较低者随行于后。单行行走时，应走在道路内侧或靠右行走，以便他人通过。另外，当客人对行走方向不了解或是道路比较坎坷时，主人则应主动上前带路或做引导，而陪同引导的标准位置是在客人左前方 1~1.5 米的位置。

（8）问路时应选择好合适的对象。最好找比较悠闲的人问路，避免向急于行路者、正与人交谈者、打电话者或正在忙碌者问路，也不要去打扰正在指挥交通的民警。可根据对方的年龄、性别与当地的习惯礼貌地称呼对方，不可直接用"喂""哎"等用语呼叫对方。当别人给予回答后，要诚恳地表示感谢，若对方一时不能给予回答，也应礼貌地说声"谢谢"或"再见"，而不应对其表示不满或转身就走。

2. 乘坐公交车礼仪

（1）上车要排队。如果等候公交车的人比较多，应该自觉地按先来后到的顺序，排队候车、上车。排队时，应站在站台上，不要拥挤到马路上，妨碍交通。汽车靠站，要等车停稳后，才能按照排队顺序依次上车。不要蜂拥而上，挤作一团，更不能不排队乱插队。上车时，要主动礼让他人，对行动不便的老人、孕妇、病人、残疾人以及妇女儿童，要予以帮助。上车后要主动向下车车门方向移动，待车到站停稳后再按顺序下车。如果车太挤，应该自动等待下一辆，不要扒门硬挤。

（2）注意礼让。乘坐公交车时，如有可能，应与其他人的身体保持一定距离。不要把腿伸到过道上，不要跷着二郎腿。有人通过时，应主动相让。

（3）注意公共卫生。在公交车上，应该把自己随身携带的物品放到适当的位置，不要让它占座位、挡路。尽量不要在车上吃东西，特别是那些汁水多或容易掉渣的东西，以免弄脏车厢或他人的衣物。也不要在车上吸烟、随地吐痰、乱吐口香糖或乱扔果皮纸屑杂物等。

（4）下车应提前准备。下车要提前做准备，准备下车时，如需他人让路，应有礼貌地先打一声招呼，或说"借过""劳驾""请让一让"，不要默不作声地猛冲，更不要发脾气或出言不逊。万一自己不小心碰撞、踩踏了别人，应立即道歉。如他人因此向自己道歉，则应大度地表示"没关系"。

（5）注意座位的选择。公交车上通常讲究先来后到，自由择座，切勿争座、占座、抢座。为了乘车安全，在公交车上除了座位外，不要随便乱坐，比如窗沿、地板、扶手、发动机盖等处。挤坐他人的座位也是很不礼貌的行为，要让妇女、老人、小孩和残疾人先上车并让座。不要将身体伸到车厢外或随意动车厢里的设施。保持车厢和站内的环境卫生，不能向窗外扔东西。

（6）注意乘车安全。不携带易燃、易爆、危险品上车；携带重、硬、尖、长的物品上车，应提醒他人注意；不要携带宠物上车，以免惊吓或咬伤他人；最好不要在车上打电话，如果有急事，打电话时要压低声音，以免影响他人；雨天应自备塑料袋，妥善放置所携带的雨具，以免影响他人。

3. 乘坐出租车礼仪

（1）路边招停出租车。一般应在出租车停靠站点候车，其他情况叫车时，应在既不影响交通又安全的地方。不要在路口，尤其是有红绿灯的路口和有黄色分道线的区域叫车，也不要在公共汽车站、快车道旁叫车。

在机场、火车站等场所等候出租车时，应该到指定区域排队。由于出租车也需按顺序前行，所以应走向等在前面的车辆，不要干扰出租车本身的等候顺序。在没有出租车停靠站的地方，应该自觉遵守先来先上的原则。在一些禁止停车或上下车的地方，不应执意叫停，不应为难司机。作为文明的乘客，应该配合司机遵守交通规则。如果遇到老、幼、孕、残及病人，最好能谦让，让他们排到自己的前边等车。

如果向对面马路的出租车招手且该车已准备掉头，那么，此时即使有其他车开到你面前，你也不应该为了方便就上车，而不理会之前招呼并正为你掉头的那辆车。

（2）同女士、长者、上司或嘉宾打车时，应当照顾其先上车。一般情况下，乘客应当坐在后排，座次依据上下车是否方便、坐者是否舒适；多人乘车时，由付费或带路的一方坐到前面。上下车、开关门时要前后观察，以防伤及他人。

（3）保持车内卫生。不要在车内吸烟，如要吸烟，应征得司机同意，不可将烟灰弹落车内，不将烟蒂扔到窗外，不往车外吐痰、扔杂物，不在车上脱鞋、脱袜、换衣服，湿雨伞和雨衣不要放在乘客座椅上，不要用脚蹬踩座位，更不要将手、腿或脚伸出车窗外。不要将垃圾、废弃物留在车上。

（4）在出租车行驶过程中，乘车人之间可适当交谈，但不宜过多与司机交谈，以免司机分神。话题一般不要谈及车祸、劫车、凶杀、死亡等使人晦气的事。按计价器付钱，不提无理要求。对出租车司机要谦和有礼，如果对司机选择的路线有意见，或不满意司机的服务，司机在开车时接听手机等，要善意提出意见，但要注意文明用语，切勿与司机发生争吵。下车时，对司机说声"谢谢""再见"，会让司机感到温暖愉快。

4. 乘坐轿车礼仪

乘坐轿车时，也要注意礼仪，主要包括座次、举止、上下车顺序3个方面的礼仪。

1）座次

在比较正规的场合，乘坐轿车时一定要分清座次的尊卑，并在适当的位置就座。而在非正式场合，则不必过分拘礼。

轿车上座次的尊卑，在礼仪上来讲，主要取决于下述4个因素。

（1）轿车的驾驶者。驾驶轿车的司机，一般可分为两种：一是领导（主人），二是专职司机。国内目前所见的轿车多为双排座与三排座，当其驾驶者不同时，车上座次尊卑是有差异的。

① 由领导（主人）亲自驾驶轿车时，一般前排座为上，后排座为下；以右为尊，以左为卑。

在双排五人座轿车上，座次由尊到卑的次序依次是：副驾驶座，后排右座，后排左座，后排中座，如图6-2所示。

图6-2　领导（主人）亲自驾车时的座位排列

在双排六人座轿车上,座次由尊到卑的次序依次是:前排右座,前排中座,后排右座,后排左座,后排中座。

在三排七人座轿车(中排为折叠座)上,座位由尊到卑的次序依次是:副驾驶座,后排右座,后排左座,后排中座,中排右座,中排左座。

在三排九人座轿车上,座位由尊到卑的次序依次是:前排右座,前排中座,中排右座,中排中座,中排左座,后排右座,后排中座,后排左座。乘坐主人驾驶的轿车时,最重要的是不能让前排座位空着。一定要有一个人坐在那里,以示相伴。

由先生驾驶自己的轿车时,则其夫人一般应坐在副驾驶座上。由主人驾车送其客人夫妇回家时,客人之中的男士,一定要坐在副驾驶座上,与主人相伴,而不宜形影不离地与其夫人坐在后排,那将是失礼之至。

② 由专职司机驾驶轿车时,通常仍讲究右尊左卑,但座次大小变化为后排为上,前排为下。

在双排五人座轿车上,座位由尊到卑的次序依次为:后排右座,后排左座,后座中座,副驾驶座,如图 6-3 所示。

图6-3 专职司机驾车时的座位排列

在双排六人座轿车上,座位由尊到卑的次序依次为:后排右座,后排左座,后排中座,前排右座,前排中座。

在三排七人座轿车(中排为折叠座)上,座位由尊到卑的次序依次为:后排右座,后排左座,后排中座,中排右座,中排左座,副驾驶座。

在三排九人座轿车上,座位由尊到卑的次序依次为:中排右座,中排中座,中排左座,后排右座,后排中座,后排左座,前排右座,前排中座。

(2)轿车的类型。上述方法主要适用于双排座、三排座轿车,对于其他一些特殊类型的轿车并不适用。轿车通常是指座位固定、车顶固定的各种专用客车,从这个意义上讲,它还应在双排座、三排座车之外,包括吉普车和其他多排座客车。它们座次的尊卑各有一些不同。吉普车简称吉普,它是一种轻型越野轿车。它大都是四座车。不管由谁驾驶,吉普车上座次由尊到卑的次序依次是:副驾驶座,后排右座,后排左座。多排座轿车指的是四排以及四排以上座次的大中型轿车。其不论由何人驾驶,均以前排为上,以后排为下;以右为尊,以左为卑;并以距离前门的远近,来排定其具体座次的尊卑。

以一辆六排十七座的中型轿车为例,其座位的尊卑依次应为:第二排右座,第二排中座,第二排左座,第三排右座,第三排中座,第三排左座,第四排右座,以此类推。

(3)轿车上座次的安全系数。从某种意义上讲,乘坐轿车理当优先考虑安全问题。在客观上讲,在轿车上,后排座比前排座相比要安全。最不安全的座位当数前排右座,最安全的座位则当推后排左座（驾驶座之后），或是后排中座。

当主人亲自开车时，之所以以副驾驶座为上座，既是为了表示对主人的尊重，也是为了显示与之同舟共济。由专人驾车时，副驾驶座一般也叫随员座，通常坐于此处者多为随员、译员、警卫等。因此，一般不应让女士坐于专职司机驾驶的轿车的前排座，孩子与尊长也不宜在此座就座。

（4）轿车上嘉宾的本人意愿。通常，在正式场合乘坐轿车时，应请尊长、女士、来宾就座于上座，这是给予对方的一种礼遇。然而，更为重要的是，不要忘了尊重嘉宾本人的意愿和选择，并应将这一条放在最重要的位置。应当认定：必须尊重嘉宾本人对轿车座次的选择，嘉宾坐在哪里，即应认定那里是上座。即便嘉宾不明白座次，坐错了地方，也不要轻易对其指出或纠正。这时，务必要讲"主随客便"。

上面这4条因素往往相互交错，在具体运用时，可根据实际情况而定。

2）举止

轿车可以视为公共场所。在这个移动的公共场所里，同样有必要对个人的行为举止多加约束。具体来说，应当注意以下问题。

（1）不要争抢座位。上下轿车时，要井然有序，相互礼让。不要推推搡搡，拉拉扯扯，尤其是不要争抢座位，更不要为自己的同行之人抢占座位。

（2）不要动作不雅。在轿车上应注意举止，切勿与异性演出"爱情故事"，或是东倒西歪。穿短裙的女士上下车最好采用背入式或正出式，即上车时双腿并拢，背对车门坐下后，再收入双腿，如图6-4所示。下车时正面面对车门，双脚着地后，再移身车外，如图6-5所示。这样做的好处是不会"走光"。若跨上跨下，爬上爬下，则姿态将极不雅观。

图6-4　上车姿势

图6-5　下车姿势

（3）要讲究卫生。不要在车上吸烟，或是连吃带喝，随手乱扔。不要往车外丢东西、吐痰或擤鼻涕。不要在车上脱鞋、脱袜、换衣服，或是用脚蹬踩座位，更不要将手、腿或脚伸出车窗之外。

（4）要注意安全。不要与驾车者长谈，以防其走神。不要让驾车者打电话或看书刊。协助尊长、女士、来宾上车时，可为之开门、关门、封顶。在开、关车门时，不要弄出声响，夹伤他人。在封顶时，应一手拉开车门，一手挡住车门门框上端，以防止其碰到他人。当自己上下车、开关门时，要先看后行，切勿疏忽大意，出手伤人。

3）上下车顺序

上下轿车的先后顺序也有礼可循，其基本要求是：倘若条件允许，须请尊长、女士、来宾先上车，后下车。具体而言，又分为多种情况。

（1）主人亲自驾车。主人驾驶轿车时，如有可能，均应后上车，先下车，以便照顾客人上下车。

（2）分坐于前后排。乘坐由专职司机驾驶的轿车时，坐于前排者，大都应后上车，先下车，以便照顾坐于后排者。

（3）同坐于后一排。乘坐由专职司机驾驶的轿车，并与其他人同坐于后一排时，应请尊长、女士、来宾从右侧车门先上车，自己再从车后绕到左侧车门后上车。下车时，则应自己先从左侧下车，再从车后绕过来帮助对方。若车停于闹市，左侧车门不宜开启，则于右门上车时，应当让里座先上，外座后上。下车时，则应让外座先下，里座后下。总之，以方便易行为宜。

（4）折叠座位的轿车。为了上下车方便，坐在折叠座位上的人，应当最后上车，最先下车。这是广为沿用的做法。

（5）乘坐三排九座车。坐三排九座车时，一般应是低位者先上车，后下车；高位者后上车，先下车。

（6）乘坐多排座轿车。乘坐多排座轿车，通常应以距离车门的远近为序。上车时，距车门最远者先上，其他人随后由远而近依次上车。下车时，距车门最近者先下，其他随后由近而远依次下车。开私家车出行时，如果出现道路不通畅的现象，应该冷静，做到不抢道，不抢行，不做猛拐、来回穿插、别车等危险动作，遇车队、非机动车或行人时，应主动礼让。雨天驾驶或趟过路面积水时，应缓慢行驶，防止把积水溅到路人身上。如果有专职司机驾车，则贵宾专座应为后排右座，后排左座次之；如果是主人亲自驾车，客人应坐在副驾驶位置以示对主人的尊重。

5. 乘坐火车礼仪

乘坐火车的礼仪包括候车、上车、寻位、休息、用餐、交际、下车等几个方面。

（1）候车须知

因火车停靠时间短，因此，乘火车要提前到站。在候车厅等候时，要爱护候车室的公共设施，不要大声喧哗，携带的物品要放在座位下方或前部，不抢占座位或多占座位，不要躺在座位上使别人无法休息。保持候车室内的卫生，不要随地吐痰，不要乱扔果皮纸屑。乘坐火车，均应预先购票，凭票上车。万一来不及买票，上车时预先声明，并尽快补票。如果需要进站接送亲友，需要购买站台票。

（2）上车须知

检票时要自觉排队，不要拥挤、插队。进入站台后，要站在安全线后面等候。要等火车停稳后，方可在指定车厢排队上车。上车时，不要拥挤、插队，不要从车窗上车。应有次序地进入车厢，并按要求放好行李，行李应放在行李架上，不应放在过道上或小桌上。不要在车厢内吸烟，不随地吐痰，不乱扔果皮纸屑，不超量携带行李，并要按照车票指定的车次乘车。

（3）车上就座须知

① 在火车上要对号入座，不要抢占认为好的座位。

② 中途上车要礼貌地征询他人意见，获得允许后方可就座。当身边有空位时，要尽量让给没有座位的人，切莫只图自己的舒适多占座位，更不能对于他人的询问不理不睬、蒙蔽他人。

③ 发现老人、孩子、病人、孕妇、残疾人无座时，应尽量挤出地方让他们也休息一下。

④ 多人一起乘车，要注意火车上座位的尊卑顺序：靠窗为上，靠边为下；面向前方为上，背对前方为下。

（4）乘车过程须知

① 在座位上休息，不要东倒西歪，卧倒于座位上、茶几上、行李架上或过道上。不要靠在他人身上，或把脚跷到对面的座位上。

② 邻座旅客之间可以进行交谈，但不要隔着座位说话，也不要前后座说话。注意谈话的声音不要过大。

③ 在卧铺车厢上休息，可以躺在铺位上，但要注意着装，不能脱得太暴露。头部最好向着过道方向。上铺和中铺的旅客不要长时间占用下铺床位。需要坐时，要先询问对方，得到允许后再就座并道谢。上下床时，动作要轻。休息时，要注意姿态得体、衣着文明、看管好自己的随身物品。

④ 有吸烟习惯的人，要到列车的吸烟区或两节车厢间的过道处去吸烟。

（5）车上用餐须知

在餐车用餐，应节省时间。用餐后，尽快离开，以方便更多的人用餐。在车厢内用餐，也要节省时间，不要长时间占用茶几，也不要摆放过多的食物在茶几上。避免携带气味刺鼻的食物。餐后的垃圾应装在垃圾袋里面。在火车上是可以喝酒的，但只是为了促进饮食，不能像在饭店里一样推杯换盏、猜拳行令，千万不要酗酒。由于火车所能承受的垃圾数量有限，所以旅客最好少吃零食。火车上所能携带的水量是有限的，要注意节省，不能开了水龙头不关。

（6）车上交际须知

在火车上免不了要与他人交际，可与邻座轻声交谈。可以主动问候，报以微笑。可以谈论一些天气、民俗、娱乐信息等。要注意交谈适度，避免谈论过多的政治、隐私等内容。更要避免喋喋不休、高谈阔论。由于出门在外，大家行动上可能都有不便之处，因此要相互关照，对于老人、女士或身体虚弱的乘客，要主动帮助他们。

（7）下车须知

下车时，要提前做好准备，避免手忙脚乱，忘记物品。如果与他人一路聊了很多，下车时要与人道别。应自觉排队等候，不要拥挤，或是踩在座椅背上强行从车窗下车。出站要主动出示车票，以便查验。

6. 乘坐飞机礼仪

一般来说，乘飞机要注意的礼仪包括 3 个方面：一是登机前的候机礼仪；二是登上飞机后的机舱礼仪；三是到达目的地后下飞机出机场的礼仪。

（1）登机前的礼仪

① 提前一段时间去机场。一般来说，国内航班要求提前半小时到达，国际航班需要提前一小时到达机场，以便托运行李、检查机票、确认身份和安全检查。遇到雨、雪、雾等特殊天气，应该提前与机场或航空公司取得联系，确认航班的起落时间。

② 行李要尽可能轻便。手提行李一般不要超重、超大，其他行李要托运。国际航班上，对行李的重量有严格限制，一般为 32~64 千克（不同航线有不同的规定）。如果行李超重，要按一定的比价收费。应将金属的物品装在托运行李中。在机场，旅客可以使用行李车来运送行李。在使用行李车时要注意爱护，不要损坏。在座位上休息时，行李车不要横在通道内，以免影响其他旅客通行。

③ 乘坐飞机前要领取登记卡。大多数航班都是在登记行李时由工作人员代为选择座位卡。登记卡要在候机室和登机时出示。如果没有提前购买机票或未订到座位，需在大厅的机票柜台买票登记。现在的电子客票基本是用有效的证件，到机场可以自助办理登机牌。但是，在有些城市较小的机场还需要人工办理。在旅客换完登机牌后，一定要注意看登机牌的具体登机时间。如果航班有所延误，需要听从工作人员的指挥，不能乱嚷乱叫，造成秩序的混乱。

④ 通过安全检查。乘客应配合安检人员的工作，将有效证件（身份证、护照等）、机票、登记卡交安检人员查验。放行后通过安检门时，需要将电话、钥匙、小刀等金属物品放入指定位置，手提行李放入传送带。当遇到安检人员对自己所携带的物品产生怀疑时，应积极配合。若有违禁物品，要妥善处理，不应妄加争辩，扰乱秩序。乘客通过安检门后，注意将有效证件、机票收好，以免遗失，只需持登记卡进入候机室等待即可。对于乘客所携带的液体物品的数量，航空公司有严格的限制。当需要携带过多的饮料、酒等物品时，请提前与相关部门确认。

⑤ 候机厅内礼仪。在前往登机口的途中，可乘坐扶梯，但要单排靠右站立，将左侧留给需要急行的人。在候机大厅内，一个人只能坐一个位子，不要用行李占位子。而且注意异性之间不要过于亲密。候机厅内设有专门的吸烟区，在此之外都是严禁吸烟的。候机厅里面一般设有商店、书店等，如果等待的时间较长，可以在此浏览观看商品，但是要注意不能大声喧哗。

⑥ 向空姐致意。上下飞机时，均有空姐站立在机舱门口迎送乘客。她们会向每一位通过舱门的乘客热情问候。此时，作为乘客应有礼貌地点头致意或问好。

（2）乘机时的礼仪

① 登机后，旅客需要根据飞机上座位的标号按秩序对号入座。飞机座位分为两个主要等级，也就是头等舱和经济舱。经济舱的座位设在中间到机尾的地方，占机身 3/4 空间或更多一些，座位安排较紧；头等舱的座位设在靠机头部分，服务较经济舱好，但票价较高。登机后，经济舱的乘客不要因头等舱人员稀少就抢坐头等舱的空位。找到自己的座位后，要将随身携带的物品放在座位头顶的行李箱内，较贵重的东西放在座位下面，自己管好，不要在过道上停留太久。

② 飞机起飞前，乘务员通常给旅客示范表演如何使用氧气面具和救生器具，以防意外。当飞机起飞和降落时，要系好安全带。飞机上要遵守"禁止吸烟"的信号，同时禁止使用移动电话、AM/PM 收音机、便携式计算机、游戏机等电子设备。在飞行的过程中，务必不要使用手机，以免干扰飞机的系统，发生严重后果。

③ 飞机起飞后，乘客可以看书看报。邻座旅客之间可以进行交谈，但不要隔着座位说话，也不要前后座说话，声音不要过大。不宜谈论有关劫机、撞机、坠机一类的不幸事件。也不要对飞机的性能与飞行信口开河，以免增加他人的心理压力，制造恐慌。飞机上的座椅可以小幅度调整靠背的角度，但应考虑前后座的人，不要突然放下座椅靠背，或突然推回原位。更不能跷起二郎腿摇摆颤动，以免引起他人的反感。用餐时要将座椅复原，吃东西要轻一点。

④ 相关注意事项。

- 飞机上的饮料是不限量免费供应的。最好先要一种，喝完了再要，以免饮料洒落。而且，由于飞机上的卫生间有限，旅客应尽量避免狂饮饮料。
- 在乘务员发饮料的时候，坐在外边的旅客应该主动询问里面的旅客需要什么，并帮助乘务员递进去。
- 由于飞机所能承受的垃圾数量有限，所以旅客最好不自带零食，尤其是一些带壳的零食。
- 遇到飞机误点或改降、迫降时不要紧张，最好不要向空姐乱发火，实际上这样的行为对于整个事件无济于事。
- 在飞机上使用盥洗室和卫生间，要注意按次序等候，注意保持清洁。不能在供应饮食时到洗手间去，因为餐车放在通道中，其他人无法穿过。
- 如果晕机，可想办法分散注意力，如若呕吐，要吐在清洁袋内，如有问题，可打开头顶上方的呼唤信号，求得乘务员的帮助。

（3）停机后的事项

① 停机后，要等飞机完全停稳后，乘客再打开行李箱，带好随身物品，按次序下飞机。飞机未停稳前，不可起立走动或拿取行李，以免摔落伤人。

② 国际航班上下飞机要办理入境手续，通过海关便可凭行李卡认领托运行李。许多国际机场都有传送带设备，也有手推车以方便搬运行李。还有机场行李搬运员可协助乘客。在机场除了机场行李搬运员要给小费外，其他人不给小费。

③ 下飞机后，如一时找不到自己的行李，可通过机场行李管理人员查寻，并填写申报单交航空公司。如果行李确实丢失，航空公司会照章赔偿的。

7. 乘坐地铁礼仪

商务人员乘坐地铁应注意如下礼仪。

（1）进入地铁车站后，上下楼梯，靠右行走。

（2）搭乘电动扶梯时应面向正确行进方向靠右站立，以免挡到后面赶路的人。同时，紧握扶手，双脚踏稳立于黄色框线内。

（3）若有旅客在电动扶梯上跌倒，旁人要立刻协助按下紧急按钮。

（4）按月台指示线，自觉排队。

（5）进入车厢，保持安静，手机最好调为静音。

（6）礼让老弱妇孺。

（7）地铁车厢内不可吃东西或喝饮料，应保持车厢清洁。

（8）到站之后，不要争先恐后，要有秩序地先下后上。

8. 上下楼梯及共乘电梯礼仪

（1）上下楼梯礼仪

上下楼梯步伐要轻，注意姿态、速度，不能拥挤、奔跑；上下楼梯，靠右单行，不应多人并排行走；乘坐滚梯要遵循靠右站立的原则，左侧留给急行的人；引导受尊重的人，比如老人、女士、客户等上楼梯，请对方走在前面，下楼梯自己走在前面，这样可以保证对方的安全；上下楼梯，尽量少交谈，更不应站在楼梯上或转角处深谈；上下楼梯，保持与前后人员的距离，以防碰撞；若携带较多物品上下楼梯应等楼梯上人较少时再走，以免影响他人。

（2）进出电梯礼仪

进出电梯应注意以下事项。

① 注意电梯内卫生。电梯内是严禁吸烟的，可能导致严重的火灾发生，最好也不要携带刺激性气味的物品或者吃东西、喝饮料。

② 注意安全。轻按按钮，不随意扒门，更不能在电梯内乱蹦乱跳；不要超载运行；遇到故障及时拨打救援电话；遇火警时不能使用电梯。

③ 注意出入顺序。与陌生人同乘电梯，要依次进出，不要抢行，如图6-6所示。与熟人同乘电梯，当有人值守的时候，应后进后出；当无人值守时，应当先进后出，并及时按住控制按钮，以便于控制好电梯。

图6-6　乘电梯礼仪

④ 注意电梯内的合理站位。电梯内的空间比较狭窄，因此站位很重要。当与陌生人同乘电梯时，或者电梯内人数很多时，所有人都要依次"面门而立"；当引领一两位客人同乘电梯，而电梯内又无其他人时，应让对方站在里侧面向门站立，自己则站在电梯控制面板处，侧身与对方呈45°站立。

⑤ 不要在电梯内整理仪容。现在的电梯很多内侧装饰了带镜面的材料。但是，这些"镜面"不是用来整理仪容的。尤其是电梯内有他人同乘，不应该兀自面对"镜子"修饰自己的面容或着装；即便电梯内只有一个人也不要这样，因为多数电梯内安装了摄像头，你的一举一动都可能传到了别人的"眼"里。整理仪容是很私密的举动，应该放在洗手间进行。

⑥ 不要大声喧哗。

⑦ 不要携带宠物进入电梯。

9. 乘坐轮船礼仪

乘坐轮船的礼仪主要有以下几个方面。

（1）安全乘船

乘坐轮船，不得携带易燃、易爆、易腐蚀物品以及枪支弹药、家畜宠物或其他违禁品上船,积极配合上船时对人身和行李安全的检查。身体虚弱或有病的人要准备一些急救药品,上船后要尽量多休息,不要四处走动。室外活动时,不要去轮机舱、救生舱或甲板的扶手上等危险区域,风浪大或夜深人静时不要一个人到甲板上走动,以免造成不测而无人知晓。

(2)上下船礼仪

上船时,应提早到达候船区域并按次序排队,上下船过程中,要礼让客人、长者、女士和小孩。下船时也要提早准备,相互礼让,依次下船,不可故意拥挤,或蹦蹦跳跳,影响他人。

(3)船上礼仪

① 在轮船上要对号入座,不要抢占认为好的舱位。

② 乘船时要注意保持船上卫生,在客舱内不要吸烟,不要随地吐痰,乱丢垃圾。

③ 不要随便与刚认识的乘客谈论隐私问题,也不要打听别人不愿意或不便回答的问题,不要随便告诉别人你的联系电话特别是家庭电话,除非特别熟悉,同样也不要追问别人的联系方式。

④ 在铺位上睡觉,要注意睡姿、睡相,不要注视熟睡的乘客尤其是异性。

⑤ 不要轻易到刚认识的乘客船舱或邀请刚认识的乘客到自己的船舱做客。

⑥ 不宜谈论有关海难、翻船一类的不幸事件,也不要对轮船的性能与航行或者天气情况信口开河,以免增加他人的心理压力,制造恐慌。

体验一 考一考

1.判断题

(1)入住宾馆时,当服务员需要进入客房打扫卫生时,应表示欢迎,并且道谢。
(   )

(2)乘坐火车时,在卧铺车厢内休息,可以躺在铺位上,但不能脱得太暴露。
(   )

(3)入住宾馆,选择房间时最好不要选择最靠近走廊的房间。   (   )

(4)专职司机驾驶的车辆,后排司机后的座位是最尊贵的。   (   )

(5)乘坐火车时,只有在其他乘客睡熟时才可以取阅他带来的书刊。   (   )

(6)乘坐火车时,男士或年轻者应先上车,找好座位后再帮助女士上车。
(   )

(7)乘坐小轿车时,女士上车时应先轻轻坐在座椅上再把双腿一同收进车内。
(   )

(8)乘坐手扶电梯宜站在扶手左侧,右侧留作通道,方便有急事的乘客自由上下。
(   )

(9)乘坐手扶电梯应尽量单人乘坐,避免多人并行、拥挤。   (   )

（10）飞机起飞时调整座椅应考虑前后座位的人，不要突然放下座椅靠背。（　　）

（11）走廊是宾馆的主要公共场合，不要穿着睡衣或裹着浴巾转来转去。（　　）

（12）两人以上同行遇到熟人时，应主动介绍这些人与你的关系，但没必要一一介绍，然后向同伴们介绍这位熟人，也只要说一下他（她）与你的关系即可。（　　）

（13）如果男女两人一同上街，遇到女士熟悉的朋友，女士必须把男伴介绍给对方。（　　）

（14）多人乘坐出租车时，由付费或带路的一方坐到副驾驶位。（　　）

（15）在双排五座轿车上，前排座比后排座相比要安全。（　　）

（16）由专人驾车时，副驾驶座一般也叫随员座，通常坐于此处者多为随员、译员等。（　　）

（17）穿短裙的女士上轿车最好采用背入式，即上车时双腿并拢，背对车门坐下后，再收入双腿。（　　）

（18）乘坐由专职司机驾驶的轿车时，坐于前排者，应先上车，后下车。（　　）

（19）乘坐滚梯要遵循靠右站立的原则，左侧留给急行的人。（　　）

（20）当与陌生人同乘电梯时，或者电梯内人数很多时，所有人都要依次"面门而立"。（　　）

2．选择题（1~10题单选，11~15题多选）

（1）进入地铁车站后，上下楼梯，靠（　　）行走。
　　A.左　　　　　B.右　　　　　C.无所谓

（2）对于专职司机来说，（　　）方位的座位是最为尊贵的。
　　A.副驾驶座　　B.司机后面　　C.后排右边

（3）一般而言，上下楼宜（　　）行走。
　　A.单行　　　　B.并排　　　　C.无所谓

（4）上楼梯有女士时，应当是女士在前。但当遇到螺旋状上升的楼梯，而且有穿短裙、尤其是喇叭裙的女士，男士就不要谦让，应该走在（　　）。
　　A.前面　　　　B.后面　　　　C.左边　　　　D.右边

（5）预订宾馆的方式多种多样，但最常用的方式还是（　　）。
　　A.网上预订　　B.电话预订　　C.信函预订　　D.电传预订

（6）登记宾馆时，如果前面有登记的顾客，就应该与其保持（　　）的距离等待。
　　A.0.5米　　　B.1米　　　　 C.1.5米　　　 D.2米

（7）由先生驾驶自己的轿车时，则其夫人一般应坐在（　　）座上。
　　A.后排左　　　B.后排中　　　C.后排右　　　D.副驾驶

（8）由主人驾车送其客人夫妇回家时，客人之中的男士，一定要坐在（　　）座上。
　　A.后排左　　　B.后排中　　　C.后排右　　　D.副驾驶

（9）从轿车安全系数来看，最不安全的座位，当数（　　）座。
　　A.后排左　　　B.后排中　　　C.后排右　　　D.副驾驶

（10）多人一起乘火车，要注意车上座位的尊卑顺序（　　）。
　　A.靠窗为上　　B.靠边为上　　C.背对前方为上

（11）商务人员出入宾馆时，门童为你开启大门，或向你问好，应（　　）。
　　A. 不要理睬　　　　　　　　　B. 回应
　　C. 应该停下来和他寒暄　　　　D. 表示感谢

（12）对于双排五座轿车上座位描述正确的有（　　）。
　　A. 主人开车，副驾驶座为上座
　　B. 专职司机，后排右座为上，副驾驶座为随员座
　　C. 双排座轿车有的VIP上座为司机后面那个座位
　　D. 专职司机驾车时，副驾驶座为末座

（13）引导者引导客人参观时，按商务礼仪下列说法不正确的是（　　）。
　　A. 左前方引路　　B. 左后方指路　　C. 右前方引路　　D. 右后方指路

（14）出入电梯时，陪同人员和客人进入电梯的顺序是（　　）。
　　A. 出入无人电梯时，陪同人员先进后出，客人后进先出
　　B. 出入无人电梯时，陪同人员后进先出，客人先进后出
　　C. 出入有人电梯时，陪同人员先进先出，客人后进后出
　　D. 出入有人电梯时，陪同人员后进后出，客人先进先出

（15）遇到男士熟悉的朋友，正确的做法是（　　）。
　　A. 男士不把女伴介绍给对方　　　B. 女士可以不向对方致意
　　C. 男士应该把女伴介绍给对方　　D. 女士应向对方点头致意

体验二　想一想

王先生为何失礼

某公司的王先生年轻肯干，点子又多，很快引起了总经理的注意并拟提拔为营销部经理。为了慎重起见，总经理决定再进行一次考察，恰巧总经理要去省城参加一个商品交易会，需要带两名助手，总经理选择了公关部杜经理和王先生。

出发前，由于司机小王乘火车先行到省城安排一些事务，尚未回来，所以，他们临时改为搭乘董事长驾驶的轿车一同前往。上车时，王先生很麻利地打开了前车门，坐在驾车的董事长旁边的位置上，董事长看了他一眼，但王先生并没有在意。

车上路后，董事长驾车很少说话，总经理好像也没有兴致，似在闭目养神。为活跃气氛，王先生寻了一个话题："董事长驾车的技术不错，有机会也教教我们，如果都自己会开车，办事效率肯定会更高。"董事长专注地开车，不置可否，其他人均无应和，王先生感到没趣，便也不再说话。一路上，除董事长向总经理询问了几件事，总经理简单地作回答后，车内再也无人说话。到达省城后，王先生悄悄问杜经理：董事长和总经理好像都有点儿不太高兴？杜经理告诉他原委，他才恍然大悟："噢，原来如此。"

会后从省城返回，车子改由司机小王驾驶，杜经理由于还有些事要处理，需在省城多住一天，同车返回的还是四人。这次不能再犯类似的错误了，王先生想。于是，他打开前车门，请总经理上车，总理坚持要与董事长一起坐在后排，王先生诚恳地说："总经理您如果不坐前面，就是不肯原谅来的时候我的失礼之处。"并坚持让总经理坐在前排才肯上车。

回到公司，同事们知道王先生这次是同董事长、总经理一道出差，猜测着肯定提拔他，

都纷纷向他祝贺，然而，提拔之事却一直没有人提及。

思考练习：

请指出王先生的失礼之处。

体验三 练一练

分组设计一下情景并表演，要求正确使用住行礼仪。

（1）小程是某公司营销经理，陪同客户王先生和陈女士步行至某宾馆，路上遇到他的老同学张小姐。

（2）小程是某公司营销经理，和助手一起陪同3名客人（经理、秘书、工程师）游览某高校校园。

（3）小程是某公司营销经理，和助手一起陪同3名客人（经理、秘书、工程师）步行至5楼见刘总经理。

体验四 赛一赛

1. 项目

乘坐公交车礼仪训练。

2. 要求

（1）全班分成5人一组。

（2）每两组乘坐同一辆公交车，去时一组同学实训，另一组同学当裁判；回来时互换。

3. 项目评分

项目评分如表6-3所示。

表6-3 项目评分

项目\组别	上车排队	座位选择	面部表情	下车准备	公共卫生	站行坐姿	衣着服饰	注意安全	讲究礼让	总体印象	总分
	10	10	10	10	10	10	10	10	10	10	100
1											
2											
3											
4											
5											

项目7　商务用餐礼仪实训

> 对用餐礼仪最大的考验就是要能不触犯别人的感觉。
> ——艾米利·彼斯特（世界著名礼仪专家）

用餐礼仪是指人们以食物、饮料款待他人以及应邀参加宴请活动时所必须遵守的行为规范，是商务交际中最常见的活动形式之一。中国讲究"民以食为天"，西方认为"吃饭是外交的灵魂"。因此，了解和掌握一些有关用餐礼仪，既可以提高我们的综合素质，又有利于开展各种商务交往。

任务 7.1　中餐礼仪实训

通过实训，使学生掌握中餐位次的排列、桌次的排列、上菜顺序、餐具的使用、用餐举止等方面的规则和技巧，并能正确灵活运用。

温州华安公司要接待一批来公司接洽业务的客户，公司总经理陈先生用中餐招待。假如你是陈先生，你将注意哪些用餐礼仪？

任务步骤

（1）教师介绍本次实训的内容和实训情景。

（2）教师示范讲解中餐位次的排列、桌次的排列、上菜顺序、餐具的使用、用餐举止等方面的规则和技巧及应注意的事项。

（3）根据模拟活动情景分组，把全班同学分成每组7人。

（4）确定模拟活动情景角色。

　A. 华安公司总经理——陈先生
　B. 甲公司总经理——年长的汪先生
　C. 乙公司副总经理——年长的王女士
　D. 丙公司营销部经理——年轻的黄小姐
　E. 丁公司市场部经理——中年的杨先生
　F. 华安公司营销部经理——何先生

G. 华安公司业务员——小赵

（5）全组讨论本组角色位次的排列。

（6）中餐宴请训练。

①抽签排序，一组一组进行。

②一组模拟时，其他组观摩并指出问题。

（7）教师考核。考核评分标准如表7-1所示。

表7-1 中餐礼仪考核评分标准

组别：_____　　　　姓名：_____　　　　时间：_____

评价项目与内容		应得分	扣分	实得分
准备工作	角色定位及时，模拟出场迅速	5		
	实训过程全组协调良好	5		
基本知识掌握	熟悉中餐宴请基本知识及要求	10		
神态、举止	座位的选择	10		
	入座的方式	5		
	良好的坐姿	5		
	菜肴食用	10		
	进餐的风度	10		
	餐具的使用	10		
观摩讨论	观摩认真	5		
	讨论积极	5		
实训报告	按规定时间上交	5		
	字迹清楚、填写规范、内容详尽完整	5		
	实训分析总结正确	5		
	能提出合理化建议和创新见解	5		
合　　计		100		

考评教师（签名）：

（8）师生点评。

 知识点拨

中餐宴会是宴请活动时食用的中餐成套菜点及其台面的统称，展示了中国特有的民俗和社交礼仪，是中国传统的聚餐形式。

中国饮食习惯

饮中国酒；食中国菜；用中国餐具；行中国礼节。

1. 中餐位次的排列

（1）基本方法

① 单桌宴请，主人大都应当面对正门而坐，具体如图 7-1 所示。

② 多桌宴请，各桌之上均有一位主桌主人的代表在座，他也被称作各桌主人。其位置一般应与主桌主人同向，有时也可以面向主桌主人。

③ 各桌之上位次的尊卑应根据其距离该桌主人的远近而定，以近为上，以远为下。

④ 各桌之上距离该桌主人相同的位次讲究以右为尊，即以该桌主人面向为准。

⑤ 每张餐桌上所安排的用餐人数应限于 10 人之内，并宜为双数。

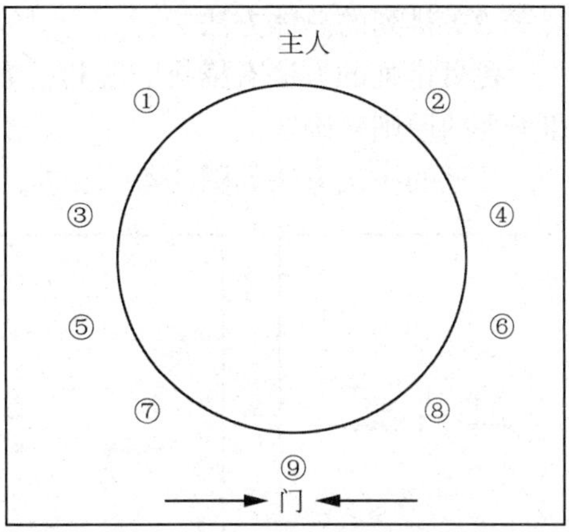

图7-1 位次排列的基本方法

（2）具体情况

根据上述排列方法，圆桌上位次的具体排列又可分两种具体情况。

① 每桌一个主位的排列方法。其特点即每桌只有一名主人，主宾在其右首就座，每桌只有一个谈话中心，具体如图 7-2 所示。

② 每桌两个主位的排列方法。表现为主人夫妇就座于同一桌，以男主人为第一主人，以女主人为第二主人，主宾和主宾夫人分别在男女主人的右侧就座。如果主宾的身份高于主人，为表示尊重，可安排其在主人位次上就座，而请主人坐在主宾的位次上，具体如图 7-3 所示。

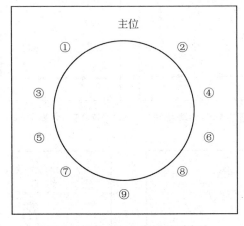

图7-2 每桌一个主位的排列方法

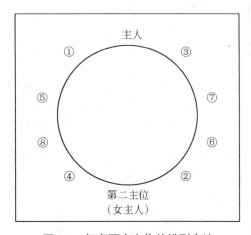

图7-3 每桌两个主位的排列方法

2. 中餐桌次的排列

（1）决定餐桌高低次序的原则

主桌排定之后，其余桌次的高低以离主桌的远近而定，近高远低，前高后低，中心高周围低，平行时右高左低。主桌应总是处在突出的位置，桌子较多时要设桌次牌。

（2）排列的总体方法

餐桌排列的方法有横排、竖排、花排、正排等多种，具体采取哪一种排法应根据场地和美观的原则来确定。

常见的排次方法如图7-4～图7-21所示，图中圆圈里的序号就是桌次的高低序号。

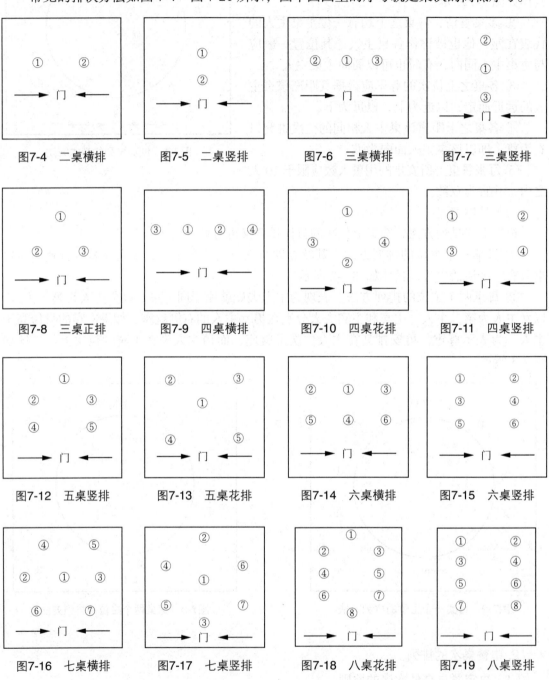

图7-4 二桌横排　　图7-5 二桌竖排　　图7-6 三桌横排　　图7-7 三桌竖排

图7-8 三桌正排　　图7-9 四桌横排　　图7-10 四桌花排　　图7-11 四桌竖排

图7-12 五桌竖排　　图7-13 五桌花排　　图7-14 六桌横排　　图7-15 六桌竖排

图7-16 七桌横排　　图7-17 七桌竖排　　图7-18 八桌花排　　图7-19 八桌竖排

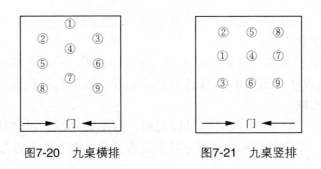

图7-20　九桌横排　　　　图7-21　九桌竖排

3. 中餐的上菜顺序

标准的中餐宴会,不论是何种风味,其上菜的顺序大体相同,通常的顺序如图7-22所示。

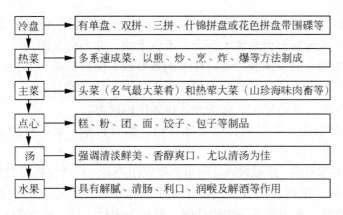

图7-22　中餐宴会的上菜顺序

上菜时,如果由服务员给每个人上菜,要按照主宾、次宾、主人的顺序,并且要按顺时针方向依次进行。如果由个人取菜,每道热菜应放在主宾面前,由主宾开始按顺时针方向依次取食,切不可迫不及待地越位取菜。

4. 用餐礼仪

（1）座位的选择

要事先了解男女主人、其他男女陪客的位置,明白自己当天所扮演的角色。应让年长者、位高者和女士优先入座。如邻座是年长者或女士,应主动协助他们先坐下,同时应与同桌点头致意。

（2）入座的方式

最得体的方式是从左侧入座,即以右手拉开椅子,从椅子的左边入座。

（3）良好的坐姿

坐在餐桌边时,身体应保持挺直,两脚并齐放在地板上。用餐时,上臂和背部要靠到椅背,腹部和桌子保持约两个拳头的距离。吃东西时,手肘最好还是离开桌面。如果两只胳膊"左右开弓"往外张开,会令两边的同席者感到不便。暂停用餐时,可把双手放在桌面上,以手腕底部抵住桌子边缘,也可以把手放在膝上,双手保持静止不动。

（4）菜肴的食用

① 客人入席后,应待主人举杯示意开始时,客人才开始动手取用菜肴。

② 菜肴一上桌，应由主宾先取用。一般来说，无论上任何一道菜，如果主宾尚未动筷，其他的人不宜率先取食。

③ 取菜要文明，应等菜肴转到自己的面前时再动筷子，一次取菜也不宜取得过多。

④ 取菜时应从盘子靠近或面对自己的盘边夹起。距离自己较远的菜可以请人帮助，不要起身甚至离座去取。

⑤ 为表示友好、热情，彼此之间可以祝酒，但不要劝酒，可以让菜，劝对方品尝，但不要为他人夹菜。不要擅自做主，不论对方是否喜欢，都不要主动为其夹菜、添饭，让人家为难。

⑥ 对不合口味的菜，勿显露出难堪的表情。如果主人提醒你用你并不喜欢的那道菜时，可婉转地回答"我吃不下了"，不要生硬地拒绝。

（5）进餐的风度

① 用餐的时候，不要吃得摇头摆脑、宽衣解带、满脸油汗、汁汤横流、响声大作。

② 宾客进餐的速度宜与男女主人同步，不宜太快，亦不宜太慢。

③ 如果需要为别人倒茶倒酒，要记住"倒茶要浅，倒酒要满"的礼仪规则。

④ 如不慎将酒、水、汤汁溅到他人的衣服上，表示歉意即可。

⑤ 席间不宜抽烟，如需抽烟，必须先征得邻座的同意。

⑥ 在用餐的过程中，要尽量自己添加食物。如有长辈，要尽可能主动给长辈添饭。遇到长辈给自己添饭时要道谢。

⑦ 进餐时要闭嘴咀嚼、细嚼慢咽，嘴里不要发出声音，口含食物时最好不与别人交谈。

⑧ 吐出的骨头、鱼刺、菜渣要用筷子或手取接出来，不能直接吐到桌面或地面上。如果要咳嗽、打喷嚏，要用手或手帕捂住嘴，并把头向后方转。吃饭嚼到沙粒或嗓子里有痰时，要离开餐桌去吐掉。

⑨ 如果宴会没有结束，但自己用餐完毕，不要随意离席。要等主人和主宾餐毕先起身离席，其他的客人才能依次离席。

⑩ 在餐厅进餐，如果是做客，不能抢着付账；未征得朋友的同意，亦不宜代友付账。

（6）餐具的使用

① 筷子的使用。中餐有别于西餐的餐具主要是筷子。用筷子取菜，必须成双使用。使用筷子要注意，在中国几千年的饮食文化中，用筷子形成了基本的规矩和礼仪。

用餐完毕，筷子应整齐地搁在靠碗右边的桌上，并应等众人都放下筷子后，在主人示意散席时方可离座，不可自己用餐完毕，便扔下筷子离席。

知识窗

用筷子的禁忌

（1）忌敲筷。在等待就餐时，不能坐在桌边一手拿一根筷子随意敲打碗或茶杯。

（2）忌掷筷。在进餐前发放筷子时，要把筷子一双双理顺，然后轻轻地放在每个餐位前，相距较远时，可请人递交过去，不能随手掷在桌子上，更不能掷在桌下。

（3）忌叉筷。筷子不能一横一竖交叉摆放，不能一根大头，一根小头。筷子要摆在碗的旁边，不能搁在碗上。

（4）忌插筷。用餐者因故须暂时离开时，要把筷子轻轻搁在桌上或餐碟边，不能插在饭碗里。

（5）忌挥筷。夹菜时，不能把筷子在菜盘里挥来挥去，上下乱翻。遇到别的宾客也来夹菜时，要注意避让，避免"筷子打架"。

（6）忌舞筷。用餐过程中进行交谈，不能把筷子当成道具，在餐桌上乱舞，也不要在请别人用菜时，把筷子戳到别人面前。

② 汤匙的使用。汤匙也叫勺子，是常用的餐具，它同使用筷子一样，也有一定的讲究。正确的方式是：右手持汤匙，手持汤匙的柄端，食指在上，按住汤匙的柄，拇指和中指在下支撑，如图7-23所示。常见的不正确的方式是：拇指在上，按住汤匙的柄，食指和中指在下支撑，如图7-24所示。

图7-23　正确持汤匙　　　　　　图7-24　错误持汤匙

- 不要单用汤匙去取菜。
- 暂且不用汤匙时，应置之于自己的食碟上。
- 使用汤匙取用食物后应立即食用，不要把它再次倒回原处。
- 食用汤匙里盛放的食物时，尽量不要把汤匙塞入口中或反复吮吸它。

③ 牙签的使用。尽量不要当众剔牙。有必要时，应用另一只手掩住口部。剔牙后，不要长时间叼着牙签，更不要用来扎取食物。

④ 盘子的使用。稍小点的盘子称碟子，主要用来盛放食物，在使用方面和碗略像。盘子在餐桌上一般要保持原位，不要急于清理和堆放起来。

食碟的主要作用，是用来暂放从公用菜盘里取来享用的菜肴。用食碟时，一次不要取放过多的菜肴，不要把多种菜肴堆放在一起，弄不好它们会相互"串味"，不好看，也不好吃。不吃的残渣、骨、刺不要吐在地上、桌上，而应轻轻放在食碟前端，放的时候不要直接从嘴里吐在食碟上，要用筷子夹放到碟子旁边。如果食碟放满了，可以让服务员更换。

⑤ 洗手巾和餐巾的使用。用餐前，服务人员一般要为每人送上一方热的湿毛巾，这是供进餐者擦拭嘴角和双手用的，不可以用于洗脸、擦脖子、揩手背等，否则，也是失态的。如果桌面上设有餐巾，当主人示意用餐开始时，方可将餐巾全部打开或打开到对折为止，平摊在自己的腿上。值得注意的是，那种将餐巾塞在领口内或插在裤带上的古典式做法早已不合时宜。

在正式宴会，切忌用餐巾或餐巾纸擦拭餐具、酒具等物品，那是对主人的不信任、不尊重行为。

任务 7.2　西餐礼仪实训

通过实训，使学生掌握西餐位次的排列、桌次的排列、上菜顺序、餐具的使用、用餐举止等方面的规则和技巧，并能正确灵活运用。

温州银泰公司刚完成一项重要的工作，公司总裁张先生委托办公室小任组织相关人员到西餐厅用餐，以表庆贺。假如你是其中一员，你将注意哪些西餐礼仪？

任务步骤

（1）教师介绍本次实训的内容和模拟实训情景。

（2）教师示范讲解西餐位次的排列、桌次的排列、上菜顺序、餐具的使用、用餐举止等方面的规则和技巧。

（3）根据模拟活动情景分组，把全班同学分成每组 8 人。

（4）根据任务活动场景进行角色分工。

　A. 公司总裁——张先生

　B. 公司副总经理——唐先生

　C. 公司企划部经理——年长的王女士

　D. 公司营销部经理——年轻的黄小姐

　E. 公司市场部经理——中年的杨先生

　F. 公司财务部经理——何先生

　G. 公司业务主管——孙小姐、胡小姐

（5）全组讨论本组角色位次的排列。

（6）西餐宴请训练。

　①抽签排序，一组一组进行。

　②一组模拟时，其他组观摩并指出问题。

（7）教师考核。考核评分标准如表 7-2 所示。

表7-2　西餐礼仪考核评分标准

组别：_____　　姓名：_____　　时间：_____

评价项目与内容		应得分	扣分	实得分
准备工作	角色定位及时，模拟出场迅速	5		
	实训过程全组协调良好	5		
基本知识掌握	熟悉西餐宴请基本知识及要求	10		

续表

评价项目与内容		应得分	扣分	实得分
神态、举止	座位的选择	10		
	入座的方式	5		
	良好的坐姿	5		
	菜肴食用	10		
	进餐的风度	10		
	餐具的使用	10		
观摩讨论	观摩认真	5		
	讨论积极	5		
实训报告	按规定时间上交	5		
	字迹清楚、填写规范、内容详尽完整	5		
	实训分析总结正确	5		
	能提出合理化建议和创新见解	5		
合　　计		100		

考评教师（签名）：

（8）师生点评。

 知识点拨

西餐是对西式饭菜的一种约定俗成的统称，西餐源自于西方国家，必须使用刀叉取食。吃西餐要遵循一定的礼仪。

贴士窗

西 餐 特 点

摆西餐台面；吃西式菜点；用刀叉匙进食；采用分餐制；常在席间播放音乐。

1. 西餐位次的排列

1）位次排列的基本原则

（1）女士优先：女主人——主位，男主人——第二主位。

（2）恭敬主宾：男女主宾分别紧靠女主人和男主人。

（3）以右为尊：男主宾坐于女主人右侧，女主宾坐于男主人右侧。

（4）面门为上：面对门口者高于背对门口者。

（5）距离定位：距主位越近，地位越高。

（6）交叉排列：男女交叉安排座位，生人、熟人交叉安排座位。

2）位次排列的具体方法

西餐用餐时采用的餐桌有长桌、方桌和圆桌。最常见、最正规为长桌。

（1）长桌。以长桌排位，一般有两种方法。

① 男女主人在长桌中央对面而坐,餐桌两端坐人不坐人皆可(如图 7-25(a)、(b)所示)。
② 男女主人分别就座于长桌两端(如图 7-25(c)所示)。

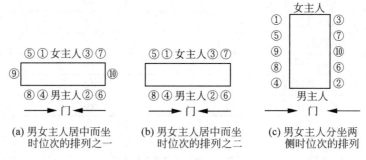

图7-25 长桌上的位次排列

某些时候,如用餐者人数较多,还可参照以上办法,以长桌拼成其他的图案,以便安排大家一道用餐。

(3) 方桌。以方桌排列位次时,就座于餐桌四面的人数应当相等。在一般情况下,一桌八人,每侧各坐两人,并应使男、女主宾对面而坐,所有人均各自与自己的恋人或配偶坐成斜对角,如图 7-26 所示。

(4) 圆桌。在西餐中采用圆桌比较少见,仅列出位次排列以供参考,如图 7-27 所示。

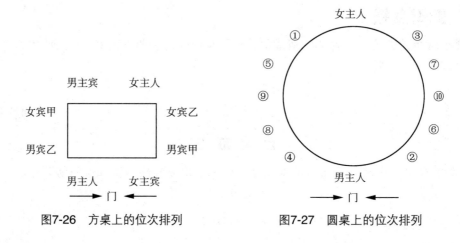

图7-26 方桌上的位次排列　　　图7-27 圆桌上的位次排列

知识窗

中餐与西餐入席异同

东西方入席桌次相同,座次有五点不同。

(1) 中国比较尊重"官",通常实行"职务礼让",在非公务场合,有高官职务的往往也会受到特别关照,入席往往安排在正中间。

(2) 中国通常同性别的在一起,很少有男女主动搭配入席。主人安排陪客也往往考虑由同性陪伴。西方提倡男女穿插,异性相陪。例如,女主人陪伴男一号来宾,男主人坐在对面陪伴女一号来宾。

（3）中国传统以男性为主，在餐桌上以男主人为核心。旧社会妇女与孩子是不上餐桌的，现代家宴也常常是男士为主。西方是女士优先，女性地位比较高，尤其是家宴，一切以女主人为中心；女主人入席，大家入席；女主人拿起餐巾，表示开始用餐，大家跟随；女主人起身，宴会结束。

（4）中国夫妻出席宴会往往坐在一起。西方出席宴会，尤其是社交宴会，夫妻不坐在一起，如果是多桌的宴会，夫妻不在同一桌上用餐，这样可以多交些朋友。

（5）在商务场合，中国人比较内向，往往是熟人在一起聊天、用餐。在国外往往也是华人聚在一起。西方人比我们外向，他们会利用沙龙、宴会去结交新朋友，与老朋友打招呼，但是不会只同熟人在一起。

2. 西餐桌次的排列

西餐桌次高低的原则，主桌排定之后，其余桌次近者为高，远者为低；右桌为高，左桌为低，如图 7-28 和图 7-29 所示。

图7-28　三张餐桌的桌次　　　图7-29　四张餐桌的桌次

3. 西餐上菜的顺序（如图 7-30 所示）

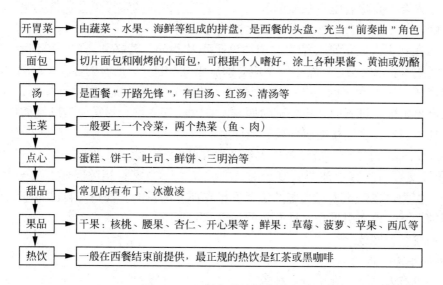

图7-30　西餐宴会的上菜顺序

4. 西餐用餐礼仪

（1）西餐进餐守则

① 按时赴约。一般来说，宜略早到达；若客人身份较高，可以稍晚些到达；特殊情况无法出席，应尽早向主人解释道歉。

② 举止高雅。有人说吃中餐，主要吃其美味佳肴；而吃西餐，则主要吃其风度与气氛。

- 坐相、吃相文雅：应从椅子左侧站起或坐下，并使身体与餐桌保持两拳左右的距离。坐下时，应往后将背伸直坐下，使腰的一部分与椅背轻轻接触。上身要呈挺拔之态，双手应扶住桌沿。用餐时一定要维护环境卫生，并注意个人卫生，不要把餐盘、餐桌和地面上弄得一塌糊涂。

- 进食勿出声响：用餐时尽量不要发出声来，饮汤时尤其需要注意。进餐时禁止大声说话，也不要大声招呼服务生，可面向其稍微将手抬高一下，不影响他人进餐。就座、用餐时，不要把座椅、餐桌、餐具弄出怪异之声来。

③ 尊重女士。中餐讲究尊重长者，而西餐则讲究尊重女士，特别是女主人。

- 宾客到达宴会地点后，男女主人在那里恭迎。宾客应先和女主人握手后再与男主人握手。男性戴手套时，必须事先脱下，女性则不必如此。

- 排座位时，女主人坐在主位，而男主人屈居第二主位。入座后，所有的宾客都以女主人为指南，当女主人将餐巾铺开，方宣布就餐开始。

- 如偶有迟到的客人入座，当女主人从座位上站起来迎接、招呼时，席上的男宾也必须陪同站起来。

- 每一道菜上来时，亦要经女主人招呼，才能开始进食。如果女主人问客人是不是愿意再添一点菜，客人应表示欣赏女主人所做的菜。当女主人请客人再吃一些时，无论是否愿意再吃，能否再继续吃，客人都要向其表示感谢。

- 女主人要一直陪着吃得最慢的客人。一个关心别人的客人不会吃得太快，好像狼吞虎咽一般；也不会吃得太慢以致女主人等着他。

- 客人在女主人表示宴会结束之前离席是不礼貌的。若必须离席，应请女主人原谅。当女主人表示宴会已经结束时，应立即从座位上起立，所有的客人也都随之起立。

- 男宾还有照顾女宾的义务。如入席时，男宾应替身边的女宾移开椅子，让她入座，自己再坐下；进餐时，也要随时照顾。在女宾起立后，男宾应帮助她们把椅子归回原处。当然，女宾接受服务后，应向男宾道谢。

④ 衣着得体。赴宴前，应注意仪表整洁，穿戴大方，忌穿工作服。

⑤ 积极交际。宾客参加西餐宴会时，要与主人、主宾打招呼问候。要与身边的人、邻座交际，因为这也是主人将宾客的位置安排在那儿的目的。要想与自己希望结识的人交际，此种情形下，请人引见是一种有效的手段。

（2）西餐餐具摆放

① 西餐餐具种类

西餐餐具有刀、叉、匙、盘、杯等。

刀分为食用刀、鱼刀、肉刀、奶油刀和水果刀。

叉分为食用叉、鱼叉和龙虾叉。

公用刀叉规格一般要大于食用刀叉。

匙有汤匙、茶匙。

杯分为茶杯、咖啡杯，咖啡杯配小碟，小碟均为瓷品。杯子多为玻璃制品，不同的酒使用的酒杯规格不同，宴会有几道酒就配几种酒杯。

② 西餐餐具的摆台

西餐餐具的摆台是正面放食盘（汤盘），左手放叉，右手放刀、匙。有时，食盘上放汤匙或甜品匙，在上方放酒杯，从右起依次放置烈性酒杯、开胃酒杯、葡萄酒杯、香槟酒杯和啤酒杯。餐巾插在水杯内或摆在食盘上，面包奶油盘放在左上方。吃正餐的刀叉数目应与菜的道数相同，按上菜顺序由外至里排列，使用也是从外向里依次取用，刀口向里。撤盘时，一并撤去使用过的刀叉。详见图7-31。

图7-31 西餐餐具摆台

（3）西餐餐具使用

① 刀叉的使用。基本原则：右手持刀，左手拿叉。

- 刀叉的区别：正规的西餐宴会，讲究吃一道菜换一副刀叉，刀叉一般有吃黄油用的黄油餐刀、吃鱼用的刀叉、吃肉用的刀叉、吃甜品用的甜点叉等。
- 黄油餐刀一般横放在左侧餐叉前方的面包盘上，其他刀叉则是在餐盘左右，并且右刀左叉。使用的时候，依次由两边的外侧向内侧取用。
- 甜点叉最后使用，一般在餐盘的正上方横放点心刀和甜点叉，且刀把朝右，叉把朝左，如图7-32所示。
- 常规用法：使用刀叉时，从外侧向内侧取用刀叉，要左手持叉，右手持刀；切东西时，左手拿叉按住食物，右手拿刀将食物切成小块，用叉子往嘴里送。用刀的时候，刀刃不可以朝外。刀叉的用法如图7-33所示。

图7-32 刀叉的区别

图7-33 刀叉的用法

- 刀叉的暗示。

暂停用餐：刀右叉左，刀口向内、叉齿向下，呈"人"字形摆放在餐盘之上，它的含义是此菜尚未用毕，如图 7-34 所示。

用餐完毕：刀口内向、叉齿向上，刀在餐盘右边、叉在餐盘左边并排纵放，如图 7-35 所示。或者刀上叉下地并排横放在餐盘里，并且握把皆向右，它的含义是服务人员可以连刀叉带餐盘一块收掉。

图7-34　暂停用餐

图7-35　用餐完毕

② 餐巾的使用。

- 餐巾的用途（如图 7-36 所示）。
- 餐巾的暗示：女主人铺开餐巾，暗示用餐开始。女主人把餐巾放在桌上，暗示用餐结束。将餐巾放在椅面上，暗示暂时离开。
- 餐巾的铺放：餐巾应平铺在自己并拢的大腿上，最好用双手打开餐巾，并将其折放的整个过程悄然进行于桌下，切勿临空一抖，吸引他人注意。

图7-36　餐巾的用途

（4）西餐进食方法

① 主菜：用刀切割，一边切一边吃。吃有骨头的肉不要直接"动手"，要用叉子把整片肉固定住，再用刀沿骨头插入，把肉切开，边切边吃。吃鱼时不要把鱼翻身，吃完上层后用刀叉剔掉鱼骨后再吃下层。如果骨头很小，可以用叉子把它放进嘴里，在嘴里把肉和骨头分开后再用餐巾盖住嘴，把骨头吐到叉子上，然后放到碟子里。如果食用需要直接"动手"的肉，洗手水往往会和肉同时端上来，一定要时常用餐巾擦拭手和嘴。

② 汤：用汤匙由内往外舀，不可将汤碗端起来喝，也不能吸着喝。喝汤时不能舔嘴唇，或咂嘴发出声音。即使汤菜再热，也不要用嘴吹，应用汤匙由后往前将汤舀起，汤匙的底部放在下唇的位置，然后将汤送入口中。碗里的汤剩下不多时，可用手将碗略微抬高。吃完后，将汤匙留在汤盘里，匙把指向自己，如图 7-37～图 7-39 所示。

③ 面条和面包：面条要用叉子卷妥再食用；面包用手撕成小块放入口中，不能用嘴直接咬或者用刀叉剥食，要以牛油刀或餐刀涂抹牛油，并且防止面包碎片跌落在餐桌上。

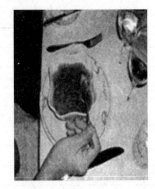 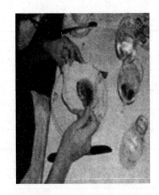 

图7-37　喝汤正确方法（一）　　图7-38　喝汤正确方法（二）　　图7-39　喝汤完毕摆勺方法

任务 7.3　自助餐礼仪实训

实训目标

通过实训，使学生掌握安排自助餐和参与自助餐的礼仪规范及参与自助餐时的注意事项，并能熟练运用。

任务描述

在一个星期六或星期天的早上，杨老师带领全班同学到当地某宾馆食用自助餐。假如你是其中的一员，你将如何遵守自助餐礼仪？

（1）教师介绍本次实训的内容。
（2）教师示范讲解安排自助餐和参与自助餐的礼仪规范及食用自助餐时的注意事项。
（3）选一个星期六或星期天的早上，教师带领学生到当地某宾馆食用自助餐。
（4）食用自助餐训练。
① 把全班同学分成 10 人一组。
② 抽签排序，一组一组进行。
③ 食用时，相互观摩并指出不当之处。
（5）教师考核。考核评分标准如表 7-3 所示。

表7-3　自助餐礼仪考核评分标准

组别：＿＿＿＿＿＿　　　　姓名：＿＿＿＿＿＿　　　　时间：＿＿＿＿＿＿

	评价项目与内容	应得分	扣分	实得分
准备工作	出场迅速	5		
	实训过程全组协调良好	5		

续表

评价项目与内容		应得分	扣分	实得分
基本知识掌握	熟悉食用自助餐的基本知识及要求	10		
神态、举止	排队取菜	5		
	循序取菜	5		
	多次少取	5		
	送回餐具	5		
	照顾他人	5		
	积极交际	5		
	不要混用专用菜夹	5		
	不要使用已用过的餐盘	5		
	不要在众多的食物面前犹豫再三，让身后的人久等	5		
	不要取菜时挑挑拣拣，甚至直接下手或以自己的餐具取菜	5		
观摩讨论	观摩认真	5		
	讨论积极	5		
实训报告	按规定时间上交	5		
	字迹清楚、填写规范、内容详尽完整	5		
	实训分析总结正确	5		
	能提出合理化建议和创新见解	5		
合 计		100		

考评教师（签名）：

（6）师生点评。

 知识点拨

自助餐是一种不分桌次、席次，由客人自行取用的一种进餐方式。它的具体做法是，不预备正餐，而由就餐者自作主张地在用餐时自行选择食物、饮料，然后或立或坐，自由地与他人在一起或是独自一人用餐。

自助餐礼仪，泛指人们安排或食用自助餐时所需要遵守的基本礼仪规范。具体来讲，自助餐礼仪又分为安排自助餐的礼仪与参与自助餐的礼仪两个主要的部分。

1. 自助餐的优点

（1）免排座次

正规的自助餐，往往不固定用餐者的座次，甚至不为其提供座椅。这样一来，既可免除座次排列之劳，而且还可以便于用餐者自由地进行交际。

（2）节省费用

因为自助餐多以冷食为主，不是正餐，不上高档的菜肴、酒水，故可大大地节约主办者的开支，并避免了浪费。

（3）各取所需

参加自助餐时，用餐者遇上自己偏爱的菜肴，只管自行取用就是了，完全不必担心他人会为此而嘲笑自己。

（4）招待多人

每逢需要为众多的人士提供饮食时，自助餐不失为一种首选。它不仅可用以款待数量较多的来宾，而且还可以较好地处理众口难调的问题。

2. 安排自助餐的礼仪

安排自助餐的礼仪，指的是自助餐的主办者在筹办自助餐时的规范性做法，它包括以下4个方面的内容。

（1）备餐的时间

在商务交往之中，依照惯例，自助餐大都被安排在各种正式的商务活动之后，作为其附属的环节之一，而极少独立出来，单独成为一项活动。也就是说，商界的自助餐多见于各种正式活动之后，是招待来宾的项目之一，而不宜作为一种正规的商务活动。

因为自助餐多在正式的商务活动之后举行，故而其举行的具体时间受到正式的商务活动的限制。不过，它很少被安排在晚间举行，而且每次用餐的时间不宜长于一个小时。

根据惯例，自助餐的用餐时间不必进行正式的限定。只要主人宣布用餐开始，大家即可动手就餐。在整个用餐期间，用餐者可以随到随吃，不必在主人宣布用餐开始之前到场恭候。在用自助餐时，也不像正式的宴会那样，必须统一退场，不允许"半途而废"。用餐者只要自己觉得吃好了，在与主人打过招呼之后，随时都可以离去。通常，自助餐是无人出面正式宣告其结束的。

一般来讲，主办单位假如预备以自助餐对来宾进行招待，最好事先以适当的方式对其进行通报。同时，必须注意一视同仁，即不要安排一部分来宾用自助餐，而安排另外一部分来宾去参加正式的宴请。

（2）就餐的地点

选择自助餐的就餐地点，不必如同宴会那般较真。重要的是，它既能容纳下全部就餐之人，又能为其提供足够的交际空间。

按照正常的情况，自助餐安排在室内外进行皆可。通常，它大多选择在主办单位所拥有的大型餐厅、露天花园之内进行。有时，亦可外租、外借与此相类似的场地。

在选择、布置自助餐的就餐地点时，有下列3项应予注意。

① 为用餐者提供一定的活动空间。除了摆放菜肴的区域之外，在自助餐的就餐地点还应划出一块明显的用餐区域，这一区域不要显得过于狭小。考虑实际就餐的人数往往具有一定的弹性，所以用餐区域的面积宁肯划得大一些。

② 提供数量足够使用的餐桌与座椅。尽管真正的自助餐所提倡的是就餐者自由走动，立而不坐，但是在实际上，有不少的就餐者，尤其是其中的年老体弱者，还是期望在其就餐期间，能有一个暂时的歇脚之处。因此，在就餐地点应当预先摆放好一定数量的桌椅，供就餐者自由使用。在室外就餐时，提供适量的遮阳伞，往往也是必要的。

③ 使就餐者感觉到就餐地点环境宜人。在选定就餐地点时，不仅要注意面积、费用问题，还须兼顾安全、卫生、温湿度等问题。要是用餐期间就餐者感到异味扑鼻、过冷过

热、空气不畅，或者过于拥挤，显然都会影响到对方对此次自助餐的整体评价。

（3）食物的准备

在自助餐上，为就餐者所提供的食物，既有其共性，又有其个性。它的共性在于，为了便于就餐，以提供冷食为主；为了满足就餐者的不同口味，应当尽可能地使食物在品种上丰富多彩；为了方便就餐者进行选择，同一类型的食物应被集中在一处摆放。它的个性在于，在不同的时间或是款待不同的客人时，食物可在具体品种上有所侧重。有时，它以冷菜为主；有时，它以甜品为主；有时，它以茶点主；有时，它还可以酒水为主。除此之外，还可酌情安排一些时令菜肴或特色菜肴。

一般而言，自助餐上所备的食物在品种上应当多多益善。具体来讲，一般的自助餐上所供应的菜肴大致应当包括冷菜、汤、热菜、点心、甜品、水果以及酒水等几大类型。

通常，常上的冷菜有沙拉、泥子、冻子、香肠、火腿、牛肉、猪舌、虾松、鱼子、鸭蛋等。常上的汤类有红菜汤、牛尾汤、玉黍汤、酸辣汤、三鲜汤等。常上的热菜有炸鸡、炸鱼、烤肉、烧肉、烧鱼、土豆片等。常上的点心有面包、菜包、热狗、炒饭、蛋糕、曲奇饼、士力架、三明治、汉堡包、比萨饼等。常上的甜品有布丁、果排、冰激凌等。常上的水果有香蕉、菠萝、西瓜、木瓜、柑橘、樱桃、葡萄、苹果等。常上的酒水有牛奶、咖啡、红茶、可乐、果汁、矿泉水、鸡尾酒等。

在准备食物时，务必要注意保证供应。同时，还需注意食物的卫生以及热菜、热饮的保温问题。

（4）客人的招待

招待好客人，是自助餐主办者的责任和义务。要做到这一点，必须特别注意下列环节。

① 照顾好主宾。不论在任何情况下，主宾都是主人照顾的重点，在自助餐上也并不例外。主人在自助餐上对主宾所提供的照顾，主要表现在陪同其就餐，与其进行适当的交谈，为其引见其他客人，等等。只是要注意给主宾留下一点供其自由活动的时间，不要始终伴随其左右。

② 充当引见者。作为一种社交活动的具体形式，自助餐自然要求其参加者主动进行适度的交际。在自助餐进行期间，主人一定要尽可能地为互不相识的客人多创造一些相识的机会，并且积极为其牵线搭桥，充当引见者，即介绍人。应当注意的是，介绍他人相识，必须了解彼此双方是否有此心愿，而切勿一厢情愿。

③ 安排服务者。小型的自助餐，主人往往可以一身二任，同时充当服务者。但是，在大规模的自助餐上，显然是不能缺少专人服务的。在自助餐上，直接与就餐者进行正面接触的，主要是侍者。根据常规，自助餐上的侍者须由健康而敏捷的男性担任。他的主要职责是：为了不使来宾因频频取食而妨碍了同他人所进行的交谈，而主动向其提供一些辅助性的服务，比如推着装有各类食物的餐车，或是托着装有多种酒水的托盘，在来宾之间巡回走动，而听凭宾客各取所需。再者，他还可以负责补充供不应求的食物、饮料、餐具等。

3. 参与自助餐的礼仪

（1）排队取菜

用餐者吃自助餐时讲究先来后到，排队选用食物，不允许乱挤、乱抢、乱插队，更不允许不排队。

在取菜之前，先要准备好一只餐盘。轮到自己取菜时，应以公用的餐具将食物装入自己的餐盘之内，取完之后一定要将公用的餐具放回原处，然后迅速离去，如图7-40所示。

（2）循序取菜

原则上按照生菜、色拉、主食、甜点、水果的顺序取菜，一次取2~3样。因此，在取菜时最好先在全场转上一圈，了解一下情况，然后再去取菜。选用牛排、猪排、鱼排等食物时，需遵照西餐的礼仪食用。

（3）"多次少取"原则

适量地取自己爱吃的品种，多取几次无妨。每次取餐时，在盘子上摆满一层即可，不要把盘子堆得像小山一样，盘子如果堆得太满，既不雅观，又会混淆原味。这样不仅会给人贪心的印象，还会减损食物的美味，如图7-41所示。

图7-40　取餐时应用公用的勺子或者刀叉

图7-41　餐盘不要堆得太满

（4）避免外带

自助餐是用餐者在用餐现场自行享用，绝对不许在用餐完毕后把食物携带回家。

（5）送回餐具

在一般情况下，自助餐大都要求用餐者在用餐完毕之后，自行将餐具整理到一起，然后一并将其送回指定的位置。在庭院、花园里享用自助餐时，尤其应当这么做。不允许将餐具随手乱丢，甚至任意毁损餐具。在餐厅里就座用餐，有时可以在离去时将餐具留在餐桌上，而由服务人员负责收拾。虽然如此，但是也应在离去前对餐具稍加整理为好，不要弄得餐桌上杯盘狼藉、不堪入目。自己取用的食物，以吃完为宜，万一有少许食物剩了下来，也不要乱丢、乱倒、乱藏，而应将其放在适当之处。

（6）照顾他人

在参加自助餐时，除了对自己用餐时的举止表现要严加约束之外，还需要与他人和睦相处。在用餐的过程中，对于其他不相识的用餐者应当以礼相待。在排队、取菜、寻位以及行动期间，对于其他用餐者要主动加以谦让，不要目中无人、蛮横无理。

（7）积极交际

一般来说，参加自助餐时，吃东西往往属于次要的事，而与其他人进行适当的交际活动才是自己最重要的任务。因此，要主动寻找机会，积极地进行交际活动。首先，应当找机会与主人攀谈一番；其次，应当与老朋友叙叙旧；最后，还应当争取多结识几位新朋友。

（8）吃自助餐时的失礼行为

① 不要混用专用菜夹。

② 不要使用已用过的餐盘。

③ 不要在众多的食物面前犹豫再三，让身后的人久等。
④ 不要取菜时挑挑拣拣，甚至直接下手或以自己的餐具取菜。
⑤ 不要在主桌前交谈或吃食，妨碍他人。

项目体验

体验一　考一考

1. 判断题

（1）单桌宴请时，主人应当面对正门而坐。　　　　　　　　　　　　　　　（　　）

（2）多桌宴请，各桌之上均有一位主桌主人的代表在座，其位置必须与主桌主人同向。
（　　）

（3）各桌之上位次的尊卑应根据其距离该桌主人的远近而定，以近为上，以远为下。
（　　）

（4）各桌之上距离该桌主人相同的位次讲究以左为尊，即以该桌主人面向为准。
（　　）

（5）每张中餐桌上所安排的用餐人数应限于10人之内，并宜为双数。　　　（　　）

（6）每桌只有一名主人，主宾在其右首就座，每桌只有一个谈话中心。　　（　　）

（7）主人夫妇就座于同一中餐桌，以男主人为第一主人，以女主人为第二主人，主宾和主宾夫人分别在男女主人的右侧就座。　　　　　　　　　　　　　　　　　　（　　）

（8）决定中餐桌高低次序的原则是：主桌排定之后，其余桌次的高低以离主桌的远近而定，近高远低，前高后低，中心高周围低，平行时右高左低。　　　　　　　（　　）

（9）中餐上菜时，如果由服务人员给每个人上菜，要按照主宾、次宾、主人的顺序，并且要按顺时针方向依次进行。　　　　　　　　　　　　　　　　　　　　　（　　）

（10）为别人倒茶倒酒，切记"倒茶要满，倒酒要浅"的礼仪规则。　　　（　　）

（11）吃西餐要遵循"女士优先"原则，即女主人坐主位，男主人坐第二主位。
（　　）

（12）在西餐中，男主宾应坐于女主人右侧，女主宾应坐于男主人右侧。　（　　）

（13）刀右叉左，刀口向内、叉齿向下，呈"人"字形摆放在餐盘之上，它的含义是此菜已用毕。　　　　　　　　　　　　　　　　　　　　　　　　　　　　　（　　）

（14）西餐的基本原则是左手持刀，右手拿叉。　　　　　　　　　　　　（　　）

（15）中餐讲究尊重长者，而西餐则讲究尊重女士，特别是女主人。　　（　　）

（16）女主人铺开餐巾，暗示用餐开始。女主人把餐巾放在桌上，暗示用餐结束。将餐巾放在椅面上，暗示暂时离开。　　　　　　　　　　　　　　　　　　　　（　　）

（17）在吃自助餐时，一般原则是按照生菜、色拉、主食、甜点、水果的顺序取菜，一次取两三样。　　　　　　　　　　　　　　　　　　　　　　　　　　　　（　　）

（18）一般来说，参加自助餐时，吃东西往往属于最重要的事，而与其他人进行适当的交际活动才是自己次要的任务。　　　　　　　　　　　　　　　　　　　（　　）

（19）在一般情况下，自助餐大都要求用餐者在用餐完毕之后，自行将餐具整理到一起，然后一并将其送回指定的位置。　　　　　　　　　　　　　　　　　　（　　）

（20）自助餐可在用餐完毕后把未吃完的食物携带回家。　　　　　　　　（　　）

2．选择题（1~10题单选，11~15题多选）

（1）每桌只有一名主人，主宾在其（　　）就座。
　　A．左首　　　　　B．右首　　　　　C．对面　　　　　D．都不对

（2）每张中餐桌上所安排的用餐人数应限于（　　）人之内，并宜为双数。
　　A．8　　　　　　B．10　　　　　　C．12

（3）在中餐中，如果主人夫妇就座于同一桌，以（　　）为第一主人，主宾和主宾夫人分别在男女主人的右侧就座。
　　A．男主人　　　　B．女主人　　　　C．两者均可

（4）用餐前，服务人员一般要为客人送上一方热的湿毛巾，这是供进餐者（　　）。
　　A．洗脸　　　　　　　　　　　　　　B．擦脖子
　　C．揩手背　　　　　　　　　　　　　D．擦拭嘴角和双手

（5）中餐宴请客人时，应待主人（　　）开始时，客人才开始动手取用菜肴。
　　A．打开餐巾　　　B．起立致意　　　C．举杯示意

（6）菜肴一上桌，应由（　　）先取用。
　　A．主人　　　　　B．主宾　　　　　C．老人　　　　　D．女士

（7）西餐用餐时采用的餐桌最常见、最正规为（　　）。
　　A．方桌　　　　　B．圆桌　　　　　C．长桌

（8）女主人铺开餐巾，暗示（　　）。
　　A．用餐开始　　　B．用餐结束　　　C．暂时离开

（9）（　　）一般横放在左侧餐叉前方的面包盘上，其他刀叉则是在餐盘左右。
　　A．甜点叉　　　　　　　　　　　　　B．吃肉用的刀叉
　　C．吃鱼用的刀叉　　　　　　　　　　D．黄油餐刀

（10）（　　）是用餐者在用餐现场自行享用，绝对不许可在用餐完毕后把食物携带回家。
　　A．中餐　　　　　B．西餐　　　　　C．自助餐

（11）决定餐桌高低次序的原则：主桌排定之后，其余桌次的高低以离主桌的（　　）而定。
　　A．前高后低　　　　　　　　　　　　B．近高远低
　　C．中心高周围低　　　　　　　　　　D．平行时右高左低

（12）中餐的主菜，一般指（　　）。
　　A．热菜　　　　　B．汤　　　　　　C．名气最大菜肴　　D．山珍海味肉畜等

（13）中餐和西餐位次的排列中，以下（　　）是它们的相同点。
　　A．女士优先　　　B．以右为尊　　　C．距离定位　　　D．交叉排列

（14）自助餐原则上按照（　　）的顺序取菜。
　　A．主食　　　　　B．色拉　　　　　C．生菜　　　　　D．水果
　　E．甜点

（15）西餐用餐时采用的餐桌有（　　）。
　　A. 长桌　　　　　B. 方桌　　　　　C. 圆桌　　　　　D. 椭圆桌

体验二　想一想

老张吃西餐

　　老张的儿子留学归国，还带了位洋媳妇回来。为了讨好未来的公公，这位洋媳妇一回国就诚惶诚恐地张罗着请老张一家到当地最好的四星级饭店吃西餐。用餐开始了，老张为在洋媳妇面前显示出自己也很讲究，就用桌上一块"很精致的布"仔细地擦了自己的刀、叉。吃的时候，学着他们的样子使用刀叉，既费劲又辛苦，但他觉得自己挺得体的，总算没丢脸。中途老张上洗手间，把刀叉放成刀口内向、叉齿向上，被服务员把刀叉带餐盘一块收掉。老张回来后却大呼小叫，责问服务员为何没吃好就把他的餐具收掉，弄得大家非常尴尬。用餐快结束了，吃饭时喝惯了汤的老张盛了几勺精致小盆里的"汤"放到自己碗里，然后喝下。洋媳妇先一愣，紧跟着也盛着喝了，而他的儿子早已是满脸通红。

　　思考练习：
　　（1）请指出老张有哪些失礼之处？
　　（2）请想一想西餐中刀叉和餐巾的不同摆放各暗示什么？

体验三　练一练

1. 中餐礼仪训练

　　实训内容：将学生分为10人一组，由部分学生做主人，另一部分学生为客人进行中餐座次、就餐的模拟练习。

　　实训地点：商务礼仪实训室。

　　实训要求：按课堂讲解和演示要求，掌握不同身份就餐需要注意的礼仪。

2. 西餐餐具摆台训练

　　实训内容：每2人一组，要求学生将全套西餐餐具按规范逐一摆台。

　　实训地点：商务礼仪实训室。

　　实训要求：学生之间按课堂讲解的要求互相进行纠正。

3. 西餐刀叉的用法

　　实训内容：每2人一组，要求学生将全套西餐餐具按规范逐一摆台。

　　实训地点：商务礼仪实训室。

　　实训要求：按课堂讲解的要求，学生之间互相进行纠正。

体验四　赛一赛

1. 项目

西餐礼仪训练。

2. 实训内容

（1）西餐位次排列。

（2）使用刀叉吃食物。

（3）吃完一道菜后摆放刀叉。

（4）一道食品尚未吃完中途放下刀叉。

3. 时间

5分钟。

4. 步骤

（1）分组、确定角色。10人一组，角色有女主人、男主人、女主宾、男主宾及其他。

（2）利用课余时间反复演练，达到内容熟练时，组织学生登台表演。

（3）表演步骤：

第一步，上台问候。参加同学列队跑步上台，站稳后由代表向大家问好并介绍女主人、男主人、女主宾、男主宾等主要角色。

第二步，正式演练。

第三步，致谢回座。

5. 注意事项

（1）注意课堂纪律掌控，控制笑声，确保表演顺利进行。

（2）抽签排序，一组一组进行。上台前向老师举手示意，"报告，××组准备完毕，请指示"。听到老师"开始"指令后，列队跑步上台。

（3）由6位学生组成评审团，去掉一个最高分，去掉一个最低分。

（4）准备好场地、西餐长桌、西餐餐具、若干西餐食品、计时工具、黄色和红色警示牌各一个。

（5）从上台问好后，开始计时，4分钟时，给予黄牌提醒，5分钟时，举红牌停止演练。

（6）所有组演练结束后，由学生点评，老师归纳，最后由老师宣布成绩。

6. 项目评分

项目评分如表7-4所示。

表7-4 项目评分

项目 组别	西餐位次排列	使用刀叉吃食物	吃完一道菜后摆放刀叉	一道食品尚未吃完中途放下刀叉	举止高雅	尊重女士	衣着得体	总体印象	总分
	20	20	20	20	5	5	5	5	100
1									
2									
3									
4									
5									

项目8 涉外商务礼仪实训

入境而问禁，入国而问俗，入门而问讳。

——《礼记》

在涉外商务交往中，礼仪不仅是一个人内在素养、文明程度的反映，同时更是关系国家尊严、民族利益的大事，是衡量一个国家、一个民族国民素养与文明水平的重要标准。遵守涉外商务礼仪，是我们走向世界与国际社会交往必备的一种素质，对我们在国际商务活动中展示自己的形象、提高自己的地位、发挥自己的作用、实现自己的目标等诸多方面起着积极的促进和推动作用。

涉外商务礼仪是指商务人员在涉外交往中迎送宾客，与宾客会见会谈、举行签字仪式以及陪同宾客参观游览所应遵守的礼仪。

任务 8.1 涉外迎送礼仪实训

通过实训，使学生了解涉外商务事务中迎送宾客的礼仪，熟知迎送工作中的具体事务及主要注意事项，能够灵活、得体地迎送宾客。

×××是广州某公司的总经理，他将负责接待来广州参加广交会的美国客人（本公司重要客户：美国某大公司总经理一行5人），他将如何安排好接待事务？

任务步骤

（1）教师介绍本次实训的内容和模拟实训情景。

（2）教师示范讲解涉外商务事务中迎送宾客的礼仪、迎送工作中的具体事务以及主要注意事项。

（3）根据模拟活动情景分组。把全班同学分成8人一组。

（4）确定模拟活动情景角色。

A. 某公司总经理

B. 某公司营销经理

C. 某公司采购经理

D. 美国某公司总经理

E. 美国某公司采购经理

F. 美国某公司技术经理

G. 美国某公司财务人员

H. 美国某公司采购人员

（5）全组讨论本组迎送宾客的具体安排及主要注意事项。

（6）模拟迎送训练。

① 抽签排序，一组一组进行。

② 一组模拟时，其他组观摩并指出问题。

（7）教师考核。考核评分标准如表8-1所示。

表8-1 涉外迎送礼仪考核评分标准

组别：_____　　姓名：_____　　时间：_____

	评价项目与内容	应得分	扣分	实得分
准备工作	角色把握准确，模拟出场迅速	5		
	实训过程中全组协调良好	5		
基本知识掌握	熟悉涉外商务事务中迎送宾客的礼仪、迎送工作中的具体事务以及主要注意事项等知识要点	10		
接待礼仪	接待身份相当	5		
	提前到达接待现场	5		
	接站标志醒目	5		
	介绍热情、标准	10		
	握手规范	10		
	献花、尊重客人的风俗习惯	5		
	神态、举止	10		
观摩讨论	观摩认真	5		
	讨论积极	5		
实训报告	按规定时间上交	5		
	字迹清楚、填写规范、内容详尽完整	5		
	实训分析总结正确	5		
	能提出合理化建议和创新见解	5		
合　　计		100		

考评教师（签名）：

（8）师生点评。

知识点拨

迎来送往是常见的社交礼节。在涉外商务活动中，对国外来访的客人，通常均视其身份和访问性质，以及与公司的关系等因素，安排相应的迎送活动。

对于公司重要的、级别较高的客户的正式访问，往往举行较隆重的迎送仪式，必要时可以请相关政府领导出面迎送。对一般应邀前来访问的人员，一般可不举行欢迎仪式，但在他们抵离时，均应安排相应身份人员前往机场（车站、码头）迎送。具体包括以下几项事务。

1. 确定迎送规格

对来宾的迎送规格可视具体情况而定。确定迎送规格，主要依据来访客户的身份、访问目的，适当考虑与公司的关系，同时要注意国际惯例，综合平衡。主要迎送人通常要与来宾的身份相当，但由于各种原因（例如国家体制不同，当事人年高不便出面，临时身体不适或不在当地等），不可能完全对等。遇此情况，可灵活变通，由职位相当的人士，或由其副职出面。总之，主人身份要与客人相差不大，同客人对口、对等为宜。当事人不能出面时，无论作何种处理，应从礼貌出发，向对方做出解释。其他迎送人员不宜过多。也有从发展两者关系或其他需要出发，破格接待，安排较大的迎送场面。然而，为避免造成厚此薄彼的印象，除非确有特殊需要，一般都按常规办理。

2. 成立接待班子

为了接待重要的贵宾和代表团，东道主一般组成一个接待班子来履行接待任务。接待班子的工作人员由管理、业务、翻译、后勤、交通、通信等方面的工作人员组成。

3. 收集信息资料

接待班子要注意收集来访客户的有关信息和资料，了解其本次访问的目的，对会谈、参观访问、签订合同等事项的具体要求，前来的路线、交通工具、抵离时间、来访者的宗教信仰、生活习惯、饮食爱好与禁忌等。

4. 拟订接待方案

接待方案包括各项活动的项目、日程及详细时间表，项目负责人和接待规格、安全保卫措施等。日程确定后，应翻译成客方使用的文字，并打印好，发给客人，以便及时与客户进行沟通。拟订接待方案重点要落实好食、住、行，并制定合理的费用预算，保证接待隆重得体且又不铺张浪费。

5. 掌握抵达和离开的时间

迎送活动中，商务人员必须准确掌握来宾乘坐飞机（火车、船舶）抵离时间，及早通知全体迎送人员和有关单位。如有变化，应及时通知。由于天气变化等意外原因，飞机、火车、船舶有时可能不准时。一般大城市，机场离市区又较远，因此，既要顺利地接送客人，又不过多耽误迎送人员的时间，就要准确掌握客人抵离时间。

迎接人员应在飞机（火车、船舶）抵达之前到达机场（车站、码头）。送行则应在客人登机之前抵达（离去时如有欢送仪式，则应在仪式开始之前到达）。如客人乘坐班机离开，应通知其按航空公司规定时间抵达机场办理有关手续（身份高的客人，可由接待人员提前前往代办手续）。

6. 献花

如安排献花，须用鲜花，并注意保持花束整洁、鲜艳，忌用菊花、杜鹃花、石竹花、黄色花朵。有的国家习惯送花环，或者送一两枝名贵的兰花、玫瑰花等。通常由儿童或女士在参加迎送的主要领导人与客人握手之后,将花献上。有的国家由女主人向女宾献花。但也要注意,有些国家在献花方面有某种禁忌,如接待信仰伊斯兰教人士时,不宜由女子献花。

7. 介绍

客人与迎接人员见面时,互相介绍。通常先将前来欢迎的人员介绍给来宾,可由礼宾交际工作人员或其他接待人员介绍,也可以由欢迎人员中身份最高者介绍。客人初到,一般较拘谨,主人宜主动与客人寒暄。在迎接外国客人时,就应先将前往欢迎的人员介绍给来宾,然后由来宾中的主要负责人再介绍对方人员。

被介绍者应微笑点头或者说声"您好""Hello"作为招呼语,千万不可面无表情,无所表示。在双方介绍人员时,遇到外宾主动与我方人员拥抱时,除女士之于男士或男士之于女士外,我方人员不应推卸或勉强应付,而应做出相应的表示。

有时,介绍时还要递送名片。涉外商务人员使用的名片最好能用两种文字印刷,这样就可以方便对方用他所熟悉的文字知道你的身份,也便于今后查找你的名片时,能读懂相关信息。

8. 陪车

客人抵达后,从机场到住地,以及访问结束,由住地到机场,有的安排主人陪同乘车,也有不陪同乘车的。如果主人陪车,应请客人坐在主人的右侧。如是三排座的轿车,译员坐在主人前面的加座上;如是两排座,译员坐在司机旁边。上车时,最好客人从右侧门上车,主人从左侧门上车,避免从客人座前穿过。如果客人先上车,坐到了主人的位置上,则不必请客人挪动位置。

9. 对一般客人的迎接

迎接一般客人,不需要举行隆重的欢迎仪式,主要是做好各项安排。如果客人是熟人,则可不必介绍,仅向前握手,互致问候;如果客人是首次前来,又不认识,接待人员应主动打听,主动自我介绍;如果迎接大批客人,也可以事先准备特定的标志,如小旗或牌子等,让客人从远处就能看到,以便客人主动前来接洽。

10. 迎送工作中的具体事务

(1)迎送身份高的客人,事先在机场(车站、码头)安排贵宾休息室,准备饮料。

(2)安排汽车,预订住房。如有条件,在客人到达之前将住房和乘车号码通知客人。如果做不到,可印好住房、乘车表,或打好卡片,在客人刚到达时,及时发到每个人手中,或通过对方的联络秘书转达。这既可避免混乱,又可以使客人心中有数,主动配合。

(3)指派专人协助办理出入境手续及机票(车、船票)和行李提取或托运手续等事宜。重要代表团,人数众多,行李也多,应将主要客人的行李先取出(最好请对方派人配合,及时送往住地,以便更衣)。

(4)客人到达后,一般不要立刻安排活动,应让客人休息,倒换时差。可在房间中适当放些新鲜水果或鲜花等。

(5)迎送的整个活动安排要热情、周到、无微不至、有条不紊,使宾客有宾至如归的感觉。接待人员要始终面带微笑,彬彬有礼,不能表现得冷漠、粗心、急慢或使客人感到紧张、不便。陪同人员应尽力安排好客人的吃、住、行，对客人的要求做出反应，给予答复。

（6）在为外宾送行时，送行人员应在宾客临上飞机（火车、轮船）之前，按一定顺序同宾客一一握手话别。飞机起飞（火车、轮船开动）之后，送行人员应向外宾挥手致意，直至各交通工具在视野中消失，方可离去。否则，外宾一登上飞机（火车、轮船）等，送行人员就立即离去，是很失礼的。尽管只是几分钟的小事情，却可能因小失大。

任务 8.2　涉外会见会谈礼仪实训

通过实训，使学生了解涉外商务事务中会见会谈的礼仪，熟知会见会谈工作中的具体事务及主要注意事项，能够恰当地与宾客会见会谈。

×××是广州某公司的总经理，他将会见来广州参加广交会的美国客人（本公司重要客户：美国某大公司总经理一行 5 人），并与客人洽谈有关事项。他将如何安排与宾客的会谈？

任务步骤

（1）教师介绍本次实训的内容和模拟实训情景。

（2）教师示范讲解涉外商务事务中会见会谈的礼仪、会见会谈工作中的具体事务以及主要注意事项。

（3）根据模拟活动情景分组，把全班同学分成 10 人一组。

（4）确定模拟活动情景角色。

　A. 某公司总经理

　B. 某公司营销经理

　C. 某公司采购经理

　D. 某公司技术经理

　E. 某公司记录人员

　F. 美国某公司总经理

　G. 美国某公司采购经理

　H. 美国某公司技术经理

　I. 美国某公司财务人员

　J. 美国某公司采购人员

（5）全组讨论本组与宾客会见会谈的具体安排及主要注意事项。

（6）模拟会见会谈训练。

　①抽签排序，一组一组进行。

② 一组模拟时，其他组观摩并指出问题。

（7）教师考核。考核评分标准如表8-2所示。

表8-2 涉外会见会谈礼仪考核评分标准

组别：_____　　　　姓名：_____　　　　时间：_____

评价项目与内容		应得分	扣分	实得分
准备工作	角色把握准确，模拟出场迅速	5		
	实训过程中全组协调良好	5		
基本知识掌握	熟悉涉外商务事务中会见会谈的礼仪、会见会谈工作中的具体事务以及主要注意事项等知识要点	10		
会谈礼仪	会谈准备工作充分	5		
	角色对等	5		
	迎候、介绍、握手规范	15		
	座位安排准确	10		
	合影遵循礼宾次序	5		
	神态、举止	10		
观摩讨论	观摩认真	5		
	讨论积极	5		
实训报告	按规定时间上交	5		
	字迹清楚、填写规范、内容详尽完整	5		
	实训分析总结正确	5		
	能提出合理化建议和创新见解	5		
合　　计		100		

考评教师（签名）：

（8）师生点评。

知识点拨

会见与会谈是涉外商务交往中一种常见和重要的活动。会见与会谈的目的在于双方通过直接的、面对面的交谈与互动来增进感情、加深了解、交流看法，或通过磋商来解决矛盾，达成共识。其中，谙熟并遵循会见与会谈的一些礼仪要求，对于保证这项活动的成功无疑有着重要作用。

会谈是指双方或多方就某些重大的项目以及其他共同关心的问题交换意见，洽谈协商。会谈一般专业性较强，形式比较正规。会见多是礼节性的，而会谈多为解决实质性问题。有时会见、会谈也难以区分。因为会见时双方也会经常谈专业性的问题，以上区分只是相对而言。

1. 会见或会谈的准备工作

（1）如果是提出会见或会谈要求的一方，应该把要求会见人的姓名、职务以及目的预先告知对方，同时将自己一方参加会见的人员名单（包括姓名、性别和职务等较详细的情况）提交对方。

（2）如果是被要求会见的一方，在得到通知后，应尽快申请，在上级部门批示是否可以之后，要尽快通知对方会见的时间、地点、会见人员和注意事项等。同时安排会见当中的一些具体事项（如接送人员、车辆、场地、旗帜、茶点、座位卡等的安排）。在初步准备妥当之后，还要通知对方有关具体情况，并记住通知我方参加会见的其他人员及有关事项。

（3）一般来说，主人应该首先到达。但如果是高层人士接见，这位人士可以在客人到齐后再到场。

（4）应该使用室内面积和参加人数相宜的房间。如果房间面积较大，人数较多，需要准备扩音器并预先调试好。同时，还要在桌子或椅子上摆放中外文书写工整而且字体较大（便于识读）的座位卡，或者由对外宾比较熟悉的几位人士引导就座。

（5）如果摆放有茶几或桌子，还应准备些饮料。我国主要是准备传统饮料——茶水。夏天加冷饮，有时也摆放矿泉水等，但不可准备含有酒精的任何饮料。如果会见时间长，还可准备咖啡或红茶。

（6）如果准备合影，要预先在我方统计好有多少人参加，并画好合影图，安排好礼宾次序。一般是主人居中，主宾紧挨主人的右边，主客双方间隔排列，两端则由主方人员把边。如果需要分前后排分列，还要考虑第一排人员的身份、双方人员在职位上的均衡（前排要安排主要人员），同时也要注意场地的大小、是否能把所有的人都摄入镜头等，如图8-1所示。

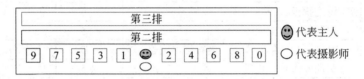

图8-1　合影座位安排

2. 会见的礼仪

涉外商务活动中的会见，就其内容来说，多为事务性会见，一般涉及贸易争端、业务交流与合作等。

会见的礼仪主要有以下内容。

（1）确定参加会见的人员。会见国外客人，一般情况下应遵循"对等"的原则，但有时由于某些政治或业务的需要，上级领导或下级人士也可会见客人。参加会见的人员不宜过多。

（2）确定会见的时间、地点。会见的时间一般安排在客人抵达的第二天或举行欢迎宴会之前。会见的具体时间不宜过长，一般以半小时为宜。会见的地点多安排在客人住地的会客室、会议室或办公室，也可在某些比较正式的会客场所。

（3）做好会见的座位安排。会见时座位的安排必须依据参加会见人数的多少、房间的大小、形状、房门的位置等情况来确定。会见的座位安排有多种形式，宾主可以穿插坐，也可分开坐，通常的安排是将主宾席、主人席安排在面对正门的位置，客人坐在主人的右边。其他客人按照礼宾顺序在主人、主宾两侧就座。译员、记录员通常安排在主宾和主人的后面，如图8-2所示。座位不够时可在后排加座。整个会见场所的座位形状有弧形、方形（长椅和单椅两种）。

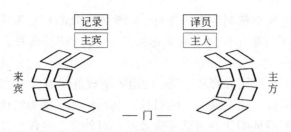

图8-2 会见座位安排

（4）掌握会见的一般礼节。会客时间到来之时，主人应在门口迎候客人，问候并同客人一一握手，宾主互相介绍双方参加会见的人员，然后引宾入座。主人应主动发言，创造一种良好的气氛。双方可自由交谈，就共同感兴趣的话题发表自己的看法。交谈时应注意坐姿，不要跷二郎腿，不可左顾右盼，漫不经心。主人与主宾交谈时，旁人不可随意插话，外人也不可随意进出。会见时可备饮料招待客人。主人应控制会见时间，最好以合影留念为由结束会见。合影后，主人将客人送至门口，目送客人离去。

（5）注意合影的礼宾次序。合影时，一般主人居中，男主宾在主人右边；主宾夫人在主人左边，主人夫人在男主宾右边，其他人员穿插排列，但应注意，最好不要把客人安排在靠边位置，应让主人的陪同人员在边上。

3. 会谈的礼仪

涉外商务会谈的形式多种多样，常见的有双方负责人之间单独会谈，由主要负责人及其助手与来访者进行的秘密会谈，由相关人员就有关重要而又复杂的问题或预备性问题而举行的正式会谈，也可称为谈判。

会谈的礼仪主要包括以下内容。

（1）确定会谈的时间、地点、人员。会谈的时间、地点由双方协商确定。会谈的人员应慎重选择，会谈的专业性较强，一方面，要求有专业特长；另一方面，还要考虑专业互补和群体智慧。会谈人员既要懂得政策法律，又要能言善辩，善于交际，应变能力强，并确定主谈人和首席代表。

（2）会谈的座位安排。涉外双边会谈通常采用长方形或椭圆形会谈桌。多边会谈或小型会谈也可采用圆形或正方形会谈桌。不管什么形式的会谈，均以面对正门为上座，宾主相对而坐，主人背向门落座，而让客人面向大门。其中主要会谈人员居中，其他人按着礼宾次序左右排列。许多国家习惯把翻译人员和记录员安排在主要会谈人员的后面就座，我国则把翻译人员安排在主要谈判人座位的右侧就座，这主要取决于主人的安排。

如果长方桌的一端向着正门，则以入门的方向为准，右为客，左为主。

此外，小范围的会谈也可像会见一样，只设沙发，不摆长桌，按礼宾顺序安排。

4. 会见或会谈应注意的谈话技巧

谈话是人们交流感情、增进了解的主要手段。在涉外活动中，它也是企业开展任何公共关系的最主要方式。

掌握好如何使人由爱听你的话到接受你的意见，就是谈话的艺术。

（1）与客人谈话时，要学会随时注意对方的反应，更要给对方机会来阐述他们的观点和要求。而不要一味主观地揣测对方,凭自己的想象作判断和发表意见。这样就会使对方感到在发言权上得到了尊重;反之,如果你搞"一家之言",那只会使对方反感,甚至丧失了与你合作的兴趣。

(2)谈话中尽量不要使用方言和土话、俗语等不规范的语言,无论你的讲话多么精彩,你的目的是要让对方听懂,这是最主要的目标,其他的都必须为它让路。如果你弄了许多让翻译为难的字词,那就证明你的讲话是失败的,对外宾已经没有多少实际意义了,因为对方根本就听不懂。

(3)谈话以让对方听见和听清为准,声音不要过高。我国沿海某地的人们日常生活中讲话声音较高,在与外宾谈话时,常常会不自觉地高声讲话,结果外宾以为这些中国人爱争吵、易恼怒,随即产生反感和鄙视的情绪。

(4)话题要因人而异,要多以与对方相关的事情为话题。切不要话题太专业化或总是以和自己有关的事情为题,这样就会让对方觉得话题枯燥,甚至感到厌倦,并由此而产生你很自私的认识。

(5)谈话对象要尽可能地多,尤其要多与客人交谈,争取与每一位客人都谈笑风生,让每个客人都感到你注意到了他,并对他有所了解。这样他就会有受到重视的感觉,从而对你和你所代表的单位产生好感。不要只和一个或几个人私语,或使用其他外宾不懂而只有这个外宾懂的汉语交谈。更不要只盯着某个或几个女士谈个没完,这样不仅男士对你有意见,就连女士也会讨厌你。

(6)与对方讲话时,要注意目光保持平视,俯视显得傲慢,仰视显得卑怯,这两种印象都应该避免。谈话时,眼光要柔和、安详、沉着、善意。面部表情要尽量保持微笑和轻松。在合适的场合所使用的表达方式要活泼幽默,以营造一个良好的、融洽的气氛。

任务8.3 涉外参观游览礼仪实训

通过实训,使学生了解涉外商务事务中参观游览的礼仪,熟知参观游览工作中的具体事务及主要注意事项,能够熟练、得体地与宾客参观游览。

×××是广州某公司的营销经理,他将负责安排并陪同来广州参加广交会的美国客人(本公司重要客户:美国某大公司总经理一行5人)进行为期3天的参观游览,他将如何安排好参观游览事务?

任务步骤

(1)教师介绍本次实训的内容和模拟实训情景。

(2)教师示范讲解涉外商务事务中参观游览的礼仪、参观游览工作中的具体事务以及主要注意事项。

（3）根据模拟活动情景分组，把全班同学分成 8 人一组。

（4）确定模拟活动情景角色。

A. 某公司营销经理

B. 某公司公关部经理

C. 某公司翻译

D. 美国某公司总经理

E. 美国某公司采购经理

F. 美国某公司技术经理

G. 美国某公司财务人员

H. 美国某公司采购人员

（5）全组讨论本组安排并陪同宾客参观游览的具体安排及主要注意事项。

（6）模拟参观游览训练。

① 抽签排序，一组一组进行。

② 一组模拟时，其他组观摩并指出问题。

（7）教师考核。考核评分标准如表 8-3 所示。

（8）师生点评。

表8-3 涉外参观游览礼仪考核评分标准

组别：_____ 姓名：_____ 时间：_____

评价项目与内容		应得分	扣分	实得分
准备工作	角色把握准确，模拟出场迅速	5		
	参观游览安排合理，实训过程中全组协调良好；对景点了解比较详细	5		
基本知识掌握	熟悉涉外商务事务中参观游览的礼仪、参观游览工作中的具体事务以及主要注意事项等知识要点	10		
参观礼仪	项目选定符合实际	10		
	日程安排合理	10		
	介绍清晰、风趣	10		
	陪同身份对等	10		
	神态、举止	10		
观摩讨论	观摩认真	5		
	讨论积极	5		
实训报告	按规定时间上交	5		
	字迹清楚、填写规范、内容详尽完整	5		
	实训分析总结正确	5		
	能提出合理化建议和创新见解	5		
合　　计		100		

考评教师（签名）：

知识点拨

涉外参观游览，是指外国客人在访问或旅游期间对一些风景名胜、单位设施等进行实地游览、观看和欣赏。来访的外国人以及我国出访人员，为了了解去访国家情况，达到出访目的，都应组织一些参观游览活动。参观游览应注意以下礼仪。

1. 选定项目

选择参观游览项目，应根据访问目的、性质和客人的意愿、兴趣、特点以及我方当地实际条件来确定。对于外国政府官员、大财团、大企业家，一般应安排参观反映我国经济发展情况的部门单位和经济开发区，以及重点招商项目。对于一般企业家、商人和有关专业人员，可安排参观与其有关的部门、单位，同时安排一些有地方特色的游览项目。

年老体弱者一般不宜安排长时间步行的项目，心脏病患者不宜安排登高的项目。一般来说，对身份高的代表团，事先可了解其要求；对一般代表团，可在其到达后，提出方案，征求客人意见。如果确有困难，可如实告知客人，并做适当解释。

2. 安排日程

当参观游览项目确定后，应制订详细活动计划和日程安排，包括参观线路、座谈内容、交通工具等，并及时通知有关接待单位和人员，以便各方密切配合。

3. 陪同参观

按国际惯例，外宾前往参观时，一般都安排相应身份的人员陪同。如有身份高的主人陪同，宜提前通知对方。接待单位要配备精干人员出面接待，并安排解说介绍人员，切忌前呼后拥。参观现场的在岗人员，不要围观客人。如果客人问话，可有礼貌地回答。

4. 解说介绍

参观游览的重头戏是解说介绍。有条件的可先播放有关情况纪录片，这样既可节省时间，又可让客人对情况尽快有所了解，经过实地参观，效果会更好。我方陪同人员应对有关情况有所准备，介绍情况要实事求是，运用材料、数据要确切，不可一问三不知，也不可含糊其词。确实回答不了的，可表示自己不清楚，待咨询有关人员后再答复。如果人数较多，应准备扩音话筒。另外，遇有保密地点的，则不能介绍，如客人提出要求，应予婉拒。

5. 乘车、用餐和摄影

在出发之前，要及时检查车况，分析行车路线，预先安排好用餐。路远的还要预先安排好中途休息室，要把出发、集合和用餐的时间地点及时通知客人和全体工作人员。一般地方均允许客人摄影。如有不能摄影处，应事先说明，现场要树中英文"禁止摄影"标志牌。

6. 在国外参观游览的礼节

商务人员出访国外要求参观，可通过书面、电话或面谈方式向接待单位提出，经允许后方能成行。参观内容要符合访问目的和实际，要注意客随主便，不要强人所难。在商定之后，要核实时间、地点和路线。参观过程中，应专心听取介绍，不可因介绍枯燥或不对口味而显露出不耐烦和漫不经心状，同时应广泛接触、交谈，以增进了解，加深友谊。注意尊重对方的风俗和宗教习俗。如要摄影，事先要向接待人员了解有无禁止摄影的规定。

参观游览，对服装要求不严格，不必穿礼服，穿西装可以不打领带，但应注意整洁整齐，仪容亦宜修整。参观完毕，应向主人表示感谢，上车离开时应在车上向主人挥手道别。

任务 8.4　涉外签字礼仪实训

通过实训，使学生了解涉外商务事务中签字的礼仪，熟知涉外签字工作中的具体事务及主要注意事项，能够灵活、恰当地与宾客签字。

×××是广州某公司的营销经理，他将负责安排本公司与美国某公司重大合作项目的签字仪式，他将如何安排好这项事务？

要求：

（1）教师简要介绍本模块的活动场景及模块实训的内容。

（2）把全班同学分成每组 10 人。

任务步骤

（1）教师介绍本次实训的内容和模拟实训情景。

（2）教师示范讲解涉外商务事务中签字的礼仪、涉外签字工作中的具体事务以及主要注意事项。

（3）根据模拟活动情景分组，把全班同学分成 10 人一组。

（4）确定模拟活动情景角色。

A. 某公司总经理

B. 某公司营销经理

C. 某公司采购经理

D. 某公司技术经理

E. 某公司助签人员

F. 美国某公司总经理

G. 美国某公司采购经理

H. 美国某公司技术经理

I. 美国某公司采购人员

J. 美国某公司助签人员

（5）全组讨论本组涉外签字活动的具体安排及主要注意事项。

（6）模拟涉外签字仪式训练。

① 抽签排序，一组一组进行。

② 一组模拟时，其他组观摩并指出问题。

（7）教师考核。考核评分标准如表8-4所示。

表8-4 涉外签字礼仪考核评分标准

组别：_____　　　　姓名：_____　　　　时间：_____

评价项目与内容		应得分	扣分	实得分
准备工作	角色把握准确，模拟出场迅速	5		
	涉外签字仪式安排合理，实训过程中全组协调良好	5		
基本知识掌握	熟悉涉外商务事务中签字的礼仪、涉外签字工作中的具体事务以及主要注意事项等知识要点	10		
签字仪式准备	双方签字人的身份应大体相当	5		
	文本等项工作准备充分	10		
	双方有助签人员	5		
签字仪式安排	签字桌椅布置合理	10		
	双方签字人员的座次正确	5		
	主客各方排列合理	5		
	助签人员动作标准	5		
	神态、举止	5		
观摩讨论	观摩认真	5		
	讨论积极	5		
实训报告	按规定时间上交	5		
	字迹清楚、填写规范、内容详尽完整	5		
	实训分析总结正确	5		
	能提出合理化建议和创新见解	5		
合　　计		100		

考评教师（签名）：

（8）师生点评。

 知识点拨

商务人员与外商通过谈判，就某一项目达成协议，在缔结条约、协定时，一般都举行签字仪式。

1. 签字仪式准备

（1）人员准备

① 签字人。一般是法人代表。但不管是哪一级，双方签字人的身份大体相当。

② 出席人。双方参加会谈的全体人员。但双方人数最好大体相等。有时为了对签订的协议表示重视，往往由更高的领导人出席签字仪式。

③ 助签人员。助签人的职能：洽谈有关签字仪式的细节、仪式上帮助翻阅与传递文本、指明签字处。双方的助签人由缔约双方共同商定。

（2）文本准备

主方应会同有关各方一道指定专人，共同负责合同的定稿、校对、印刷、装订、盖火漆印工作。按常规，应为在合同上正式签字的有关各方，均提供一份待签的合同文本。

签署涉外商务合同时，比照国际惯例，待签的合同文本，应同时使用有关各方法定的官方语言，或是使用国际上通行的英文、法文。

待签的合同文本，应以精美的白纸印制而成，按大八开的规格装订成册，并以高档质料，如真皮、金属、软木等作为其封面。

（3）服饰准备

① 签字人、助签人以及随员：深色西装套装、西装套裙，并配以白色衬衫与深色皮鞋。
② 仪式上露面的礼仪、接待人员：可以穿自己的工作制服，或是旗袍一类的礼仪性服装。

（4）物品准备

长方桌、深绿色台呢、两把椅子、签字文具、旗架、签字双方的国旗等。

2. 摆台（我国举行的签字仪式）

（1）一般在签字厅内设置长方桌一张，作为签字桌。
（2）桌面覆盖深绿色台呢，桌后放两把椅子，为双方签字人员的座位，主左客右。
（3）座前摆的是各自保存的文本，上端分别放置签字文具。
（4）中间摆一旗架，悬挂签字双方的国旗，如图8-3所示。

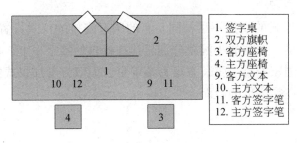

图8-3　签字仪式摆台

3. 站台

（1）签字人员主左客右入座。
（2）其他人员分主客各方按身份顺序排列于各自的签字人员座位之后。
（3）双方的助签人员分别站立在各自签字人员的外侧，如图8-4所示。

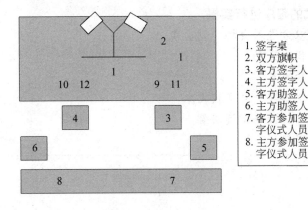

图8-4　签字仪式站台

4. 签字仪式的程序

（1）主持人邀请双方进入会场

按照位次排列入座，接待人员引领、让位、拉椅助坐。

（2）主持人宣布仪式开始

助签人员协助签约代表打开文本，指明签字处，各方代表签字。

（3）助签人员交换文本

第一次交换文本是由双方助签人员进行，交换完毕摆放在各自签字代表面前，助签人员再次打开文本，指明签字处。

（4）双方代表再次签字

双方代表签字后，起身交换文本、握手祝贺。

（5）其他人员鼓掌，饮香槟酒庆贺

礼仪人员用托盘将香槟酒递于参与活动人员（由前排到后排，由身份高到低）。

（6）宣布结束、退场

退场时，先请双方最高领导和客方退场，之后，主方退场。

5. 各国签字仪式习惯

各国举行的签字仪式的安排不尽相同。有的国家安排的仪式设置两张方桌为签字桌，双方签字人员各坐一桌，双方的小国旗分别悬挂在各自的签字桌上，参加仪式的人员坐在签字桌的对面。有的国家安排一张长方桌为签字桌，但双方参加仪式的人员坐在签字桌前方两旁，双方国旗挂在签字桌的后面。

 实操窗

签字仪式程序实操

1. 签字仪式准备

角色分工、文本准备、物品准备、服饰准备、地点确定。

2. 摆台

依据我国举行的签字仪式。

3. 按照签字仪式的程序进行实操

（1）主持人邀请双方进入会场（站台）。

（2）主持人宣布仪式开始。

（3）助签人员交换文本。

（4）双方代表再次签字，并交换文本。

（5）其他人员鼓掌，饮香槟酒庆贺。

（6）宣布结束、退场。

任务 8.5　商务人员出国访问礼仪实训

通过实训，使学生了解商务人员出国访问的礼仪，熟知商务人员在出国访问过程中的具体事务及主要注意事项，能够圆满地完成出国访问任务。

×××是杭州某外贸公司的营销总监，他受法国某公司邀请要组团对法国进行为期10天的访问，并与法国公司洽谈有关业务。他将如何安排好这项事务？

任务步骤

（1）教师介绍本次实训的内容和模拟实训情景。
（2）教师示范讲解商务人员出国访问的礼仪，注意访问过程中的具体事务以及主要注意事项。
（3）根据模拟活动情景分组，把全班同学分成8人一组。
（4）确定模拟活动情景角色。

A. 某公司营销总监
B. 某公司营销副总监
C. 某公司销售代表
D. 某公司技术经理
E. 某公司财务经理
F. 某公司翻译
G. 法国某公司经理
H. 法国某公司陪同人员

（5）全组讨论本组出国访问活动的具体安排及主要注意事项。
（6）模拟出国访问过程训练。
① 抽签排序，一组一组进行。
② 一组模拟时，其他组观摩并指出问题。
（7）教师考核。考核评分标准如表8-5所示。

表8-5　商务人员出国访问礼仪考核评分标准

组别：_____　　　姓名：_____　　　时间：_____

	评价项目与内容	应得分	扣分	实得分
准备工作	角色把握准确，模拟出场迅速	5		
	实训过程全组协调良好	5		

续表

评价项目与内容		应得分	扣分	实得分
基本知识掌握	熟悉商务人员出国访问的礼仪、出国访问过程中的具体事务以及主要注意事项等知识要点	10		
出国访问的准备	访问人员安排合理	5		
	出国签证等工作准备充分	10		
	对法国有关商务、社交礼仪及风俗习惯了解充分	10		
出国访问过程模拟	出入境过程的礼仪规范合理	5		
	入住宾馆及赴宴过程规范	5		
	主客方洽谈会见安排合理	5		
	赠送礼品安排恰当	5		
	神态、举止	5		
观摩讨论	观摩认真	5		
	讨论积极	5		
实训报告	按规定时间上交	5		
	字迹清楚、填写规范、内容详尽完整	5		
	实训分析总结正确	5		
	能提出合理化建议和创新见解	5		
合 计		100		

考评教师（签名）：

（8）师生点评。

 知识点拨

商务人员经常会接到任务或受邀进行出国访问。在出访的过程中，商务人员既代表他个人和公司形象，又代表着国家的形象。因此，不仅要做好一些出国前的必要物质准备工作，而且要特别注意出访过程中的礼仪。

1. 出国访问的文明礼仪

（1）与往访国细致落实各项礼宾、礼仪安排

商务人员接到出访任务后，要尽快落实访问的各项安排和活动日程及相关礼宾、礼仪安排。各项活动和安排的磋商要尽早进行，安排周全，并尽量提前落实。出访人数和费用通常要与往访国事先商定好，不得随意超过。

（2）慎重安排代表团成员的礼宾顺序

出国访问人员的礼宾顺序是邀请国各项礼宾及礼仪安排的依据，通常由出访方提供，一般按职务高低综合排列。出访人员的组成及主要成员的排序，通常依据出访的目的、性质、任务统筹安排。向往访国提供的礼宾顺序名单要特别注意姓名、职务的准确，顺序先后的排列，并最好附有往访国官方语言的礼宾顺序名单。礼宾顺序名单应尽早提供给对方以便及早落实各项安排。

（3）认真了解往访国的概况、公共社交礼仪及习俗禁忌

要认真了解往访国的概况、公共社交礼仪及习俗禁忌，做好必要的礼仪准备。最好还要进一步了解当地天气温度、货币及汇率、通信手段、下榻饭店电器设备（电压、插座形式、网络）等。只有做好充分准备，才不会措手不及，出现尴尬局面。

2. 护照签证的文明礼仪

护照签证办理是出国访问的重要礼宾工作，涉及许多文明礼仪规范，是一项细致、复杂的工作。

（1）护照的申办

护照是主权国家发给本国公民出入境和在国外停留期间的身份证件。我国的护照分为外交护照、公务护照和普通护照。普通护照又分为因公普通护照和因私普通护照。商务人员出访办理公务护照，凭护照出国前办理往访国家和中途经停国家的签证，购买国际航班机票和车船票，边境出入查验，国外办理住宿、银行取款手续、购物退税等。

取到护照后，应核查姓名、出生日期、地点是否填写正确，并在签字栏上签名。护照必须妥善保管，不得污损、涂改，严防遗失。如在国外遗失，应立即报告我国驻当地使馆，申请补发。

（2）签证的申办

签证是一个国家的主权机关在本国或外国公民所持的护照或其他旅行证件上的签注、盖印，以表示允许其出入本国国境或者经过国境的手续，也可以说是颁发给他们的一项签注式的证明。

签证的等级分为外交、公务和普通签证。商务人员的签证为公务签证。办外国签证，需向有关国家驻华使领馆申请办理。在我国没有使（领）馆，也没有第三国使馆代办签证业务，则前往有办理该国签证的国家办理。要注意各驻华使（领）馆办理签证的时限。有的驻华使（领）馆审发签证，需要报经本国政府有关部门审批，所需时间较长，需尽早办理，以免影响行程。大多国家都事先告知办理何种签证所需时限，一定要了解清楚，并做出相应准备。

（3）护照签证礼仪注意事项

护照签证按规定申办，不要随意提高或降低规格。申办护照、签证通常要提交个人的照片等相关资料，提供若干相关证明文件，填写项目繁多的表格，还须本人郑重签字，不要嫌麻烦，要严肃对待，认真、准确、如实填写，不可敷衍了事。护照和签证是前后顺次申办，不能并行申办。各国签证的申办有很大不同，有的国家手续相当繁杂，必须预留足够的时间。

3. 出入境的文明礼仪

出访人员在往访国出入境口岸都需接受必要的检查。这是各国主权的体现，也是为了保证国家安全。这些检查主要是边防、海关、安全、卫生检查。商务人员在公务出国的访问中，要按规定接受当地入出境口岸的每项检查，各项登记卡要如实、准确填写，自觉遵守各项检查的法律法规规定的内容和程序。

4. 乘机住宿的文明礼仪

乘机住宿是涉外交往双方保证访问成功的基本安排。这部分内容在项目6中也有涉及，

这里主要从商务人员出国访问角度进行介绍。

（1）乘坐飞机的礼仪

① 出访路线和航班选择的礼仪。

- 尽可能乘坐我国民航的飞机。在保证完成任务的前提下，尽可能地减少转机的地点和时间，尽可能选择直达、白天抵达、安全舒适的航班。
- 选择航班的时间要考虑时差、访问的时间、飞机的飞行日期、机上服务、机型等因素。尽早选定路线、预订和确认机座。
- 取票后要注意核对机票上的各项信息，特别是姓名不能与护照不相符。
- 托运行李要符合航空公司和出国访问内部要求。行李箱内不得装内部文件，不要装重要资料、现金等贵重物品。必须携带的，可装在手提行李内。个人行李应有明显标记，写上中外文姓名、到达的目的地等。准备行李时，应避免超重。

② 候、登机的礼仪。

- 要预留充足登机时间。各国对办理登机手续的时间是有规定的。通常起飞前 2 小时开办，前 30 分钟停办。出国访问人员若对国际机场情况不熟悉，下榻宾馆与机场距离较远，办理出入境手续生疏，就必须预留充足时间。
- 及时、正确办理登机手续。登机手续通常有换取登机牌、确定座位、托运行李三项。换取登机牌要出示机票、护照。座位是根据机票所订舱位进行计算机排列的，如对座位有特殊考虑此时应提出要求，如有剩余一般会满足。托运行李是将行李放置传送带上进行重量、安全检查。卡上有行李所有者姓名和所乘航班号码、日期等信息，供提取行李时核对。
- 登机手续结束，要认真检查发放登机牌、行李签、退还的机票、护照等证件，如有出入或错误应及时交涉、更正。还要认真检查所退还的证件、票卡是否齐全，确认没有遗失和错误。办理登机及出入境手续后，尽早抵达登机口前的候机厅内等候登机。

③ 下机时的礼仪。将入境的各种证件准备好。下机时，要安全取拿手提行李，排队顺序下机，不要拥挤，离开机门，要向机上服务人员致谢。下机后，按机场引导路线去办理入境等手续，到行李大厅办理行李提取手续。

一般出国访问，迎接人员通常会在出口处迎接，迎接方式、时间、地点要适宜，不要影响其他旅客下机，双方见面边握手边介绍，要在接待人员的引领下尽快离开。

（2）下榻宾馆的礼仪

① 尊重东道主的住宿安排。出国访问期间下榻宾馆的预订及房间安排一般由东道主安排。商务出国访问人员的住宿，应尽量集中，不要分散，最好将各地住宿的房间号码、电话统一整理成表，发给大家，以便相互联系，统一行动。对东道主做出的安排，要遵循"客随主便""入乡随俗"的原则，尊重对方安排。如住宿安排有很大出入或特殊需要，并有实际操作的可能，应尽早提出，协商解决。由于客观条件限制住宿条件差，要主动克服困难，不要随便议论，不要提出过分要求，更不要强人所难。

② 注意在下榻宾馆房间、就餐、着装等礼仪。

- 认真了解房间服务项目及要求，了解不熟悉的房间设备使用方法；礼貌对待服务人员，尊重宾馆各种不同服务人员的劳动，对需支付小费的项目及时支付小费。

保持清洁卫生，不要乱扔垃圾；注意安静，不要大声喧哗；不要在房间吸烟，可到规定的区域吸烟。如白天休息，可将"请勿打扰"的提示牌挂在门外把手上，以免服务人员误闯自己的房间打扫卫生，干扰自己的休息；如白天外出活动，"请勿打扰"的提示牌要摘下，以免服务人员以为自己在休息误了打扫自己的房间卫生。

- 在宾馆自己用餐时，要遵守就餐时间，人数多时要注意排队等候，看清拿取各种食品的工具并正确使用，对没有品尝过的食品和没有使用过的工具不要贸然使用，自己喜欢的食品也不要一次拿取过多，取走的食品最好吃完，一般不要与不熟悉的人挤在一桌。
- 在宾馆自己房间会客或多人交谈，要注意着便装，不可随意着睡衣与外方人员见面，也不可着睡衣在走廊行走，一般到餐厅等宾馆的公共场所或进行活动要着装整齐。

③ 注意与下榻宾馆、接待方的结账礼仪。住宿等各项费用要按双方商定的支付范围执行。出国访问期间的住宿费用通常由邀请方支付。经双方商定有些对方不能支付的项目，要由受邀请方或个人支付。结账时，要认真审核宾馆提供的自付费用各项单据所列项目或金额，如有出入要进行核实和交涉。

④ 遵守携带外汇规定，正确、合理使用外汇。携带外汇要根据工作需要，本着安全方便的原则，选择适当的外汇支付方式。携带外汇的数量要经过规定的程序报批。

5. 出席宴会的文明礼仪

出席宴会是商务出国访问的重要内容，是一种正式的礼仪活动，是一种较高层次的交往形式。世界各国因风俗习惯的不同，宴请来宾的方式和礼仪要求也有所差别。商务人员出席宴席，应举止得体、谈吐文雅，讲究文明礼貌。

（1）赴宴准备的礼仪

尽早答复是出席宴会的重要礼仪。接受邀请之后不要随意改动。应邀出席前，要核实宴请的人数、时间和地点，是否邀请配偶，是否有服装的要求。出席前不要吃葱、蒜等有浓烈气味的食物。

（2）抵达场所的礼仪

抵达宴请场所的时间也是一项重要礼仪，在一定程度上反映着对主人的尊重程度。早到会使主人因未准备妥当而陷于被动，晚到也会使主人担心而着急。出席人应根据活动的性质和当地的习惯掌握，通常正点或晚一两分钟抵达是符合礼仪要求的。

（3）入席就座的礼仪

何时入席应听从主人安排，或招待人员引导，不可盲目提前进入宴会厅。可在宴会厅外或主人指定处静候。当主人邀请入席时，要按照礼宾顺序进行。入座前，先了解自己的桌次和座位，入座时注意桌上座位卡是否写着自己的名字，不要随意乱坐。

（4）西餐礼仪

入座后，在主人示意后开始进餐，不可擅自进餐。餐巾平铺在双腿上，不要将餐巾别在领子、背心上或系在裤腰上，不要在手中乱揉；可用餐巾一角擦去嘴上或手上的油渍或脏物，但不能用来擦刀叉或碗碟。半途离座，可将餐巾放在椅子上或椅背上，不要放在桌子上，放在桌子上通常意味着要离席告辞了。湿热毛巾是用来擦手的，不可擦脸和脖子。坐姿要端正，不要前俯后仰。

取菜时，不要盛得过多，不够可再取。对不合口味的菜，勿显露出难堪的表情。切菜不要用力过猛撞击盘子发出声音。除喝汤外，不用匙进食。吃东西要文雅。取面包要用手，不可用叉子叉；取黄油要用奶油刀，不要用餐刀。面包要掰成小块吃。闭嘴咀嚼，喝汤不要啜，吃东西不要发出声音。吃剩的菜，用过的餐具、牙签，都应放在盘内，勿置桌上。

（5）离席告别的礼仪

离席的礼仪次序通常首先是主人或女主人，尔后是主宾或女主宾从座位起立、退席后，其他客人再陆续离席。离席后，可视情况与主人再交谈一会儿，然后伺机告辞。

6. 参观游览的文明礼仪

商务人员出国访问，除进行会谈交流外，主人通常安排一些参观游览项目，请客人实地考察、了解当地的风土人情，增进相互了解。参观游览要注意以下文明礼仪。

（1）尊重邀请者的安排

为了增强参观考察的针对性，通常是由受邀请者提出意向，再由邀请者根据实际做出具体安排。商务人员要尊重邀请者的安排，一旦确定不要轻易改变，更不要提出与参观访问的宗旨没有联系、没有参观考察价值或对邀请者很困难甚至与当法律法规和风俗习惯相冲突的要求。

（2）做好必要的礼仪准备

商务人员要了解活动抵达和离开的时间，参观考察的行走或行车路线，陪同和参观单位出面接待人的姓名、职务甚至背景，主要程序，是否要讲话，习俗禁忌等，并做好相应准备。

（3）注意着装

参观考察属正式访问活动，通常都要求着正装。如有必要，事先了解对着装的要求。有些参观考察项目对着装有特殊要求，特别是一些卫生等环境要求严格的地方，一般接待单位会为参观者准备专门服装，参观者应服从着装要求，不要违反规定。

（4）参观现场礼仪

抵达现场后，要主动向迎接人员握手表示感谢，听从主人的安排。在参观考察过程中，要精力集中，认真观看或记录，仔细听讲，热情提问，不要心不在焉、东张西望、扎堆聊天；交流要有针对性，不要漫无边际、东拉西扯，但也要注意不要提出对方不易回答甚至给对方难堪的问题。任何个人未经请示同意，不要擅自提出额外要求，或对参观考察对象提出与主人不同的评价。不要闯入标有危险或谢绝参观标志等未经允许的参观地点。参观考察结束，要主动向接待单位陪同和讲解人员表示感谢，对所参观考察内容表示赞赏。

（5）游览礼仪

游览通常要着便装。一些特别的游览项目，需要事先做好准备，登山时准备适宜的鞋子，阳光下准备必要的防晒品等。游览过程中，要对陪同、导游、其他游客等外方人员友好礼貌；人多时，要注意排队等候；拍照不要影响别人，特别是热点景观，不要占时过长。注意掌握时间，队伍不要走散、人员不要走丢。要注意爱护环境，不要乱丢废弃物，严禁随意吸烟吐痰。

7. 互送礼品的文明礼仪

在涉外交往中，相互赠送礼品是一种常见的礼节，有较多的礼仪规范。

（1）赠送礼品的礼仪

① 要讲究礼品的选择。"礼轻情意重。"选择礼品通常是挑选具有一定纪念意义、民族特色或具有某些艺术价值、受礼人喜爱的物品。礼品要小巧精致，不能"傻大笨粗"。不要选择易碎、易坏的物品。

② 要重视礼品的包装。礼品的包装能提升礼品档次，表明赠送者的郑重态度和对受礼者的尊重。不包装或包装不雅，都会使礼品减色。礼品通常需装进礼品袋携带到赠礼现场。礼品袋的选择要注意美观大方，大小适宜。

③ 要选择适宜时机赠送。作为客人一般在会见、宴请、参观、观看演出等正式活动结束，首次与主人见面时先赠送礼品，以表达对款待的谢意。如主人先送，客人也可及时回赠。

（2）接受礼品的礼仪

① 要大方、从容地接受礼品。在涉外场合接受礼品一般不要当面拒绝，通常要大方、从容地接受，除非对方有明显的恶意。对以送礼为名，进行收买、贿赂的，应坚决拒收。

② 接受礼品要以礼致谢。接受礼品时，受礼者应当面致谢。受礼者要注意起立，热情接受，握手致谢。

③ 要珍惜、爱惜收到的礼品。接受的礼品要妥善保管，不要随手丢放，也不要随意转送他人，特别是不能当赠礼者在场时转送他人。

项 目 体 验

体验一　考一考

1. 判断题

（1）在涉外交往中首先要坚持相互尊重的原则。　　　　　　　　　　（　　）

（2）西方人喜欢直率的谈吐，忌讳言不由衷的客套。　　　　　　　　（　　）

（3）在为外宾送行时，送行人员应在宾客上飞机之后，可立即离去。　（　　）

（4）在会见会谈时，我国习惯把译员和记录员安排在主要会谈人员的后面就座。

　　　　　　　　　　　　　　　　　　　　　　　　　　　　　　　（　　）

（5）迎客引路时，主人在前，送客时，则主人在后。　　　　　　　　（　　）

（6）在交往中，礼宾次序的总原则是"以右为尊"。　　　　　　　　（　　）

（7）与外国人初次见面交谈时，可以唠家常。　　　　　　　　　　　（　　）

（8）与外国人打招呼可以说："您吃了吗？"　　　　　　　　　　　　（　　）

（9）按国际惯例，外宾前往参观时，一般都安排相应身份的人员陪同。（　　）

（10）悬挂双方国旗，以右为上，左为下。　　　　　　　　　　　　（　　）

（11）如安排献花，须用鲜花，忌用菊花、杜鹃花、石竹花、黄色花朵。（　　）

（12）在迎接外国客人时，来宾中的主要负责人应先将自己的人员介绍给前往欢迎的人员，然后再由主人介绍本方人员。　　　　　　　　　　　　　　（　　）

（13）如果准备合影，两端则由客方人员把边。（   ）
（14）会见的具体时间不宜过长，一般以1小时为宜。（   ）
（15）会谈的座位安排。如果长方桌的一端向着正门，则以入门的方向为准，左为客，右为主。（   ）
（16）参观游览，对服装要求不严格，不必穿礼服，穿西装可以不打领带。（   ）
（17）签字仪式上，第一次交换文本是由双方助签人员进行。（   ）
（18）办外国签证，须向有关国家驻华使领馆申请办理。（   ）
（19）护照是主权国家发给本国公民出入境和在国外停留期间的身份证件。（   ）
（20）离席的礼仪次序通常是主人或女主人，尔后是主宾或女主宾从座位起立、退席，最后是其他客人再陆续离席。（   ）

2. 选择题（1~10题单选，11~15题多选）

（1）与人交谈时，应注视对方（   ）位置最合适。
　　A. 衣领　　　　　　　　　　　　B. 额头
　　C. 双眉到鼻尖构成的三角区　　　D. 眉毛

（2）给来访客人放置水杯时，应该放在客人的（   ）。
　　A. 左侧　　　B. 右侧　　　C. 正前方　　　D. 右上侧

（3）在国际交往场合，菲律宾主人常把（   ）献给客人。
　　A. 茉莉花　　B. 红罂粟　　C. 兰花　　　D. 紫罗兰

（4）如果主人陪车，应请客人坐在（   ）。
　　A. 副驾驶座　　B. 主人的右侧　　C. 主人的左侧

（5）通常由儿童或女士在参加迎送的主要领导人与客人（   ）之后，将花献上。
　　A. 见面　　　B. 握手　　　C. 介绍

（6）签字桌一般是（   ）。
　　A. 方桌　　　B. 圆桌　　　C. 长方桌　　　D. 椭圆桌

（7）双方的助签人员分别站立在各自签字人员的（   ）。
　　A. 外侧　　　B. 内侧　　　C. 后面

（8）签证的等级分为外交、公务和普通签证。商务人员的签证为（   ）签证。
　　A. 外交　　　B. 公务　　　C. 普通

（9）如在国外护照遗失，应立即报告（   ），申请补发。
　　A. 当地公安部门　　　　　　　B. 我国公安部门
　　C. 我国外交部门　　　　　　　D. 我国驻当地使馆

（10）签证和护照是（   ）申办。
　　A. 前后顺次　　B. 并行　　C. 两者都不是

（11）我国的护照分为（   ）护照。
　　A. 外交　　　B. 公务　　　C. 普通

（12）在会客或拜访客户时，手机要做到（   ）。
　　A. 不大声讲话　　B. 不响　　C. 不听　　　D. 不出去接听

（13）与西方人交谈时不可以谈论（   ）。

A. 对方年龄　　　　　　B. 对方婚姻　　　　　C. 天气情况　　　　　D. 收入情况
（14）助签人的职能有（　　）。
　　A. 洽谈有关签字仪式的细节
　　B. 仪式上帮助翻阅与传递文本
　　C. 指明签字处
（15）关于合影礼仪，描述正确的是（　　）。
　　A. 主人居中　　　　　　　　　　　　B. 主宾紧挨主人的右边
　　C. 主客双方间隔排列　　　　　　　　D. 两端则由主方人员把边

体验二　想一想

美国公司为何断送生意

　　泰国某机构为泰国一项庞大的建筑工程向美国工程公司招标。经过筛选，最后剩下4家候选公司。泰国人派遣代表团到美国亲自去各家公司商谈。代表团到达芝加哥时，美国第一家工程公司由于忙乱中出了差错，又没有仔细复核飞机到达时间，没有去机场迎接客人。但是泰国代表团尽管初来乍到不熟悉芝加哥，还是自己找到了芝加哥商业中心的一家旅馆。他们打电话给那位局促不安的美国经理，在听了他的道歉后，泰国人同意在第二天上午11点在经理办公室会面。第二天美国经理按时到达办公室等候，直到下午三四点钟才接到客人的电话说："我们一直在旅馆等候，始终没有人前来接我们。我们对这样的接待实在不习惯。我们已订了下午的机票飞赴下一个目的地。再见吧！"

　　思考练习：
　　（1）美国公司断送生意的主要原因是什么？
　　（2）假如你是那家美国公司的经理，你应该怎样去做好这次接待工作？

体验三　练一练

（1）分组设计一下情景并表演，要求正确使用涉外迎送、会见会谈、参观游览、签字礼仪。
　① 小张去机场迎接他的美国客户。
　② 小张和他的美国客户会谈。
　③ 小张陪同他的美国客户一行参观长城。
　④ 小张安排公司和美国客户的合同签字仪式。
（2）模拟表演。
　　王进是某公司营销人员，营销总监因急事于上午8点离开公司去外地出差，临行前委托王进为中午12点乘机离开的英国客户送行。他将怎样完成这次任务？

体验四　赛一赛

1. 项目
对外商务会谈模拟演练。
2. 背景材料
温州百花工艺品公司的杨经理和营销员王小姐与前来温州的法国商人洽谈山花工艺被

的业务，请根据背景材料模拟整个会谈的过程。

3. 步骤

（1）分组、确定角色。10人一组，确定编剧、导演和演员，演员角色不能少于5个：杨经理、王小姐、法国某公司采购经理、法国某公司工程师和法国某公司财务人员。

（2）根据背景材料编写时间为30分钟的剧本，在剧本编写过程要充分发挥学生想象力。

（3）在编导指挥下，利用课余时间反复演练，达到内容熟练，神情自然时，安排学生模拟表演。

（4）表演步骤：

第一步，各组由编剧上台介绍本组剧本的主要内容以及本组的角色分工。

第二步，参加表演的同学列队上台，根据剧本布置场地，准备演练。

第三步，正式演练。

第四步，演练结束，致谢回座。

4. 注意事项

（1）注意课堂纪律掌控，确保表演顺利进行。

（2）抽签排序，一组一组进行。上台前向老师举手示意，"报告，××组准备完毕，请指示"。听到老师"开始"指令后，列队上台。看到计时员举起红色警示牌后，停止表演并向大家鞠躬致谢后，方可按事先规定的线路回到座位。

（3）由6位学生组成评审团，去掉一个最高分，去掉一个最低分。

（4）准备好场地，计时工具，黄色和红色警示牌各一个。

（5）从上台问好后，开始计时，25分钟时，给予黄牌提醒，30分钟时，举红牌停止演练。

（6）所有组演练结束后，由学生点评，老师归纳，最后由老师宣布成绩。

5. 项目评分

项目评分如表8-6所示。

表8-6 项目评分

项目 组别	剧本编写	事前准备	开局气氛	洽谈技巧	语言艺术	站行坐姿	衣着服饰	僵局处理	配合协调	总体印象	总分
	10	10	10	10	10	10	10	10	10	10	100
1											
2											
3											
4											
5											

项目9　商务礼仪综合实训

综合实训1　中餐礼仪综合实训

 **实训内容**

（1）具体内容：形象、会面、迎接、请柬书写及中餐礼仪实训。

（2）将全班同学分成3个部分，1/3的同学为中餐组织者，1/3同学为赴宴方，其余同学作为裁判人员。

（3）采用比赛的形式：前两部分同学互相检查对方的不足，在基本分200分的基础上，每被对方同学找出一个不合礼仪要求的地方，且在裁判同意的情况下扣5分；另外，由裁判组给一个整体的评分；最后，加总两个分数，总分最高组获胜。

（4）具体安排如下所示。

① 中餐组织者：根据赴宴方提供的角色，书写请柬（要求对不同身份的宾客有不同的措辞，如请回复等，同时写明服装要求）、准备实训场地、简单的食物和饮料、餐具、座位安排。

② 赴宴方：回复请柬、角色分工、安排出发时间、衣着、准备小礼物。

③ 裁判组：全组同学一起讨论、制定评判标准；准备裁判工作所需用具，如纸、笔、计算器；合乎要求的着装。

（5）角色分工如下所示。

① 中餐组织者成立主办小组，有接待人员、引座人员、服务人员等。

② 赴宴方有10人，由不同的单位、不同的职务、不同的年龄、不同的性别人员组成。

③ 裁判组由6人组成。

④ 未参加表演的同学，认真观摩，找出对方的不足。

 实训要求

（1）服装：三方都要符合礼仪要求，各自预先练习。

（2）行为：三方参照教程的相关章节，各自预先练习。

（3）语言：三方遵守商务礼仪的要求，各自预先练习。

总之，在比赛中要达到举止文雅、服装得体、称呼得当、介绍标准、握手规范、递接名片合理、迎送周到、请柬书写准确、座次安排合适等。

综合实训2　商务谈判礼仪综合实训

 实训内容

（1）具体内容：电话、交谈和商务谈判礼仪实训。

（2）将全班同学分成4人一组，一人扮演产品电话销售人员，一人扮演客户，其余两人充当裁判。

（3）采用比赛的形式：在基本分200分的基础上，每被裁判找出一个不合礼仪要求的地方，扣5分，总分最高组获胜。

 实训步骤

（1）熟悉电话、交谈和商务谈判礼仪。

（2）在授课教师指导下，分组讨论情景设计。

（3）利用课余时间反复演练，达到内容熟悉、神情自然时，抽查学生上台表演。

（4）每次角色演完后，授课教师要赞美参与学生，并请他们谈谈体会，也可以请观摩同学指出不足，并发表评论。

（5）授课教师作最后点评。

 实训准备

（1）电话销售人员：手机一部，问候语若干，根据不同的客户，准备好要交谈的话题。如何礼貌地深入展开营销，遭到拒绝后如何判断对方可否再次联系等。希望准备得越充分越好，设想尽可能周全。

（2）客户：根据对方的礼仪及营销内容，设想尽可能多的应对场面，即使拒绝，也要有理有节。

（3）裁判组：全班同学一起讨论、制定评判标准；准备裁判工作所需用具，如纸、笔、计算器等。

（4）准备两间教室。

 注意事项

（1）开始前注意营造轻松气氛，掌握好课堂纪律，确保角色扮演逼真。

（2）比赛时间5分钟。

（3）避免中途打断，多做鼓励，让学生越自然越逼真越好。

（4）角色互换，力争让每位学生都有机会得到各种角色锻炼。

 实训要求

（1）服装：三方都要符合礼仪要求，各自预先练习。

（2）行为：三方参照教程的相关章节，各自预先练习。

（3）语言：三方遵守商务礼仪的要求，各自预先练习。

综合实训3　公司开业庆典礼仪综合实训

 实训内容

（1）具体内容：形象、会面、接待及公司开业庆典礼仪实训。

（2）将全班同学分成3个部分，先选出5名同学为裁判人员，其余同学分成2个大组，一组承担开业庆典主办方，另一组担任嘉宾。

（3）采用比赛的形式：两组同学互相检查对方的不足，在基本分200分的基础上，每被对方同学找出一个不合礼仪要求的地方，且在裁判同意的情况下扣5分；另外，由裁判组给一个整体的评分；最后，加总两个分数，总分最高组获胜。

（4）具体安排如下所示。

① 庆典主办方：确定角色分工，致辞，准备庆典接待工作；准备实训场地；剪彩仪式所需材料；位次安排；仪表。

② 嘉宾方：角色扮演、仪表、致辞。

③ 裁判组：全组同学一起讨论、制定评判标准；准备评判工作所需用具，如纸、笔、计算器；合乎要求的着装。

（5）角色分工如下所示。

① 庆典主办方角色分工，有主持人、主办方领导、接待人员、礼仪人员、服务人员等。

② 嘉宾方由不同的单位、不同的职务、不同的年龄、不同的性别人员组成，其中有一位主嘉宾。各成员所扮演角色事先与主办方要进行沟通。

③ 裁判组由5人组成。

④ 未参加表演的同学，认真观摩，找出对方的不足。

 实训要求

（1）服装：三方都要符合礼仪要求，各自预先练习。

（2）行为：三方参照教程的相关章节，各自预先练习。

（3）语言：三方遵守商务礼仪的要求，各自预先练习。

总之，在比赛中要达到举止文雅、服装得体、称呼得当、介绍标准、握手规范、递接名片合理、接待周到、典礼程序流畅、位次安排合适等。

 教师点评

教师对各方同学为本次实训付出的努力要给予充分表扬，对实训过程进行点评，肯定优点，指出不足。

综合实训 4　探望慰问、拜访和馈赠礼仪综合实训

 实训内容

（1）具体内容：探望慰问、拜访、馈赠礼仪实训。

（2）将全班同学分成 4 人一组，一人扮演公司业务员，一人扮演客户，其余两人充当裁判。

（3）采用比赛的形式：在基本分 200 分的基础上，每被裁判找出一个不合礼仪要求的地方，扣 5 分，总分最高组获胜。

 实训步骤

（1）熟悉探望慰问、拜访和馈赠商务礼仪。

（2）在授课教师指导下，分组讨论情景设计。

（3）利用课余时间反复演练，达到内容熟悉、神情自然时，抽查学生上台表演。

（4）每次角色演完后，授课教师要赞美参与学生，并请他们谈谈体会，也可以请观摩同学指出不足，并发表评论。

（5）授课教师作最后点评。

 实训准备

（1）公司业务员：鲜花一束，礼品若干，问候语若干。希望准备得越充分越好，设想尽可能周全。

（2）客户：根据对方的礼仪及营销内容，设想尽可能多的应对场面。

（3）裁判组：全班同学一起讨论、制定评判标准；准备裁判工作所需用具，如纸、笔、计算器等。

（4）准备两间教室。

 注意事项

（1）开始前注意营造轻松气氛，掌握好课堂纪律，确保角色扮演逼真。

（2）比赛时间 10 分钟。

（3）避免中途打断，多做鼓励，让学生越自然越逼真越好。

（4）角色互换，力争让每位学生都有机会得到各种角色锻炼。

 实训要求

（1）服装：三方都要符合礼仪要求，各自预先练习。

（2）行为：三方参照教程的相关章节，各自预先练习。

（3）语言：三方遵守商务礼仪的要求，各自预先练习。

总之，在比赛中要达到举止文雅、服装得体、礼仪得当等。

综合实训 5　办公环境、会议和商务谈判礼仪综合实训

 实训内容

（1）具体内容：办公环境礼仪、会议礼仪和商务谈判礼仪实训。

（2）将全班同学分成 6 人一组，一人扮演公司营销部经理，一人扮演公司业务员，两人扮演客户，其余两人充当裁判。

（3）采用比赛的形式：在基本分 200 分的基础上，每被裁判找出一个不合礼仪要求的地方，扣 5 分，总分最高组获胜。

 实训步骤

（1）熟悉办公环境礼仪、会议礼仪和商务谈判礼仪。

（2）在授课教师指导下，分组讨论情景设计。

（3）利用课余时间反复演练，达到内容熟悉、神情自然时，抽查学生上台表演。

（4）每次角色演完后，授课教师要赞美参与学生，并请他们谈谈体会，也可以请观摩同学指出不足，并发表评论。

（5）授课教师作最后点评。

 实训准备

（1）公司经理和业务员：准备好谈判主题和谈判内容，希望准备得越充分越好，设想尽可能周全。

（2）客户：根据对方的礼仪及营销内容，设想尽可能多的应对场面。

（3）裁判组：全班同学一起讨论、制定评判标准；准备评判工作所需用具，如纸、笔、计算器等。

（4）准备模拟会议室及谈判相关用品。

 注意事项

（1）开始前注意营造轻松气氛，掌握好课堂纪律，确保角色扮演逼真。

（2）比赛时间 10 分钟。

（3）避免中途打断，多做鼓励，让学生越自然越逼真越好。

（4）角色互换，力争让每位学生都有机会得到各种角色锻炼。

 实训要求

（1）服装：三方都要符合礼仪要求，各自预先练习。

（2）行为：三方参照教程的相关章节，各自预先练习。

（3）语言：三方遵守商务礼仪的要求，各自预先练习。

总之，在比赛中要达到举止文雅、服装得体、礼仪得当等。

综合实训6 文书、迎送和庆典礼仪综合实训

 实训内容

（1）具体内容：文书礼仪、迎送接待和庆典礼仪实训。

（2）将全班同学分成8人一组，一人扮演公司总经理，一人扮演公司文秘人员，一人扮演庆典活动主持人，一人扮演庆典活动发言人，两人扮演庆典活动来宾，其余两人充当裁判。

（3）采用比赛的形式：在基本分200分的基础上，每被裁判找出一个不合礼仪要求的地方，扣5分，总分最高组获胜。

 实训步骤

（1）熟悉文书礼仪、迎送接待和庆典活动礼仪。

（2）在授课教师指导下，分组讨论情景设计。

（3）利用课余时间反复演练，达到内容熟悉、神情自然时，抽查学生上台表演。

（4）每次角色演完后，授课教师要赞美参与学生，并请他们谈谈体会，也可以请观摩同学指出不足，并发表评论。

（5）授课教师作最后点评。

 实训准备

（1）庆典活动主办方：准备好开业庆典活动所需用品，如彩带、彩旗、横幅等。希望准备得越充分越好，设想尽可能周全。

（2）庆典活动参与方：根据庆典活动礼仪参加庆典活动。

（3）裁判组：全班同学一起讨论、制定评判标准；准备评判工作所需用具，如纸、笔、计算器等。

（4）准备模拟会议室，也可选择学校大礼堂或其他空旷场地进行。

 注意事项

（1）开始前注意营造轻松气氛，掌握好课堂纪律，确保角色扮演逼真。

（2）比赛时间15分钟。

（3）避免中途打断，多做鼓励，让学生越自然越逼真越好。

（4）角色互换，力争让每位学生都有机会得到各种角色锻炼。

 实训要求

（1）服装：三方都要符合礼仪要求，各自预先练习。

（2）行为：三方参照教程的相关章节，各自预先练习。

（3）语言：三方遵守商务礼仪的要求，各自预先练习。

总之，在比赛中要达到举止文雅、服装得体、礼仪得当等。

参考文献

[1] 林友华.社交礼仪［M］.北京：高等教育出版社，2014.
[2] 刘平，吴新红.商务礼仪［M］.北京：中国财政经济出版社，2013.
[3] 王瑞成.商务礼仪［M］.北京：中国财政经济出版社，2013.
[4] 许湘岳.礼仪训练教程［M］.北京：人民出版社，2012.
[5] 张晋.商务礼仪［M］.北京：化学工业出版社，2012.
[6] 赵敏.商务礼仪［M］.北京：人民邮电出版社，2014.
[7] 王爱英，徐向群.现代商务礼仪规范与实务［M］.北京：北京大学出版社，2009.
[8] 金正昆.职场礼仪［M］.北京：北京联合出版公司，2013.
[9] 谢迅.商务礼仪［M］.北京：对外经济贸易大学出版社，2007.
[10] 张晓梅.晓梅说礼仪［M］.北京：中国青年出版社，2008.
[11] 赵鸿渐.商务礼仪.http：//blog.sina.com.cn/s/blog_520d68d30100f4aw.html.
[12] 张润.入住酒店的礼仪.http：//blog.sina.com.cn/s/blog_51139c7401008qyk.html.
[13] 张岩松.新型现代交际礼仪实用教程［M］.北京：清华大学出版社，2008.
[14] 李小丽，段晓华.商务礼仪与职业形象［M］.北京：北京交通大学出版社，2010.
[15] 姜红.商务礼仪［M］.上海：复旦大学出版社，2009.
[16] 李嘉珊.国际商务礼仪［M］.北京：电子工业出版社，2007.
[17] 胡爱娟，陆青霜.商务礼仪实训［M］.北京：首都经济贸易大学出版社，2011.
[18] 来炯.女性商务礼仪［M］.北京：电子工业出版社，2007.
[19] 徐克茹.商务礼仪标准培训［M］.北京：中国纺织出版社，2010.
[20] 王玉苓.商务礼仪［M］.北京：人民邮电出版社，2014.
[21] 金波.商务礼仪［M］.北京：时事出版社，2013.
[22] 翁海峰.职业礼仪规范［M］.北京：机械工业出版社，2009.
[23] 李兴国.社交礼仪［M］.北京：高等教育出版社，2006.
[24] 史锋.商务礼仪［M］.北京：高等教育出版社，2008.
[25] 王琦.旅游礼仪服务实训教程［M］.北京：机械工业出版社，2009.
[26] 赵景卓.商务礼仪［M］.北京：中国财政经济出版社，2008.
[27] 李波.商务礼仪［M］.北京：中国纺织出版社，2006.
[28] 谭洛明，徐红.礼仪与形象塑造［M］.广州：中山大学出版社，2008.